LE THÉÂTRE
DE
MONTHERLANT

DU MÊME AUTEUR

Lugné-Poe, L'Arche, 1955.
Le Symbolisme au théâtre. Lugné-Poe et les débuts de l'Œuvre, L'Arche, 1957, 1972.
Romain Rolland, Hatier, 1961.
Panorama illustré du XIXe siècle français, Seghers, 1962.

Editions :

Romain Rolland et Lugné-Poe : *Correspondance.* (1894-1901), L'Arche, 1957.
Verlaine : *Œuvres poétiques*, Garnier, 1969.

JACQUES ROBICHEZ

Professeur à la Sorbonne

LE THÉÂTRE

DE

MONTHERLANT

SOCIÉTÉ D'ÉDITION D'ENSEIGNEMENT SUPÉRIEUR
5, Place de la Sorbonne
PARIS Ve
1973

ABRÉVIATIONS.

En dehors des abréviations couramment utilisées pour désigner les Textes de l'Ecriture, on trouvera les abréviations suivantes qui, à l'exception de BC, FB, SB, Y, renvoient à des œuvres de Montherlant :

AF : *Discours de réception à l'Académie française*, Gallimard 1963.

BC : César, *La Guerre civile*, tome I, livres I et II ; tome II, livre III, trad. P. Fabre, Coll. Association Guillaume Budé, les Belles-Lettres, Paris, 1936.

CN : *Le Chaos et la Nuit*, Gallimard, Paris, 1963.

E : *Essais*, Bibliothèque de la Pléiade, Gallimard, Paris, 1963.

FB : J.N. Faure-Biguet, *Les Enfances de Montherlant*, Plon, Paris, 1941.

G : *Les Garçons*, Gallimard, Paris, 1969.

MACA : *Mais aimons-nous ceux que nous aimons ?*, Gallimard, Paris, 1973.

MSr : *La Marée du Soir*, Gallimard, Paris, 1972.

R : *Romans et œuvres de fiction non théâtrales*, Bibliothèque de la Pléiade, Gallimard, Paris, 1959.

RM : *La Reine morte*, suivi de *Régner après sa mort*, de Guevara, Gallimard, Paris, 1942.

RS : *La Rose de sable*, Gallimard, Paris, 1968.

SB : Sainte-Beuve, *Port-Royal*, 6 vol., Hachette, Paris, s.d.

T : *Théâtre*, Bibliothèque de la Pléiade, Gallimard, Paris, 1972.

TC : *Le Treizième César*, Gallimard, Paris, 1970.

UAM : *Un Assassin est mon maître*, Gallimard, Paris, 1971.

VJ : *Va jouer avec cette poussière*, Gallimard, Paris, 1966.

Y : Charles Yriarte : *Un Condottiere au XVᵉ siècle. Rimini. Etudes sur les lettres et les arts à la cour de Malatesta*, Rothschild, Paris, 1882.

AVANT-PROPOS

Montherlant ne se lasse pas de parler de ses pièces, de les interroger, de les expliquer, de les défendre contre les critiques. Cette masse étonnante de commentaires, qui déborde *La Tragédie sans masque* et les notes de l'édition de la Pléiade est la source la plus riche de toute étude de son théâtre. Je l'ai très largement utilisée, sans jamais perdre de vue qu'un auteur dramatique, jugeant son œuvre, ne jouit pas du privilège de l'infaillibilité.

Je ne me suis pas cru obligé d'accorder la même attention à chacune de ses pièces. Dans une note de ses carnets (E, 1355), il approuve vivement Tolstoï d'avoir écrit que, chez Gœthe et Shakespeare, les productions du génie voisinent avec des ouvrages manqués. On trouve, de même, le meilleur et le pire chez l'auteur du *Cardinal d'Espagne* et de *Don Juan.* C'est pourquoi, après avoir retracé la ligne de sa carrière au théâtre et avant d'examiner les principes généraux de son œuvre dramatique, je me suis arrêté plus longuement sur trois chefs-d'œuvre : *La Reine morte, Le Maître de Santiago, Port-Royal,* qui, de 1942 à 1954 manifestent la maîtrise de l'écrivain et son progrès dans la voie d'une dramaturgie dépouillée.

Je remercie très cordialement MM. Pierre Breillat, Pierre Brunel, Pierre G. Castex, Mme Sylvie Chevalley, M. l'abbé Paul Cuvelier, Mlle Berthe Gavalda, M. Tadeusz Kowzan, Mlle Roselyne Laplace, MM. Jean Mesnard, Jean Prigent, Jacques Seebacher, Pierre Wuilleumier, qui m'ont aimablement fourni de précieux renseignements.

J.R.

L'ŒUVRE DRAMATIQUE
DE MONTHERLANT

	Création	Rédaction	Publication
L'Exil	(1)	1914	1929
Pasiphaé	6.XII.1938	1928	1936
La Reine morte	8.XII.1942	1942	1942
Un Incompris	(2)	1943	1944
Fils de personne	18.XII.1943	1942-43	1943
Le Maître de Santiago	26.I.1948	1945	1947
Demain il fera jour	9.V.1949	1948	1949
Celles qu'on prend dans ses bras	20.X.1950	1949	1950
Malatesta	19.XII.1950	1943-44	1946
Port-Royal	8.XII.1954	1953	1954
Brocéliande	24.X.1956	1955	1956
Don Juan (La Mort qui fait le trottoir)	4.XI.1958	1956-57	1958
Le Cardinal d'Espagne	18.XII.1960	1957-58	1960
L'Embroc	IX.1963	1963	1972
La Guerre civile	27.I.1965	1964	1965
La Ville dont le prince est un enfant	8.XII.1967	1913-51	1951

1. *L'Exil* a été représenté en privé par des comédiens amateurs en 1960 (T, 15). Une scène avait été jouée par Emilienne Dux et Pierre Dux dans le grand amphithéâtre de la Sorbonne en 1934. (*L'Avant-Scène,* 1er-15 mai 1967).
2. *Un Incompris,* joué seulement à la répétition générale de *Fils de personne,* décembre 1943.

La Reine morte, Port-Royal, Brocéliande, Le Cardinal d'Espagne, ont été créés à la Comédie-Française. *Pasiphaé* y a été repris en 1953, *Le Maître de Santiago,* en 1958, *Malatesta,* en 1970.

La revue *Comédie-Française* (sept. 1973) donne à cette date les chiffres suivants, avant la reprise de *Port-Royal* : Nombre total de représentations dans ce théâtre : 983. *La Reine morte* : 374. *Pasiphaé* : 21. *Port-Royal* : 288. *Brocéliande* : 34. *Le Maître de Santiago* : 84. *Le Cardinal d'Espagne* : 119. *Malatesta* : 63.

CHAPITRE I

LA CARRIÈRE DE MONTHERLANT
AU THÉÂTRE

DE L'EXIL A PASIPHAÉ

De seize à dix-huit ans, le bachelier Henry de Montherlant s'ennuie. Il mène apparemment une vie comblée de plaisirs. En fait, cette vie lui semble pesante et vide. Il se débat dans « une solitude effrayante », qu'il appellera plus tard, sur une note barrésienne, « la grande misère des années 1912-1914 » (FB, 138-139).

Il cherche refuge dans un songe de beauté antique et commence à écrire *Thrasylle*, sous une inspiration où il reconnaîtra « l'influence tyrannique de Flaubert » (FB, 137). En août et septembre 1914, les progrès de *Thrasylle* (quelques pages de ce conte sont reproduites par Faure-Biguet dans *Les Enfances*) l'occupent plus que la retraite et la victoire de la Marne. Il s'est plus tard expliqué là-dessus, assez cyniquement (FB, 137). Certes on tiendra compte du désir de déplaire, qui lui est familier. Mais les lettres citées par Faure-Biguet ne laissent aucun doute : la déclaration de guerre a été accueillie par Montherlant et par les siens avec une relative indifférence. En complet désaccord avec l'enthousiasme des Français, et même avec leurs angoisses, très sensible aux vulgarités qui ne sont jamais absentes des grandes journées de l'Histoire, il se détourne de l'événement, où il ne consent à voir qu'une « apparence de tragédie » (FB, 135), et qui va cependant lui inspirer son premier drame.

Quelques semaines plus tard, en effet, un de ses amis s'engage. L'idée vient à Montherlant de le suivre. Sa mère, gravement malade, lui répond, quand il lui fait part de cette velléité : « Attends donc pour t'engager que je sois morte. Tu n'auras pas longtemps à attendre » (T, 9). Le jeune homme n'insiste pas. Sans querelle ni récrimination, le projet est abandonné. C'est ainsi qu'est né *L'Exil,* écrit en novembre et décembre 1914.

L'EXIL. — Le premier acte se passe à la fin du mois d'août 1914. Geneviève de Presles, qui dirige un hôpital militaire auxiliaire, vient de regagner Paris, après s'être brillamment comportée dans la zone des armées. Son fils, Philippe, âgé de dix-huit ans, a formé le projet de s'engager, en compagnie de son ami de collège, Bernard Sénac. Les deux garçons s'exaltent à la pensée de la vie qu'ils vont mener en campagne : « Ça va être du collège en grand ! » — Mais Sénac partira seul. En effet, Geneviève refuse son autorisation à son fils, qui se révolte en vain contre l'égoïste passion maternelle.

Six mois plus tard, une citation vient de consacrer le dévouement de Mme de Presles. Ses amies célèbrent son abnégation, sans soupçonner quelles en sont les limites. Elle a honte secrètement du sacrifice non consenti et son malaise est d'autant plus grand que Philippe affecte une attitude cynique. Au grand scandale des habituées du salon de sa mère, il se pique d'hédonisme et affiche des lectures subversives : Baudelaire, Schopenhauer. A sa mère, qui lui fait des reproches, il réplique qu'elle est responsable de son avilissement : c'est elle qui, par son refus, l'a *exilé* de l'héroïsme, il s'est jeté à l'extrême de la veulerie. Elle reconnaît son erreur, le pousse maintenant à partir. Mais il se dérobe : il est trop tard. En fait, comme sa mère, jalouse, le devine, si Philippe ne veut plus s'engager, c'est que son ami Sénac, blessé, rentre à Paris.

Il le retrouve le surlendemain, — c'est le troisième acte. Il éprouve toujours pour Sénac l'attachement tendre et passionné de leur adolescence. Ce dernier, au contraire, est désormais un homme, que les dangers ont mûri. Une solidarité instinctive le lie à ses camarades combattants, quels qu'ils soient. Philippe en est exclu. Ses raffinements sentimentaux agacent Sénac. Les deux amis se quittent, également déçus. Philippe, cette fois, va s'engager : « Je pars me faire une âme comme la sienne, pour la retrouver au retour. »

Chaque pièce de Montherlant (comme chacun de ses romans) posera le problème des liens de l'œuvre avec la vie de l'auteur. Dans le cas de *L'Exil*, son expérience lui fournit à la fois l'anecdote du sujet et sa donnée profonde. L'anecdote naît d'un simple incident, le refus de Mme de Montherlant. On trouve chez Mauriac (1) l'analyse de ce phénomène, de ces grossissements que l'artiste fait subir à la réalité et qui amènent le meilleur père de famille, dérangé dans son travail

---

1. *Le Romancier et ses personnages*, p. 115.

par les jeux de ses enfants, à porter cet instant de mauvaise humeur jusqu'à la situation monstrueuse du *Nœud de Vipères*.

Mais ce qui touche en Montherlant à une conviction essentielle, c'est, comme il l'a lui-même souligné (T, 14), le thème de l'aveuglement, sur lequel est construite une grande partie de son œuvre. Nous croyons, pour agir, nous déterminer d'après des principes et des raisonnements, alors qu'en fait nous ne sommes sensibles qu'aux émotions, que nous inspirent les êtres. « Tout vient des êtres », c'est l'épigraphe de la pièce, empruntée au chapitre XIV du *Songe*. Dans ce roman, écrit de 1919 à 1922, Alban de Bricoule, qui fait la guerre avec désinvolture, veut revenir à l'arrière, dès que son ami, Prinet, est tué :

> « Il voyait très clair à présent. Tour à tour il avait cru que le pôle de la guerre était son plaisir ou son goût de la liberté, ou son patriotisme, ou son besoin de repos ; ce n'était rien de tout cela ; c'était Prinet le pôle de la guerre et Prinet son insouciance aérienne » (R, 173).

Ainsi, dans *L'Exil* :

> « Tu voulais », dit la mère, « partir parce que Sénac partait. Tu ne veux plus partir parce que Sénac rentre (...). Tu te fiches de la patrie comme tu te fiches de la guerre » (T, 52).

1914 n'était pas le bon moment pour faire entendre, ou pour faire lire de pareils propos. Dénoncer l'aveuglement d'une infirmière héroïque et d'un engagé volontaire, c'était risquer d'amener une partie du public à généraliser, à se demander si la France, unanime dans la guerre, n'était pas une France unanimement aveuglée. On comprend que Montherlant n'ait pas songé à une représentation immédiate et qu'il ait différé la publication de *L'Exil* jusqu'en 1929. Par la suite, auteur dramatique applaudi, il refusera la pièce aux différents directeurs de théâtre qui la lui demanderont. Il estimera en effet (T, 15) que les sentiments, le style, jusqu'aux uniformes des soldats ne peuvent que paraître ridicules après quelques dizaines d'années. Mais il ne détruira pas *L'Exil*, comme il a fait plusieurs de ses œuvres.

A vrai dire, il a porté sur son drame deux jugements bien différents. Dans la préface de l'édition originale, en 1929 (année où paraît aussi *La Petite Infante de Castille*), c'est « une œuvre d'enfant » (T, 5). Lui, qui s'est toujours complu à entourer ses pièces d'abondants commentaires, pense que celle-ci n'en mérite aucun (T, 5). Elle est d'ailleurs injouable et la corriger, apporter des modifications à quelque chose où rien de lui n'est plus engagé lui donne « la nausée » (T, 8).

Vingt-cinq ans plus tard, quand son théâtre paraît dans la Bibliothèque de la Pléiade, il est beaucoup plus indulgent. Il ne se refuse plus aux commentaires, cite Robert Brasillach (T, 11), qui préfère de loin *L'Exil* à *La Reine morte* et y découvre « la clef de tout ce qui suivra », — cite Pierre Sipriot, qui y montre en effet l'annonce de tous les thèmes favoris de l'auteur. Montherlant va plus loin : il ne désavoue pas la forme du drame, y trouve plus de maîtrise que dans *La Relève du matin* ou *Le Songe* (T, 9).

Ce jugement étonne. S'il est vrai qu'à dix-huit ans, beaucoup de ses idées ont déjà toute leur vigueur, il ne leur donne pas encore l'accent qui, après 1940, imposera son Théâtre au public. *L'Endormie* est à sa place en tête du Théâtre Complet de Claudel. Tous les dons du poète y étincellent joyeusement. *L'Exil*, au contraire, est une pièce adroitement construite, mais écrite dans une langue grise, sans plus de relief que tant d'autres drames parus avant 1914 dans *La Petite Illustration*, sans plus de relief que les vers de l'*Iphigénie*, projet de 1912 heureusement abandonné (2). Le jeune moraliste ne sait pas encore frapper ses maximes.

Pourquoi donc, parvenu aux abords de la soixantaine, accorde-t-il ce retour de sympathie à ce début médiocre ? Satisfaction, peut-être, de constater, à travers les années, une constance des thèmes significative de l'unité de l'œuvre et de son architecture. Et puis, surtout, si Montherlant

---

2. J.N. Faure-Biguet en cite un fragment, une « Prière d'Iphigénie », dans *Les Enfances de Montherlant*, p. 243.

s'aveugle (lui aussi) sur ses maladresses d'adolescent, c'est sans doute par l'effet d'une complaisance ravivée pour les émois sentimentaux de ces années lointaines. La « marée du soir » commence à monter pour lui, favorable à de tels retours et c'est la même complaisance pour « le Collège » qui lui fera, vers la fin de sa vie, publier enfin *Les Garçons*, et enfin porter à la scène *La Ville dont le Prince est un enfant*, dont les premières ébauches sont contemporaines de *L'Exil* (T, 741).

Mais, dès le lendemain de la première guerre, sa pièce laissée de côté et bientôt oubliée, Montherlant se détourne pour longtemps du genre dramatique. En Espagne, en Afrique du Nord, il court vers des spectacles violents, auprès desquels les pièces parisiennes lui semblent fades et confinées. Il les ignore et recule même devant l'effort de les lire. Il n'a « pas de goût pour le théâtre » (T, 7). Pourtant, en 1928 et en 1929, il ébauche deux drames, où il jette les deux moitiés antagonistes de lui-même, *Les Crétois* et *Don Fadrique*.

Des *Crétois* (rédigé en 1928), subsistent le « chant de Minos », une centaine de vers recueillis dans *Encore un instant de bonheur* (R, 677) et surtout *Pasiphaé*, publié à Tunis en 1936 et créé au Théâtre Pigalle, en décembre 1938. *Pasiphaé* ne relève pas plus du théâtre qu'*Hérodiade*, *L'après-midi d'un faune*, *La Jeune Parque* ou *Sémiramis*. Mais c'est un poème aussi somptueusement évocateur. L'héroïne, longtemps retenue par la morale et le respect des jugements humains, se résout enfin à l'assouvissement. Ce faisant, elle se croit coupable et c'est en quoi elle s'oppose au Chœur, dont la voix est celle de la sagesse : toute obligation, tout interdit sont absurdes ; les mots mêmes de *normal* et de *monstrueux* n'ont pas de sens :

« Malheureuse, malheureuse que je suis ! », s'écrie la fille du Soleil, « De tous côtés je bute contre les barreaux d'une cage. Pourquoi suis-je enfermée ? Pour quelle faute m'a-t-on punie ? »

LE THÉÂTRE DE MONTHERLANT

Et le Chœur lui répond :

> « Malheureuse, oui, malheureuse ! Non pas d'être encagée, mais de croire l'être. Malheureuse, oui, malheureuse, de buter contre des barreaux qui n'existent pas » (T, 86).

L'Exil était très proche du *Songe*. C'est aux *Bestiaires* et aux *Fontaines du désir* que se relie *Pasiphaé* : culte du Taureau et culte du Soleil, comme dans le roman ; révolte immoraliste, comme dans « Syncrétisme et Alternance » et presque dans les mêmes termes, puisque déjà dans « Syncrétisme » on lisait :

> « Prenons donc tout, à travers toutes les barrières, faites de papier où sont peints des barreaux, mais qu'on se jette dedans et on passe au travers » (E, 244).

En même temps ou presque, par un de ces chocs de contraires où il se complaît, Montherlant esquisse les quatre actes de *Don Fadrique*, qui aurait été, déjà, une tragédie de la peur (E, 1243). Il en reste un fragment de scène, écrit en 1929, publié en 1930 dans *Pour une Vierge Noire*, introduit par une page très éclairante d'*Un Voyageur solitaire est un diable* (E, 436), et repris dans *Service inutile*. Ces quelques répliques touchent à la pointe extrême du renoncement, purifiée même de la gloire et du plaisir du renoncement, dans le silence et l'anéantissement intérieur. C'est déjà le christianisme féroce du *Maître de Santiago*, c'est l'austérité janséniste vers quoi l'auteur applaudi de *Pasiphaé*, le romancier provoquant des *Jeunes Filles* (1936-1939) va, dès 1940, orienter sa curiosité et sa sympathie.

THÉÂTRE SOUS L'OCCUPATION

En avril 1940, Montherlant commence en effet un nouveau drame, c'est le premier *Port-Royal*, dont la rédaction dure plus de deux ans (T, 527-529) et qu'il abandonnera onze ans plus tard (T, 841). Dans le même temps il écrit *Solstice de juin*, qui paraît en octobre 1941, et, sur la suggestion de Jean-Louis Vaudoyer, administrateur de la Comédie-Française, *La Reine morte*, créée sur ce théâtre en décembre 1942 (3).

LA REINE MORTE. — **Acte I.** — *1er tableau.* L'Infante de Navarre est venue à la cour de Portugal, pour y épouser Don Pedro, fils du vieux roi Ferrante. Mais Don Pedro, manquant à la parole donnée par son père, aime Inès de Castro et dédaigne l'Infante. Celle-ci se plaint avec véhémence auprès du Roi ; elle va rompre, regagner sa patrie. Elle finit cependant par accepter de différer sa décision. — Ferrante accable Don Pedro de reproches. Il a aimé son fils, quand celui-ci était adolescent. A présent il ne peut plus supporter sa médiocrité. Il exige, en tout cas, que le mariage prévu se fasse. Il autorisera Don Pedro à garder Inès comme maîtresse. L'Infante acceptera cette situation. Don Pedro ne peut s'y résoudre. Le Roi lui accorde un ultime délai de cinq jours.

2ème tableau. Pedro raconte à Inès la scène précédente. Elle regrette qu'il n'ait pas osé avouer à Ferrante leur mariage secret et sa grossesse. Les deux époux se redisent lyriquement leur tendresse, leur angoisse. Inès est la plus vaillante. Elle exalte la promesse de vie qui est en elle, source de son courage. — Le Roi vient s'entretenir seul à seule avec elle. Au nom de la raison d'Etat, il lui demande d'accepter le projet navarrais, en demeurant la maîtresse du Prince. Inès avoue alors qu'elle est mariée. Ferrante, en proie à une violente colère, donne l'ordre de faire arrêter Don Pedro.

---

3. Pour une étude plus approfondie de *La Reine morte*, voir, ci-dessous, chapitre II.

Acte II. *1er tableau.* Le Roi tient conseil. Son premier ministre, Egas Coelho, l'engage à manifester sa puissance, qu'il dit contestée, en faisant tuer Inès. Ferrante essaie vainement de savoir si Egas Coelho n'a pas quelque raison secrète de le pousser à ce meurtre. — Il fait venir ensuite la jeune femme, exprime devant elle sa lassitude du pouvoir et son dégoût de l'humanité. Il l'autorise à rendre une visite au prince prisonnier. Dans le cas où le Pape prononcerait l'annulation de leur mariage, il lui demande de pousser Don Pedro à épouser l'Infante.

2ème tableau. Sur le seuil de la prison, surveillés par les gardes, Inès retrouve Pedro. Elle se jette dans ses bras, toute à son amour de femme et de future mère. Elle lui rapporte les intentions de Ferrante, tout en le poussant à ne pas s'y soumettre. — Pedro est reconduit dans la forteresse. L'Infante vient s'entretenir avec Inès. Par une indiscrétion du page Dino del Moro, qui trahit les secrets du Roi, elle sait la menace qui pèse sur la jeune femme. Elle lui propose de l'emmener en Navarre. Inès aime mieux risquer sa vie que s'éloigner de son mari et l'Infante la quitte sans l'avoir convaincue.

Acte III. Ferrante, plein de contradictions et de doutes, accablé par la vieillesse et la proximité de la mort, avoue à Inès son découragement. — On annonce une défaite de la flotte portugaise. Les ministres poussent le Roi à châtier le responsable. Il hésite. — Inès tente inutilement de lui rendre un peu de confiance. — Une voix, celle de l'ombre de l'Infante, conseille à Inès de fuir : le Roi va la faire tuer. Mais Inès a pitié de Ferrante, elle ne l'abandonnera pas. Elle lui révèle sa grossesse, chante son amour de la vie. Ferrante se répand en propos de plus en plus amers, en particulier sur son fils. Il voit dans la confidence d'Inès une habileté qui l'irrite. Elle proteste : elle a seulement voulu le réconforter dans l'état de faiblesse où elle le voit tombé. Elle sort. — Ferrante, blessé dans son orgueil, donne immédiatement l'ordre du meurtre, tout en voyant clairement l'absurdité de ce crime. Egaré dans un doute ultime sur lui-même, s'appuyant sur le page Dino del Moro, qu'il croit son dernier fidèle, il meurt. — On apporte le cadavre d'Inès. Don Pedro pose une couronne sur le ventre de sa femme. Les courtisans s'agenouillent. Le corps de Ferrante est abandonné de tous, même du page, qui, après une hésitation, va lui aussi s'agenouiller aux pieds de la « reine morte ».

Après un début douteux, — les coupures indispensables n'ayant été pratiquées qu'au lendemain de la générale (T, 187) et malgré une presse assez réservée (T, 200), *La Reine morte*, admirablement défendue par Jean Yonnel, dans le rôle de Ferrante, attira pendant toute l'année 1943 un public enthousiaste, aussi bien à Paris qu'en province. Ce coup d'essai triomphal d'un homme qui n'avait « pas de goût pour le théâtre » devait, pour trente ans, le fixer au théâtre.

Pour commencer, un an après *La Reine morte*, il donne, au Théâtre Saint-Georges, *Fils de personne* (décembre 1943).

FILS DE PERSONNE. — **Acte I.** — A Cannes, en 1940, fin du mois d'octobre. — Georges Carrion a eu un fils, Gillou, de sa maîtresse, Marie. Pendant douze ans, il les a perdus de vue. Les ayant retrouvés en 1938, il s'est pris d'une affection passionnée pour l'enfant. A présent, tous trois sont réfugiés sur la côte méditerranéenne. Marie voudrait regagner Paris, mais Georges, prisonnier évadé, ne peut y résider. Comprenant le chagrin qu'il éprouverait à voir partir Gillou (qui semble, lui, indifférent), Marie renonce à son projet.

Acte II. — Un mois plus tard. — C'est au Havre (où son amant, Roger, vient de s'installer) que Marie voudrait maintenant emmener Gillou. Mais Georges, qui soupçonne un motif de cet ordre et qui redoute le danger des bombardements auxquels cette ville est exposée, s'oppose violemment au départ.

Acte III. — Au début de 1941. — Georges éprouve, à l'égard de son fils une irritation qu'il ne dissimule plus. Marie tente en vain de disculper Gillou. Georges ne nie pas que celui-ci aime à sa façon son père et sa mère. Mais c'est, à ses yeux, une nature médiocre et veule. Il essaie une dernière fois d'éveiller chez le jeune garçon le sens de la *qualité*. Gillou l'écoute à peine. Georges, excédé, décide brusquement de faire partir la mère et le fils pour Le Havre.

Acte IV. — Trois semaines plus tard, c'est le jour du départ. — Gillou refuse d'abord, puis accepte de révéler à son père le secret de la vie privée de sa mère. Il refuse d'abord, puis accepte de rester seul avec son père à Cannes. Mais dans l'intervalle, Georges s'est raidi. Il est trop tard pour revenir sur sa décision. Il surmonte à grand peine son attendrissement pour l'enfant qu'il aime sans l'estimer. Il le laisse partir.

La Reine morte et *Fils de personne* sont, par leur point de départ, deux pièces presque contemporaines. Sur la genèse exacte de la seconde, l'auteur est plus discret, plus avare de renseignements que sur celle de la première. Le germe de *La Reine morte* se trouve dans *Reinar después de morir* (1604), de Luis Velez de Guevara (T, 179). Nous avons seulement, à l'origine de *Fils de personne*, d'une part la nouvelle publiée en avril 1941 dans *La Nouvelle Revue française* et reprise dans *Textes sous une occupation* : « Les Prisonniers », de l'autre, les notes, répliques, réflexions, datant de 1943, et qui — déclare Montherlant — sont ce qui reste d'un premier état où l'œuvre se serait présentée sous la forme d'un roman. (T, 295, sqq.). Ces notes donnent d'ailleurs exactement l'impression du vécu, de la confidence, du propos transcrit sur le vif. Impression confirmée par un paragraphe de *Solstice de juin* : « Je connais un jeune garçon qui souvent, à telle parole que je viens de lui dire, hausse l'épaule et me jette avec un dédain ardent : « Tu es bête ! » Je puis être sûr alors que ce que je viens de lui dire est soit une vérité d'évidence, mais exprimée sous une forme un peu personnelle et qui le surprend, soit une pensée plus neuve, qui va assez profond pour rejoindre la réalité, et y adhérer » (E, 883). Enfin, on n'oubliera pas que Costals, héros des *Jeunes Filles*, est le père d'un bâtard, Brunet, qui compte beaucoup plus dans son cœur que, même au plus fort de sa passion, Solange Dandillot. Brunet et son père sont accordés sur le plan d'une parfaite camaraderie. En revanche, le père des « Prisonniers » est, comme dans la pièce, un père déçu.

Les rapports entre « Les Prisonniers » et *Fils de personne* sont étroits. Certains passages, certaines répliques ont été conservés presque sans changement d'un texte à l'autre. Par exemple, dans la nouvelle :

> « Le souci des miens — dont j'ignore ce qu'ils sont devenus depuis deux mois — me pompe, pompe en moi tout autre souci, comme une éponge pompe une flaque d'eau. On s'adapte à tout, à l'inconfort, à la chasteté, au risque quotidien, à vivre sans se déshabiller : j'ai appris cela. Mais non à cette sorte d'ignorance » (E, 1423).

> Et dans la pièce :

> « Mais le souci de vous, le souci de lui me pompaient, pompaient en moi tout autre souci, comme une éponge

pompe une flaque d'eau (...). On s'adapte à tout, à l'inconfort, au froid, à la continence, au risque quotidien; mais non à l'ignorance du sort de ce qu'on aime » (T, 224).

On sent tout ce qu'une étude technique sur Montherlant dramaturge peut tirer d'une comparaison entre ces deux œuvres jumelles. Notons seulement, qu'au départ le héros des « Prisonniers » n'est pas dans la situation irrégulière de celui de la pièce. Il est marié, père d'un fils et d'une fille. C'est son épouse, ce sont ses enfants, pour qui il tremble quand il n'a plus de leurs nouvelles pendant l'été 1940, c'est cette famille qu'il sent terriblement étrangère, dès qu'il l'a retrouvée. Surtout, les personnages une fois posés, la nouvelle et la pièce divergent radicalement. Dans « Les Prisonniers », le père n'a plus d'illusions sur les siens, mais il se résigne et ne leur enlève rien d'un amour qui n'a pas besoin d'estime. Dans *Fils de personne*, le père ne peut supporter cet asservissement. Il rompt.

Conclusion plus dramatique par conséquent, qui risquait, au théâtre, d'être choquante à l'excès, de ne pas y être tolérée, et qui nécessitait sans doute un lien civil plus lâche de Georges et de l'enfant. Le spectateur peut juger à son gré ce rigorisme. C'est un principe de Montherlant, qu'il faut, au théâtre, laisser le champ libre à plusieurs interprétations. Mais le lecteur de la N.R.F. est nettement orienté vers une leçon sans ambiguïté. Montherlant, en opposition avec la devise officielle du gouvernement de l'époque, formule des objections contre le culte de la famille : « L'amour de la famille devra être surveillé, parce que son excès peut devenir une menace contre la patrie, et parce que cet excès peut accentuer notre embourgeoisement » (E, 1430).

Ainsi, *Fils de personne* semble détaché de l'actualité par rapport aux « Prisonniers » qui relèvent entièrement de l'actualité la plus brûlante. Le drame tient évidemment à des préoccupations permanentes de Montherlant. Pourtant il est aussi, nettement, daté et on ne le comprendrait pas si on oubliait qu'il fut conçu, écrit et joué dans une France vaincue et humiliée.

Le public, dans son ensemble, ne fut pas immédiatement sensible à cet aspect.

Certains spectateurs de *La Reine morte* y avaient découvert des allusions politiques. En décembre 1942 l'armée allemande venait d'être battue à Stalingrad et la majeure partie de l'Afrique du Nord venait de passer dans le camp des Alliés. L'espoir se réveillait. La tyrannie et l'esclavage, l'assassinat politique, évoqués par Ferrante et ses courtisans, étaient immédiatement tirés vers les problèmes et les drames du jour (T, 190). Il est possible que le dédain inattendu affecté par Brasillach à l'égard de la pièce (T, 11) ne s'explique pas autrement.

Dans le cas de *Fils de personne*, c'était autre chose. Le public était surtout frappé de l'aspect dépouillé et presque géométrique de ce conflit intérieur (T, 275). Un rapprochement insistant évoquait dans les critiques l'esthétique du classicisme et plusieurs citaient le nom de Racine (T, 268 ; T, 270). Le recul manquait pour apercevoir que le héros a été déçu par son pays avant d'être déçu par son fils (T, 288) et que ce chagrin, cette rancœur à l'égard de l'être aimé, vainement appelé vers une qualité d'âme qui le rendrait effectivement estimable, c'étaient le chagrin et la rancœur d'un Français de 1940. H.-R. Lenormand l'a parfaitement marqué dans un article sombre et lucide (T, 277). Tout ce que Montherlant avait dit dans *Service Inutile* (« Lettre d'un père à son fils »), dans *L'Equinoxe de Septembre* (« La France et la morale de la midinette »), tout ce qu'il redisait dans *Le Solstice de juin* (« La Qualité »), on le retrouve, simplifié et concentré dans *Fils de personne*. La médiocrité de Gillou, c'est la médiocrité de la France, qui va perdre la guerre de 1940, qui la perd et qui se réfugie dans les faux semblants. Et, selon l'analyse de Thierry Maulnier (T, 275), cette condamnation échappe au ridicule et à l'odieux du pharisaïsme, parce qu'en fait, ce que Georges stigmatise en son fils, c'est une dégradation morale dont il se sent lui-même menacé, de même que, dans *La Reine morte*, Ferrante tue dans Inès tout ce vers quoi il se sent glisser : l'affaiblissement du caractère, l'attendrissement et cette misérable image de lui-même qu'est Don Pedro.

Les deux drames sont des drames du mépris, mais conçus de telle façon qu'à personne n'est, en fin de compte, reconnu le droit de mépriser. Et, pour ne pas s'enfermer dans le sérieux et l'amertume, Montherlant a imaginé, avant *Fils de personne*, un lever de rideau (qui ne put d'ailleurs être joué) et qui est une sorte de pendant à la pièce, « un pendant qui tirerait sur la caricature » (T, 313), *Un Incompris*.

Nul n'ignore que les principes auxquels nous tenons le plus fermement ne sont pas nécessairement ceux où s'engage le plus de densité humaine : Montherlant était un homme d'heure précise, exaspéré par le moindre retard, capable de congédier une femme aimée pour crime d'inexactitude (FB, 128). C'est de là qu'il a tiré *Un Incompris* : Bruno se sépare de sa maîtresse, Rosette, bien qu'ils s'aiment, parce qu'il n'a pu parvenir à la faire arriver à l'heure à leurs rendez-vous. Il sacrifie donc son amour à une règle de politesse, comme Georges sacrifie le sien à la règle de la qualité. C'est exactement le contraire du « Tout vient des êtres », de *L'Exil*.

TRIOMPHES ET ÉCHECS
DE L'APRÈS-GUERRE

Pendant trois ans et demi, jusqu'au début de 1948, Montherlant, à qui ses adversaires reprochent certaines pages de *Solstice de juin*, est tenu dans une demi-suspicion. Sans que des faits très précis puissent être invoqués contre lui, il est écarté de la scène parisienne. Cependant, dès 1945, il a écrit *Le Maître de Santiago*. Des pourparlers s'engagent rapidement pour une création à la Comédie-Française. Mais, de façon paradoxale, ce théâtre considère en même temps qu'une reprise de *La Reine morte* serait inopportune et risquerait de provoquer des manifestations dans la salle (4). L'auteur, dans ces conditions, conserve sa nouvelle pièce, qui sera finalement représentée, avec un très vif succès, au Théâtre Hébertot, le 26 janvier 1948.

LE MAÎTRE DE SANTIAGO. — **Acte I.** — La scène se passe en janvier 1519, à Avila. Dans la demeure austère et pauvre de Don Alvaro, par une journée de neige, sont convoqués les chevaliers de Santiago. L'un d'eux, Don Bernal, père de Don Jacinto, arrivé avant les autres, s'entretient avec Mariana, fille d'Alvaro : Jacinto et Mariana s'aiment. Mais, pour que leur mariage puisse se faire, il faut qu'Alvaro parte pour le Nouveau Monde ; il en rapporterait, au bout d'un an ou deux, l'or nécessaire à l'établissement du jeune ménage. Sans révéler à Don Alvaro les dessous du projet, il s'agit, avec l'aide des autres chevaliers, qui arrivent à leur tour, d'obtenir de lui qu'il accepte de s'embarquer. — Alvaro refuse catégoriquement. Il attaque avec violence la colonisation des Indes, où l'Espagne se déshonore et se perdra. Sombrement exalté, il

---

4. Voir sur cette question Jean De Beer, *Montherlant*, pp. 309, sqq.

vitupère l'abaissement d'une patrie et d'une époque où il n'y a plus de place pour l'honneur. — Le plus jeune et le plus âgé de ses compagnons lui demandent conseil : doivent-ils, eux, prendre part à l'expédition. Alvaro méprise la jeunesse : au premier il dit de partir, au second de rester.

Acte II. — Le lendemain, Bernal pose à Alvaro la question du mariage de leurs enfants. Celui-ci ne s'y oppose pas, sa fille, qu'il juge médiocre, constituant un obstacle entre Dieu et lui. Mais·quand il apprend que les charges auxquelles prétend Jacinto exigent une dot importante, quand, pour cette raison, Bernal le pousse de nouveau à s'embarquer, il éclate en reproches véhéments. Il méprise Bernal d'aimer l'or. Il méprise sa fille de vouloir se marier. Il se retire. Don Bernal blâme cette rigueur inhumaine, où Alvaro trouve une satisfaction morbide. Mariana défend loyalement son père. Elle accepte cependant de se prêter au nouveau plan qu'a conçu Bernal. Le comte de Soria, de l'entourage de Charles-Quint, va venir trouver Don Alvaro, en lui faisant croire que c'est le Roi qui lui ordonne de partir pour les Indes.

Acte III. — Mariana fait la lecture à son père. Il évoque, une fois de plus, l'honneur du vieux temps, les bassesses du temps présent. Mariana espère secrètement le succès de la mission du comte de Soria. Elle laisse son père en tête-à-tête avec lui. Soria invoque l'autorité du Roi : si l'on a besoin d'Alvaro, c'est qu'il s'agit d'une tentative héroïque pour moraliser la conquête. Alvaro hésite, il va accepter, quand surgit Mariana, qui lui révèle la supercherie. — Resté seul avec sa fille, Alvaro s'agenouille devant elle. Il va se retirer dans un monastère, elle au Carmel. Tous deux atteignent l'exaltation mystique dans la contemplation de la volonté divine.

D'après le témoignage de Montherlant (T, 521), ce n'est pas le problème religieux qui s'est d'abord imposé à son esprit, mais celui de la colonisation espagnole au XVIe siècle. Ainsi la pièce se situe parmi les préoccupations qui ont inspiré *La Rose de sable*, roman d'opposition à la colonisation française, écrit de 1930 à 1932 et publié seulement dans son intégralité en 1968.

Au Théâtre Hébertot, l'accueil du public fut triomphal. En 1953, Montherlant notait que *Santiago* y avait été joué plus de huit cents fois (T, 546). Ce qui ne l'empêchait pas d'affirmer que ces spectateurs enthousiastes n'y comprenaient strictement rien (T, 541). Opinion narquoise, qui date de la création, mais ou il s'entêtera encore quinze ans plus tard (5), après d'autres expériences moins favorables.

Dans les années suivantes, en effet, jusqu'en décembre 1954, il donnera, avec des succès variables, quatre autres pièces de valeur très inégales : *Demain il fera jour, Celles qu'on prend dans ses bras, Malatesta, Port-Royal* (6).

Cette période débute par une reprise. En 1948, et bien avant que *Le Maître de Santiago* n'y ait terminé sa très brillante carrière, le Théâtre Hébertot affiche, avec une distribution entièrement renouvelée, *Fils de personne*. Henri Rollan, dans le rôle de Georges, « père aigu, écorché et dramatique » (T, 293), avait puissamment contribué au succès de la pièce en 1943. Le même acteur venait de s'élever jusqu'à la grandeur tragique dans Alvaro. Ce fut cependant Allain-Dhurtal (Amphitryon, de Giraudoux et Bernal, de Montherlant) qui reprit Georges en 1948.

« Ainsi toute la pièce bascule » (T, 294). La personnalité hautaine du père s'affaisse, tandis que la mère et le fils prennent du relief, le rejoignent « dans l'ordinaire composé humain de qualités et de défauts » (T, 294). C'est-à-dire que cette nouvelle série de représentations prépare la *suite* dont Montherlant fait accompagner la pièce à partir du 9 mai 1949 : *Demain il fera jour*.

DEMAIN IL FERA JOUR. — **Acte I.** — La pièce reprend les trois personnages de *Fils de personne*, en juin 1944, à Paris, où Marie, abandonnée par son amant, a ramené Gillou, sur qui elle a reporté toute sa tendresse. Georges les a rejoints. Mais son mépris pour son fils est maintenant sans espoir et son amour paternel est mort. Gillou voudrait s'engager dans la Résistance. Sa mère incline à l'y autoriser, son père refuse et Gillou se soumet docilement. — Cependant Georges reçoit une lettre dont on soupçonne qu'elle contient des menaces.

Acte II. — Le lendemain, Georges revient sur le projet de Gillou, où il entrevoit pour lui une sorte de garantie. On comprend que, accusé à tort ou à raison de s'être compromis

---

5. Voir sa note dans Jean De Beer, *op. cit.*, p. 314.
6. Sur *Le Maître de Santiago* et sur *Port-Royal*, voir, ci-dessous, chapitre III et chapitre IV.

dans-la politique de « collaboration », il craint les représailles prochaines. Il accepterait, maintenant, que Gillou entre dans un réseau, à condition qu'il y occupe un poste sans danger. Gillou lui montre le ridicule de cette restriction. Il promet de ne pas courir de risque inutile et tandis que Georges avoue sa peur et son pessimisme, il dit joyeusement sa foi dans la renaissance française.

Acte III. — Le soir même, à dix heures, Gillou n'est pas rentré. Georges et Marie, inquiète de son retard, l'attendent. Une coupure de courant les plonge dans l'obscurité. Leur angoisse va-croissant. Georges se laisse aller à exprimer la peur de ce qui l'attend au lendemain de la Libération. Marie devine avec horreur dans quelle intention il a donné son autorisation à Gillou. Un messager haletant sonne brutalement à la porte d'entrée. Le rideau tombe sans qu'il ait dit un mot. Mais on devine qu'il est arrivé malheur à Gillou.

Montherlant a raconté de quelle anecdote est né *Demain il fera jour* (T, 593, 595) : il a retrouvé dans la deuxième guerre, ce qu'il avait observé dans la première, ce qu'il avait décrit aussi dans *La Rose de sable* : l'exploitation monstrueuse par certaines familles du sacrifice de leurs enfants. Cependant *Demain il fera jour* n'est lié que très superficiellement aux circonstances historiques des dernières semaines de l'occupation allemande à Paris. Certes, Montherlant n'a pu oublier les menaces qui l'ont personnellement visé. Mais sa pièce ne dresse nullement face à face « collaboration » et « résistance ». On y a d'ailleurs relevé mainte invraisemblance, comme si l'auteur avait abandonné, cette fois, les scrupules d'exactitude auxquels il se soumet si étroitement quand il pénètre dans les siècles héroïques de l'Espagne ou de l'Italie. (A vrai dire, il estimait (E, 703) que les événements contemporains « sont trop près de nous » pour que leur perception ne soit pas fausse). Bien que *Demain* mette en scène un « collaborateur » (ou prétendu tel) odieux, ce n'est pas non plus une manœuvre par laquelle un écrivain compromis tenterait de se concilier ses adversaires politiques du moment. *Demain* n'a même pas la sorte d'actualité très générale qu'on trouve à *Fils de personne*.

C'est une pièce dont le principal intérêt est d'illustrer clairement quelques-unes des idées essentielles de Montherlant. On notera d'abord qu'il est absolument impossible de la dissocier de *Fils de personne*, dont elle est la conclusion amère, imprévue et nécessaire. Le père déçu, le moraliste exigeant de *Fils* apparaît quatre ans plus tard comme un lâche, désemparé, prêt à tout et qui risque la vie de son enfant pour sauver la sienne. Montherlant écrit quelque part (T, 196) qu'il n'a jamais osé écrire « l'acte final » de ses pièces, sauf dans le cas de *Demain*, acte final de *Fils de personne*. Il suggère, au même endroit quel pourrait être celui de *La Reine morte*. On aperçoit ainsi tout son théâtre comme un théâtre inachevé, où le dernier mot, à une exception près, n'est jamais dit. Il n'y a pas de damnés et il n'y a pas de saints. Ces trahisons, ces morts, ces assassinats et ces suicides sont, en fait, des conclusions timides.

Muni de cette clef on peut rêver au-delà, dans le sens qu'indique le rapport *Fils-Demain*. On peut généraliser à partir de cette formule, entrevoir, rattachée au principe de l'alternance et au refus du point final, une zone de virtualités éclairantes, telles que les suggère le fragment 567 de Pascal, cité dans *Service inutile* (E, 720) : « A la fin de chaque vérité, il faut ajouter qu'on se souvient de la vérité opposée. » Et Montherlant commente : « Celui qui, au cours de sa vie, se sera gouverné par cette pensée, n'aura peut-être pas été ceci ou cela; mais il aura été un homme intelligent. » Invitation valable pour tout lecteur de ce théâtre !

Dans *Montherlant bourreau de soi-même*, Michel de Saint Pierre explique admirablement comment l'auteur de *Demain* a été amené à écrire un drame qui, ses amis le prévenaient, avait toutes les chances d'irriter le public. Raisons multiples : un défi insolent au destin ; la lassitude aristocratique de trois succès éclatants ; la gageure d'ajouter aux quatre actes de *Fils de personne*, déja représentés plus de quatre cents fois, trois actes voués au désastre et qui entraîneraient les quatre premiers dans leur chute, — gageure qui n'est qu'un aspect de la maxime dont relève aussi la tauromachie : *celui qui tue aime ce qu'il tue.*

Montherlant ne désavoue pas ces explications. Il a voulu, dit-il (T, 594), tenter si, en dépit d'Aristote, un personnage « entièrement et absolument odieux » pourrait intéresser le public. Mais, ce disant, il ne peut se tenir (tant la notion d'*entièrement odieux* lui est étrangère) de donner à Georges quelques circonstances atténuantes. Il savait que *Demain il fera jour* déplairait aux spectateurs de droite et à ceux de gauche, et à ceux qui souhaitaient oublier les problèmes et les drames de 1944. Il savait aussi que l'assassinat d'un enfant par son père, déja évoqué dans *Service inutile* (E, 728) ne pouvait que susciter au théâtre gêne, malaise et indignation.

Il passe outre. En fait, il veut surtout provoquer le public. Il a cédé, dit-il, a une tentation : « celle de faire ce que la plupart des auteurs ne feraient pas. Sortir de sa tranquillité pour appeler sur soi le taureau, du pied, du cri et de la cape, c'est une tentation qui revient périodiquement dans ma vie » (T, 597).

Le résultat répondit surabondamment à ce que l'auteur avait prévu. A la réserve de très rares critiques, la presse fut exécrable. (Michel de Saint Pierre en donne d'abondants extraits). La pièce se traîna pendant un mois à peine devant des fauteuils vides. Le vœu de Montherlant était exaucé. Pour la première fois de sa carrière, il put savourer la délectation de l'échec.

Il renouvela l'expérience l'année suivante, mais sans l'avoir cherché cette fois, avec *Celles qu'on prend dans ses bras*, sa plus mauvaise pièce.

CELLES QU'ON PREND DANS SES BRAS. — **Acte I.** — Au lever du rideau, Ravier, riche et célèbre antiquaire de 58 ans, s'entretient avec Christine, décoratrice âgée de 18 ans, dont il est follement épris. Elle appartient à une famille peu fortunée. Elle est fière et pure. Il ne lui demande que son amitié, mais il l'importune, sans gagner sa confiance. — Mlle Andriot, 60 ans, collaboratrice de Ravier, est, en secret, passionnément amoureuse de lui. Elle ne peut supporter la tendresse avec laquelle, après le départ de Christine, il lui parle d'elle. A bout de force, elle s'évanouit.

Acte II. — Un mois a passé, sans que Christine revienne chez Ravier, obsédé maintenant par l'idée de devenir son amant. De son côté, Mlle Andriot l'accable d'une exigence sentimentale qu'elle ne dissimule plus. On annonce Christine. C'est elle qui la reçoit d'abord et, lui parlant complaisamment de Ravier, de ses maîtresses, la pousse à lui céder. Seul avec elle, Ravier lui dit brutalement son désir. Elle le repousse avec mépris et le quitte. — Mlle Andriot, qui a repris son sang-froid, revient sur ses aveux du début de l'acte, affecte l'amitié pure et simple, et suggère à Ravier que Christine se refuse à lui peut-être parce qu'elle en aime un autre.

Acte III. — Cinq semaines plus tard, Ravier n'en peut plus d'être privé de celle qu'il aime. Mais la voici, justement, qui demande à être reçue d'urgence. Son père, victime d'affairistes, vient d'être incarcéré. Elle demande l'aide de Ravier, tandis que Mlle Andriot (aussitôt détestée par son vieil ami) imagine avec dépit de quel prix cette aide sera payée et, trahissant Ravier, tente vainement d'effrayer la jeune fille. Ravier donne un coup de téléphone : le non-lieu ou, au moins, la mise en liberté provisoire sont assurés. — Après une scène burlesque où un amateur vient acheter très cher un fauteuil qu'il sait faux, mais dont il a violemment envie, la dernière scène est construite sur une volte-face. Ravier respecte d'abord son obligée, touchée par sa générosité. Puis, brusquement, il la prend dans ses bras. Aussi absurde que l'amateur de fauteuil faux, conscient de tout ce qu'il s'apprête à souffrir, il fera d'elle sa maîtresse.

Celles qu'on prend dans ses bras, dont la rédaction date de l'automne 1949, fut créé au Théâtre de la Madeleine le 20 octobre 1950, avec, dans le rôle de Mlle Andriot, Gaby Morlay, pour la première fois vieillie et tant bien que mal enlaidie ; dans celui de Ravier, Victor Francen. Ce dernier, spécialisé entre les deux guerres dans les rôles de riches amants quinquagénaires d'Henry Bernstein, restait dans son emploi et n'avait pas à chercher d'effets nouveaux. Le public fut maussade.

On ne lit pas sans surprise les commentaires que Montherlant consacre à sa pièce. Il la défend, contre l'évidence, avec un parti pris dont il donnera d'autres exemples à propos de *Don Juan*. C'est sur le plan de la psychologie qu'il place la discussion, citant comme modèle de critique absurde le mot d'un homme de théâtre : « C'est bien (...) mais il y a trop de psychologie » (T, 666). Il s'attarde donc à justifier les réactions des deux protagonistes, souligne complaisamment la virtuosité de certaines *passes*, comme la volte-face de Ravier à la fin du troisième acte, s'efforce de dégager l'unité de l'ensemble :

« On cherche de nombreuses intentions dans cette pièce : il semble que, le plus souvent, quelque chose en échappe, qui est ce qui, moi, me crève les yeux : qu'elle donne une expression directe et naïve à un sentiment de nos jours décrié : ce sentiment qu'on appelait autrefois l'*amour-passion* » (T, 668).

Si, dit-il encore, le public n'a pas été touché par ce sentiment, c'est qu'il est « trop habitué aux jeux de la seule intelligence pour être profondément sensible à la chaleur de la chair et du sang (...) Peut-être faut-il avoir passé par là pour le sentir. Sinon, l'on ricane » (T, 665). Montherlant, qui a fait de Ravier son aîné de quatre ou cinq ans seulement, évoque visiblement ici son expérience personnelle. Mais les cris poussés par les deux obsédés peuvent être authentiques. Le malheur est qu'ils n'ont pas subi la transposition artistique nécessaire. C'est en vain que l'auteur, décidément aveuglé (T, 659), compare Gaby Morlay à la *Marseillaise* de Rude, Francen aux héros de la tragédie grecque et Hélène Vallier (Christine) à Iphigénie. Ni Shakespeare (T, 665), ni Racine (T, 663) appelés à la rescousse n'y font rien. Ces comparaisons font sentir, au contraire, combien *Celles* est une pièce manquée.

Du point de vue de l'analyse, puisque c'est celui auquel tient Montherlant, on est frappé de ce que les personnages ont de sommaire. La situation, définie par le second titre : *Les Chevaux de bois*, est en somme celle du quatuor d'*Andromaque*. Les personnages se poursuivent sans jamais s'atteindre. Mais rien, ici, des modulations infinies de Racine. Ravier, en particulier, est un séducteur rudimentaire, qui, à commencer par le mensonge de l'amitié masquant l'amour, use des procédés les plus traditionnels. Le spectateur veut bien compatir à ses maux, sans échapper toutefois à l'impression que ses hurlements se répètent avec quelque monotonie. On accorde à Montherlant que les seules femmes heureuses sont celles qu'on prend dans ses bras et qu'il n'y a rien de plus important que le désir physique. Il n'en reste pas moins que le pur désir physique ne constitue pas un sujet de tragédie.

Mlle Andriot, c'est vrai, est plus nuancée. Comme tant d'autres personnages de Montherlant, dont l'univers moral est avant tout un univers de contradictions, elle est tiraillée de mouvements complexes. Mais c'est d'une complexité brutale et saccadée. (Gaby Morlay avait, naturellement, dans tous ses rôles, ces secousses de diction). Le personnage satisfait à l'exigence de la variété, mais non pas à l'exigence complémentaire de la composition. Bref, il se situe en dessous du niveau d'incohérence tolérable dans un théâtre qui demeure classique et traditionnel.

Mais le défaut le plus grave de *Celles* n'est pas là. C'est la lourdeur de certaines plaisanteries (T, 629), c'est le quiproquo pénible de l'avant-dernière scène. Montherlant, qui fait preuve ailleurs (dans *Le Chaos et la Nuit* par exemple) d'une verve comique si originale, manque ici ses effets. Il n'est pas drôle. L'obsession érotique des deux protagonistes est pesante. D'autant plus qu'ils sont présentés, l'un et l'autre, comme des artistes raffinés. L'auteur s'est compromis avec ces héros qu'il n'a pas voulu désavouer. Et ce détracteur splendide de la vulgarité a écrit, avec *Celles qu'on prend dans ses bras*, une œuvre vulgaire.

On ne saurait, certes, en dire autant de *Malatesta*, créé deux mois plus tard, le 19 décembre 1950, au Théâtre Marigny, par la Compagnie Madeleine Renaud-Jean-Louis Barrault. Et cependant *Malatesta* fut le troisième échec de Montherlant, et le plus mal supporté, puisque, non pas sans raison, peut-être, il se plaint, comme Figaro, de la cabale (T, 413). La pièce (T, 337), écrite de mars 1943 à février 1944 (7), avait été publiée en 1946 à Lausanne. Après la double mésaventure de *Demain* et de *Celles*, l'auteur revenant à la Renaissance et à ses costumes, pouvait espérer qu'il allait conjurer le mauvais sort. En réalité, comme le prouvent *Fils de personne* et *La Ville dont le prince est un enfant*, ce ne sont pas les costumes qui font le succès de

---

7. Jean De Beer (*op. cit.*, p. 306) conteste ces dates et suggère une rédaction plus tardive.

Montherlant. Ceux de *Malatesta*, l'élégante mise en scène du Théâtre Marigny ne suffirent pas à sauver une pièce qui tient cependant très profondément au plus intime de l'auteur.

MALATESTA. — **Acte I.** — Sigismond Malatesta, seigneur de Rimini, est un condottiere féroce qui, dans un assaut, tue son maître d'armes sans s'émouvoir, mais en même temps il se plaît à commenter Thucydide avec les lettrés Basinio et Porcellio, ou à faire jouer la lumière sur le marbre d'une antique. Camerino, son gendre, arrive de Rome avec un message du Pape : de peur que Venise n'occupe définitivement Rimini, Paul II propose d'y installer ses propres troupes et offre en échange Spolète et Foligno. Malatesta, outragé, décide, malgré les conseils de prudence de sa femme, d'aller tuer le Pape.

Acte II. — Au Vatican, il est d'abord reçu par Paul II, entouré d'une cour méfiante. Il proteste contre la proposition qui lui a été faite et se querelle avec les Cardinaux. Sur l'ordre du Pape, ceux-ci s'éloignent. — Paul II, seul avec le condottiere, lui ordonne de jeter son poignard, lui reproche ses crimes de sang et de stupre, écoute sa défense et lui propose enfin d'entrer à son service : Malatesta accepte, veut se confesser au Pape, qui refuse. Il est conduit à ses appartements où il se trouvera désormais à demi captif.

Acte III. — Malatesta n'est plus que le chef d'une garde pontificale de cent-trente hommes, réduit à l'inaction, domestiqué, méprisé des Romains. Sa femme, Isotta, vient éloquemment plaider sa cause auprès de Paul II, le défend contre les calomnies dont il est victime, obtient pour lui l'autorisation de venir passer trois mois à Rimini.

Acte IV. — A Rimini, Isotta ferme les yeux sur les amours de son mari et de Vanella (treize ans). Elle s'inquiète de ce que le Pape réclame le retour du condottiere avant le temps prévu. Malatesta, plein de vigueur et d'optimisme, repousse ces craintes. Il s'amuse des taquineries humiliantes qu'il exerce sur son entourage, en particulier sur le lettré Porcellio, chargé d'écrire l'histoire de sa vie. A la fin, ce dernier, poussé à bout, empoisonne son maître. Tandis qu'il agonise invoquant vainement les ombres de César, de Scipion et des Gracques, Porcellio, sous ses yeux, jette au feu les pages de la *Vita Magnifici et Clarissimi Sigismundi de Malatestis.*

On sent très bien que Montherlant nourrit une prédilection particulière pour *Malatesta*. Tels éléments précis d'où est sortie la pièce appartiennent à sa propre biographie : le condottiere a les mêmes crises de nervosité morbide que l'écrivain (T, 428) et, en face du Pape, il utilise les mêmes armes, mi-rusées, mi-loyales, que le collégien de Sainte-Croix en face de ses professeurs (T, 459, 463). Surtout, son goût de la vie est effréné (T, 424). C'est là, pour son créateur, « l'unité de cet homme » (T, 430) et ce trait aussi leur est commun. Montherlant se sent tellement chez lui dans la Rimini du Quattrocento, qu'il s'amuse, à demi sérieusement, à se rattacher, par l'intermédiaire d'une occasionnelle nourrice, au sang de son héros (« Lait des Malatesta », T, 416).

De là son acharnement à défendre l'homme et à défendre la pièce. Il énumère avec bonne humeur les forfaits dont la mémoire de Malatesta est chargée, vols, trahisons, sodomie, assassinat, inceste (T, 418), mais fait remarquer qu'on les connaît uniquement par son ennemi, Pie II, pape peut-être menteur, et que nul d'entre eux n'est prouvé (T, 338). Il va rechercher (T, 415) les aspects lumineux du personnage, passionné comme lui-même pour les hommes et les choses de l'antiquité. Lui qui s'est toujours appliqué à se distinguer de ses héros, Ferrante, Georges, Alvaro, néglige, cette fois, de le faire. Il se range du côté de Malatesta contre les spectateurs qui n'ont rien compris au drame (T, 413-415), parce que c'est une tradition française de ne rien comprendre à l'Italie et parce qu'un public du XXe siècle est dépourvu des notions les plus élémentaires sur l'esprit de la Renaissance, sur le « salmigondis pagano-catholique » (T, 337) dont elle est imprégnée. Il accumule les notes et les références attestant que la pièce est fondée sur une documentation attentive. Il défend l'interprétation de Barrault, généralement considéré comme manquant des moyens physiques exigés par le rôle de Malatesta (T, 436). A ses yeux, l'échec ne peut s'expliquer que par la mauvaise foi et l'ignorance.

C'est oublier que les spectateurs enthousiastes de La Reine morte et de Santiago n'étaient pas moins ignorants. C'est négliger surtout le vice fondamental de cette pièce forte, riche et chatoyante : elle est mal construite. On s'y est ennuyé — au théâtre — parce qu'elle est apparue comme une série de scènes sans nécessité et parce que l'action, circonscrite dans les deux premiers actes : *insulte* et *vengeance*, piétine à partir du troisième et se perd jusqu'à la mort du héros. *Malatesta*, un peu comme sous la Restauration, les tableaux de Vitet et de Mérimée, est, plutôt qu'un drame, une page d'histoire, qui passe mal la rampe et réclame la lecture.

Montherlant avait résolu de quitter le théâtre. Décidé à ne tenir aucun compte de ses précédents échecs et à ignorer superbement les humeurs du public, il voulut que la dernière pièce avant sa retraite fût une œuvre « tout intérieure » (T, 842) et, de plus, une œuvre consacrée à des chrétiens qui ont fait de la retraite l'essence même de leur religion (T, 924). Ce fut *Port-Royal*.

PORT-ROYAL. — La scène se passe au parloir de Port-Royal, faubourg Saint-Jacques, le 26 août 1664.

— Sœur Gabrielle, en présence de Sœur Flavie, reçoit la visite de son père, qui, à travers la grille, lui dit combien elle compromet sa famille, soupçonnée de jansénisme, et lui demande de signer le *Formulaire*. Mais Sœur Gabrielle est inflexible : le Pape est dans l'erreur, elle ne signera pas. Sœur Flavie se scandalise de son insubordination.

— La chapelle vient d'être envahie par une foule qui insulte les religieuses. Trois d'entre elles se réfugient dans le parloir. Elles s'entretiennent des menaces qui pèsent sur Port-Royal, de ce qu'on peut craindre ou espérer du nouvel archevêque de Paris, Péréfixe. Sœur Flavie le défend, en même temps qu'elle attaque la sous-prieure du monastère, Sœur Angélique de Saint-Jean, à qui elle reproche son rigorisme et son humeur trop batailleuse.

— Dans une conversation particulière entre Sœur Angélique et Sœur Françoise, s'opposent deux attitudes, l'intransigeance port-royaliste de la première, et, chez la seconde, le sentiment que tant de controverses et de criailleries écartent les religieuses de l'unique soin nécessaire : la prière. Signer le *Formulaire*, ou ne pas le signer, est à ses yeux d'une importance secondaire. Sœur Angélique estime que de pareilles maximes ne sont pas conformes à l'esprit de Port-Royal et que Sœur Françoise serait mieux à sa place dans un autre couvent.

— Dialogue de la Mère Agnès, sœur du grand Arnauld, et de Sœur Angélique, sa nièce. La plus âgée des deux religieuses a atteint la sérénité, la plus jeune, au contraire, est tourmentée par l'angoisse.

— L'Archevêque vient rendre au couvent une visite inopinée. Sur un ton bonhomme, il essaie de convaincre l'Abbesse et la Mère Agnès. Elles demeurent insensibles à ses conseils. Il convoque alors la communauté tout entière et annonce ses décisions : les religieuses sont déclarées rebelles, privées de toute visite, exclues des sacrements. Douze d'entre elles sont chassées de Port-Royal. Douze religieuses de la Visitation Sainte-Marie les remplaceront.

— Sœur Françoise, contrairement aux propos qu'elle a tenus au début de la pièce, défend fièrement Port-Royal contre l'Archevêque déconcerté par sa hardiesse.

— La pièce se termine sur une seconde conversation de Sœur Françoise et de Sœur Angélique (qui vient de démasquer Sœur Flavie, trahissant Port-Royal dans l'espoir de devenir abbesse). Les rôles sont inversés; Sœur Françoise est née à la certitude et à la lumière ; Sœur Angélique est entrée dans le doute. Le rideau tombe tandis que, vêtues de noir, les douze Sœurs de la Visitation entrent en procession.

Port-Royal, composé au cours de l'été 1953, fut créé, à la Comédie-Française, en présence du Président de la République, le 8 décembre 1954. (Peut-être y a-t-il quelque superstition dans cette date catholique : *La Reine morte* était du 8 décembre 1942. *La Ville dont le Prince est un enfant* sera créée le 8 décembre 1967). L'œuvre ne cherchait pas à être une œuvre de théâtre (T, 841). Elle se moquait du succès. Il fut considérable et Montherlant put écrire : « Je suis arrivé à créer de l'émotion avec des problèmes théologiques, une langue surannée, et de la litote » (T, 946). Ce triomphe fit tort à l'idée d'une retraite. Le 24 octobre 1956, la Comédie-Française donnait *Brocéliande*.

DEUX COMÉDIES

L'abandon du théâtre, le retour au théâtre, peuvent s'interpréter très simplement, chez un auteur attiré depuis longtemps par la tentation du renoncement : le dépit de trois échecs successifs et toutes les conditions systématiquement réunies pour un quatrième ; puis, devant le succès inattendu, l'oubli des résolutions érémitiques. Mais au cours de ces quatre années 1953-1956, Montherlant a pu aussi traverser une crise morale dont *Port-Royal* serait le reflet. Sa vie intime offrirait peut-être des réponses aux questions : pourquoi *Port-Royal* ? pourquoi *Port-Royal* voulu comme la fin d'une carrière ? pourquoi *Brocéliande* ? Cette interprétation en profondeur, Jean De Beer (8) la suggère, mais ne peut, ou ne veut aller plus loin. Montherlant, lui, a écrit (T, 1007) une phrase mystérieuse sur la question de savoir si *Brocéliande* « sort bien de sa nécessité intérieure » : « Les motifs qui ont poussé un artiste à exécuter telle œuvre d'art peuvent être aussi profondément nécessaires et cependant aussi indiscernables, si l'artiste ne les révèle pas, que les motifs véritables d'un suicide, enfouis et à jamais perdus pour le monde quand le mort n'a pas expliqué son geste, ou quand l'explication n'en est pas évidente .»

Sur un point l'origine de la pièce est très claire. La noblesse parfaitement authentique de Montherlant (9) avait été contestée en 1951 dans un pamphlet d'Antoine

---

8. *Op. cit.*, pp. 378-402.
9. Voir Louis de Saint Pierre, *Montherlant et les généalogistes*, dans Jean Datain, *Montherlant et l'héritage de la Renaissance*, Paris, Amiot-Dumont 1956.

Bouch (10), directeur des *Chercheurs et curieux*. Bien qu'il n'eût aucune raison d'être atteint par ces calomnies, Montherlant y a sans nul doute trouvé matière à renouveler certaines réflexions, sur le lien de la noblesse de race et de la noblesse de cœur, aussi sur l'ignorance, l'envie, la prétention qui entourent tout ce qui touche l'univers enchanté de l'aristocratie. Faute d'autre certitude, on tient là l'une des sources de *Brocéliande*.

BROCÉLIANDE. — **Acte I.** — Persilès est un homme de 59 ans, médiocre, aboulique et bavard. Un inconnu, nommé Bonnet de la Bonnetière, lui a demandé un rendez-vous qui l'intrigue et l'inquiète. Le visiteur se présente comme un spécialiste de recherches généalogiques. Après avoir révélé à Persilès amusé, ce qu'est la forêt de Brocéliande des vanités nobiliaires, la comédie des usurpations de titres, il lui fait part d'une découverte : Persilès descend de Saint-Louis. Persilès se défend mollement. Puis cette nouvelle « prend » sur son cerveau et, majestueusement, il en fait part à sa femme.

Acte II. — Trois semaines plus tard, Mme Persilès et la femme de ménage commentent les changements observables dans le comportement du héros. Le voici, en effet, qui se propose d'écrire un article sur son ancêtre. Avec sa femme, avec l'employé du gaz qui s'est trompé dans sa facture, ses propos sont empreints d'une hauteur et d'une bonhomie royales. Mme Persilès reproche à son mari de s'être installé dans un mythe dérisoire et irritant. Elle le menace d'une révélation foudroyante et convoque le généalogiste.

Acte III. — Bonnet de la Bonnetière écoute les doléances de l'épouse humiliée et complète ses informations : Persilès n'était qu'un pauvre hère ; il l'a brusquement épanoui, élevé au-dessus de lui-même. On compte, d'ailleurs, environ quinze mille descendants vivants de Saint-Louis. Lui-même est du nombre. Les convoitises personnelles de Mme Persilès s'allument. A son tour elle est piquée par la chimère de la noblesse. Elle soumet ses papiers de famille au généalogiste. — Persilès, mis au courant, raille ces prétentions. Sa femme, excédée, le rappelle à la modestie : ne partage-t-il pas avec quinze mille personnes sa glorieuse origine ! Cette révélation accable Persilès, rendu à son néant. C'est en vain que sa femme s'efforce de la rasséréner. Il se tue.

---

10. *Montherlant, bourgeois ou gentilhomme de lettres* ? Paris, 1951, in 8⁰-16 p.-B.N. 8⁰Lm3.3995.

L'accueil médiocre réservé à *Brocéliande* par le public de la Comédie-Française ne s'explique pas. *Brocéliande* a toutes les qualités des meilleures comédies d'Anouilh, de Marcel Aymé ou de Jules Romains. Tous les ridicules à quoi conduit la prétention nobiliaire y sont, comme chez Anouilh, touchés avec une verve qui rappelle *Le Côté de Guermantes*. L'irruption du merveilleux dans la platitude d'une vie banale a la même vigueur comique que dans *Clérambard* ou *Les Oiseaux de lune* et cette puissance créatrice de l'imagination, cette inondation souveraine d'un mythe qui bouscule et renverse tout, c'est le thème d'élection de l'auteur de *Knock*.

Seulement, chez Montherlant, le héros dégrisé se tue et ce suicide arrache la comédie au monde du boulevard. Ou plutôt, elle ne lui a jamais appartenu, c'est une pièce qui passe pour une comédie, jusqu'à ce que le coup de revolver final avertisse le spectateur qu'il s'est trompé et qu'il avait tort de rire. Montherlant rapproche Persilès de Coantré, d'Alvaro et de Ferrante. Sous un dehors ridicule, il a l'orgueil, il a l'exigence de la qualité, la possibilité de briser ses humbles limites, le désespoir d'y retomber. L'originalité de *Brocéliande* a été définie par l'auteur lui-même : « une pièce triste dans une enveloppe de demi-gaieté » (T, 1007). Ce contraste, quelques années plus tard, animera le roman de Célestino, *Le Chaos et la Nuit*. Montherlant y a récrit *Don Quichotte* ou *Tartarin* avec une drôlerie plus fine que celle de Daudet, et cela n'empêche que Célestino meurt d'une mort atroce. *Brocéliande*, dont le héros emprunte son nom au dernier roman de Cervantès, est de la même veine. Toutes les chimères chez Montherlant ont ce sourire et cette grimace.

Deux ans après *Brocéliande*, le 4 novembre 1958, le Théâtre de l'Athénée, où Louis Jouvet avait naguère repris le *Don Juan* de Molière, donnait celui de Montherlant, avec Pierre Brasseur dans le rôle principal. *Don Juan* tint l'affiche moins d'un mois.

DON JUAN. — **Acte I.** — Don Juan et son fils, Alcacer, viennent de revenir à Séville, d'où le héros s'est enfui, un an plus tôt, après avoir séduit impunément Ana, la fille du commandeur de Ulloa. Don Juan a 66 ans. Se moquant des propos hostiles qui courent sur son compte, indifférent aux mésaventures burlesques auxquelles il est quotidiennement exposé, il continue à poursuivre jeunes femmes et jeunes filles. De l'une d'elles, qui a quinze ans, il obtient un rendez-vous pour le lendemain. Son fils lui en a procuré un autre avec une souillon de l'auberge des *Trois Lapins*. Il jette dans le Guadalquivir un paquet de lettres d'amour et s'éloigne après avoir, au coin d'une rue, fleuri d'un bouquet une statuette de la Vierge.

Acte II. — Le lendemain, dans la campagne sévillane, le commandeur de Ulloa fait halte près du somptueux tombeau qu'il s'y est fait construire. Non loin sont cachés trois « carnavaliers » truculents, qui, à la façon d'un chœur, commentent propos et événements. Survient Don Juan et il évoque avec le Commandeur l'aventure où sombra, l'année précédente, la vertu de sa fille. Pour innocenter Antonio, injustement soupçonné, Don Juan s'avoue coupable. Ulloa dégaine, mais sa colère se calme bientôt. Il se laisse expliquer naïvement la théorie et la pratique du libertinage. Don Juan, bonhomme, lui fait croire que les libertins s'ennuient autant que les maris fidèles. Il lui arrange néanmoins un rendez-vous galant, où il lui promet qu'il recouvrera ses forces déclinantes. Mais la Comtesse de Ulloa, apprenant à son tour le nom du séducteur de sa fille, se répand en imprécations, force son mari à attaquer Don Juan dans un duel burlesque, où il s'embroche sur l'épée de son adversaire. Don Juan s'enfuit, tandis que la comtesse déchire ses habits, se répand en vociférations funèbres, accompagnées par la guitare des carnavaliers.

Acte III. — Alcacer pousse son père à se mettre en sûreté, loin de Séville, mais Don Juan ne saurait renoncer au rendez-vous où l'attend la souillon des *Trois Lapins*. — Trois pédants renommés dans les Universités de toute l'Europe exposent leur interprétation du mythe de Don Juan. — Une veuve, qui fut sa maîtresse vingt-six ans plus tôt, le poursuit d'une passion hystérique. — Ana de Ulloa veut le sauver. Don Juan s'attendrit, il s'écrie qu'elle sera son dernier amour. Cependant, après avoir salué la statue du commandeur, qui n'est qu'une mystification des carnavaliers, il va partir pour de nouvelles aventures, le visage couvert d'un masque. Ce masque est une tête de mort, qui s'incruste dans son visage. Don Juan n'en a cure. Il se lance une fois de plus, au galop, à la chasse aux femmes.

Par plus d'un côté, l'échec radical de *Don Juan* rappelle celui de *Celles qu'on prend dans ses bras*. L'auteur le prit aussi mal et, cette fois encore, mit le public en accusation. Les spectateurs, prétend-il, ont été déconcertés par le mélange des genres, qui répugne au goût français (T,1084). D'autre part Don Juan se caractérise par une extraordinaire mobilité : « A cette mobilité de Don Juan devrait correspondre une pareille mobilité du public. Sinon, celui-ci ne « suivra » pas. C'est une pièce pour esprits déliés » (T, 1080). Sept ans plus tard : « Cette pièce (...) ne peut être comprise que par des esprits très déliés et très cultivés : c'est dire que son avenir est sombre » (T, 1085).

On conçoit que parfois la critique se soit laissé intimider par de tels propos. En réalité, c'est le public de 1956 qui avait raison. Définir le don juanisme par la *mobilité*, c'est ne rien découvrir de nouveau. En faire le ressort essentiel d'une comédie, c'est courir la chance de l'animer d'un mouvement irrésistible, ou bien le risque de tomber dans l'incohérence par défaut d'adaptation et de mise au point. L'incohérence, sensible dans certaines scènes de *Celles qu'on prend dans ses bras*, l'est aussi dans *Don Juan*.

Autre point commun : la pesanteur. Les gémissements burlesques de la comtesse de Ulloa terminent de façon cocasse le second acte. Mais le premier, que Montherlant voulait « léger », « à l'italienne » (T, 1081) accumule les lourdeurs. L'auteur se complaît à des jeux de mots laborieux (T, 1019, 1021, 1022). Il ne recule pas devant la scatologie (T, 1021, 1036). Don Juan est en faction amoureuse sous un balcon, on lui vide des pots de chambre sur la tête, et l'auteur explique, dans une note, le symbolisme de ces pots de chambre ! (T, 1021). Montherlant, dans la scène 2 de l'acte III, ironise sans grâce contre — tiré à trois exemplaires — le *Penseur-qui-a-des-idées-sur-Don Juan*. Il réagit contre « l'abondante littérature qui a voulu faire de Don Juan un personnage chargé de sens profond : un être démoniaque, ou un Faust, ou un Hamlet, — un *mythe*. » Et il poursuit : « J'ai débarrassé mon héros de ce qu'avait fait de lui le XIXe siècle. Don Juan dans ma pièce est un personnage simple ; Il n'a pas *d'envergure* : je l'ai voulu ainsi » (T, 1079).

Il n'a pas d'envergure, en effet. Il est débarrassé de toute sifnification philosophique. Mais le malheur est que ce qui reste, ce *personnage simple*, est, en somme, assez peu intéressant. Montherlant aurait pu le parer de poésie, pousser plus loin le trait, ajouter encore, volontairement cette fois, à l'incohérence, rompre tout contact avec la psychologie, jouer la truculence des mots, atteindre le psittacisme grandiose des héros d'Audiberti. On dirait qu'il a entrevu toutes ces possibilités. Mais il est resté à mi-chemin. Il se flatte (T, 1081-1082) que son Don Juan est à la fois bouffon et pathétique. A la vérité, le mélange est manqué, il n'est ni tout à fait l'un, ni tout à fait l'autre. Rien en lui de la subtile ambiguïté de Persilès. Il est vrai qu'ici ou là brillent quelque maxime de libertinage, quelque éclat verbal, quelque vue aiguë sur la mort et le plaisir (d'où naîtra le titre de la pièce adopté à partir de 1972 : *La mort qui fait le trottoir*). Il est vrai aussi que, comparé à *Celles*, *Don Juan* bénéficie de la couleur andalouse des décors et des costumes. Et surtout on sent que l'auteur, quand il parle de don juanisme, guet, assaut, cynisme, ruse, sait bien ce dont il parle. S'il définit Don Juan par la mobilité, c'est par la mobilité aussi qu'il se définira lui-même, dans un entretien télévisé à la B.B.C. en juillet 1962 (VJ, 77). La pièce est donc, par là, douée d'une certaine authenticité.

Mais prétendre, comme le fait Montherlant (T, 1085), qu'une postérité éclairée lui donnerait la première place dans son théâtre, c'est, une fois de plus, défier le lecteur, ce n'est pas risquer de le convaincre.

DERNIÈRES CRÉATIONS

En 1960 Montherlant, qui s'était souvent moqué de l'Académie, mais qui avait fait dire à l'archevêque de *Port-Royal* : « Refuser l'Académie est une vanité comme une autre » (T, 901) est élu au fauteuil d'André Siegfried. Cette élection brillante, et sans candidature, couronnait (comne on voit dans le discours d'accueil du duc de Lévis Mirepoix) l'œuvre dramatique beaucoup plus que l'œuvre romanesque, interrompue depuis vingt ans.

La même année (18 décembre), *Le Cardinal d'Espagne*, que Jean Vilar et Jean-Louis Barrault avaient espéré monter (T, 1214), était créé à la Comédie-Française.

LE CARDINAL D'ESPAGNE. — **Acte I.** — La scène est à Madrid, en novembre 1517. La Reine Jeanne est folle. Le Cardinal Cisneros, âgé de 82 ans, gouverne. Le fils de la reine, Charles, 17 ans, est attendu à Madrid, où il va régner. Déjà il a marqué son hostilité à Cisneros, bien qu'il lui doive son trône. Le Cardinal est détesté de tous les courtisans, même de son neveu, Cardona, capitaine de sa garde. Celui-ci ne supporte pas l'atmosphère de la Cour, les affronts qu'il doit y subir. Il demande à être muté en province. Cisneros refuse. Pour lui, affronts, trahisons, ingratitudes sont également indifférents. Ou plutôt, il aime à en nourrir son mépris des hommes. Cardona restera à Madrid et accompagnera son oncle le lendemain chez la reine.

Acte II. — Cisneros essaie de persuader la reine de renoncer à sa crasse, à ses phantasmes, à sa réclusion sauvage, pour accueillir avec quelque apparat le roi, son fils. La folle, qui vit dans l'obsession érotique du mari dont elle est veuve, ne veut rien entendre. Nihiliste, elle se répand en blasphèmes désespérés, aussi révoltée contre le culte dérisoire de l'action que contre la volonté divine. Une crise de nerfs la saisit. On l'emmène. Cisneros (qui s'accorde avec elle au moins sur le néant de toute activité) charge Cardona d'aller au-devant du roi pour le prévenir de l'état de sa mère.

Acte III. — Cisneros, fatigué, indécis, fait confidence à son neveu du dégoût que lui inspirent ses subordonnés : c'est la folle qui a raison, la politique n'est que vanité. Très proche de Jeanne, en dépit de l'athéisme de celle-ci, il est découragé par les haines qui l'entourent. Cardona s'étonne de ce revirement ; il pousse son oncle à aller jusqu'au bout dans cette voie, à détruire son œuvre politique avant de mourir. Cisneros hésite, faiblit. On croit sa dernière heure venue. Les courtisans l'insultent et ces outrages lui rendent ses forces. Revenu à lui, il donne quelques ordres féroces, veut rassembler son énergie, afin de recevoir son souverain. Mais voici les envoyés du roi, avec qui Cardona s'était secrètement abouché. Cisneros comprend la déloyauté de son neveu, prend connaissance de la lettre qui le disgracie et tombe mort.

Montherlant (T, 1171) a présenté *Le Cardinal d'Espagne* et *Don Juan* comme deux œuvres jumelles, écrites simultanément, double adieu à l'Espagne, en cette fin de sa carrière dramatique (avant l'adieu du romancier, *Le Chaos et la Nuit*, en 1963). En fait, il semble qu'il y ait quelque arrangement dans cette symétrie, qui ne concorde pas avec les indications données dans les *Notes de Don Juan* (T, 1079). Si la rédaction du *Cardinal* date de 1957-1958, il est certain que l'auteur surveillait depuis longtemps, comme un de ses personnages en puissance, cet octogénaire tiraillé entre la passion du pouvoir et celle de la retraite, ce Francisco Ximenez de Cisneros, Archevêque de Tolède, Primat des Espagnes, Grand Chancelier de Castille, Grand Inquisiteur de Castille et de Léon, moine franciscain et Régent du royaume. Dans une conférence prononcée en 1935, il évoquait (E, 710) « le cardinal Ximenez, franciscain, qui portait sa robe de bure sous sa pourpre ; la bure démentait la pourpre : c'est ce démenti que l'être de sagesse doit porter sans cessé en soi ».

La vie du ministre de Jeanne la Folle lui offrait deux thèmes sur lesquels repose son œuvre tout entière. Le premier est celui de la « *grande tentation* », formulé dès 1929 : « Dans l'église-forteresse de Poblet, en Catalogne, datant des Mores, il y a une chapelle consacrée à la sépulture des princes d'Aragon. Sur leurs tombes, plusieurs de ces princes ont deux effigies : l'une les représente en guerriers, ou décorés des insignes de la puissance royale ; l'autre, en froc de moine. Je me repais de cette double image

46

et de sa contradiction infinie. C'est la royauté d'Espagne, et le peuple espagnol, demi-moine et demi-soldat (...) C'est la grande tentation des Charles-Quint et des Philippe II : abdiquer, laisser tout cela » (E, 620).

Autre thème essentiel, celui de l'*aveuglement* : Cisneros croit haïr le pouvoir ; mais, dès qu'il en est privé, il meurt. Il y a, au sein de la toute-puissance, le désir de s'anéantir, et il y a le mensonge de ce désir.

Mais ce qui distingue le *Cardinal* parmi les autres pièces de Montherlant, c'est, plus encore que le personnage de Cisneros, créé par Henri Rollan avec un relief extraordinaire, celui de la reine (Louise Conte). La malheureuse démente n'apparaît que dans un acte, le second, mais elle le domine avec une présence effrayante, et, à revenir sur la pièce, le rideau tombé, on sent cette présence déborder sur les deux autres actes. Aucune complaisance, ici, dans cette évocation de la folie, mais chaque détail porte. Jeanne refuse de manger, ou se nourrit comme une bête. Elle a perdu toute pudeur. Elle ne se lave pas, se bat avec ses chats qui lui griffent le visage, avec les chauves-souris, dont elle se croit entourée. Elle passe de l'agressivité meurtrière à l'abattement. Parfois, un rythme l'entraîne, elle danse toute seule, ou bien son esprit s'égare à suivre la course des nuages. Mais elle ne fait jamais rire. Elle n'est jamais inégale à son rang. Elle conserve, dans le pire avilissement « un reflet de royauté ».

Aussi bien, l'intérêt de la scène est très au-delà du pittoresque. D'abord cette folie est espagnole, comme sera celle de Celestino dans *Le Chaos et la Nuit*. C'est une clef pour pénétrer dans la patrie de Don Quichotte et Montherlant n'a pas manqué (T, 1187) de citer le dicton :

> La locura es la mitad
> De la razón española.
> La folie est la moitié
> De la raison espagnole.

Puis, jusqu'à quel point la reine est-elle vraiment folle ? Sur l'essentiel, elle s'accorde singulièrement avec Cisneros. On s'aperçoit aussi que, dans sa chambre glaciale et nue, quand elle jette au monde ses condamnations méprisantes, elle ressemble à Alvaro, à Ferrante, à tous les premiers rôles, en somme, du Théâtre de Montherlant. Elle est au centre même de ce théâtre. Et l'auteur lui accorde en outre une sympathie particulière, qui tient à ce que, dans l'Espagne de l'Inquisition, elle est délibérément athée (T, 1190), c'est-à-dire, selon lui, beaucoup moins folle que ses contemporains !

Les scrupules avec lesquels Montherlant s'est appliqué à peindre exactement cette Espagne du XVIe siècle apparaissent dans les notes abondantes et précises de l'édition de la Pléiade. Il a, non seulement, lu sur Ximénès les témoignages des contemporains, les ouvrages historiques qui lui ont été consacrés. Il a voulu interroger aussi les spécialistes espagnols et français de cette période. C'est ainsi qu'il peut justifier un grand nombre de détails, surtout de ceux qui paraissent aujourd'hui les plus invraisemblables.

Il s'est accordé quelques licences : Cisneros, nommé archevêque de Tolède en 1495 a continué pendant quelques mois à porter la bure franciscaine, ornée seulement de la croix pectorale de sa dignité, puis il y a renoncé sur l'ordre du Pape (T, 1184). Mais comme ce contraste est à l'origine de la pièce, Montherlant n'a pu se résoudre à le sacrifier et son personnage y demeure, inexactement, fidèle en 1517, année de sa mort. De même Jeanne était, en réalité, recluse à Tordesillas ; pour concentrer l'action en trois jours, Montherlant situe son château à Madrid (T, 1188) ; ses demoiselles d'honneur appellent la reine *Majesté* — bien que le vrai titre fût *Altesse* — pour ne pas déconcerter le spectateur français (T, 1188). Des traits qui appartiennent au Père Joseph passent à Cisneros (T, 1195). Des personnages qui ont joué un rôle important à la fin de son gouvernement ont été supprimés (T, 1171). *Le Cardinal d'Espagne* n'est donc pas, au sens strict, une pièce historique (T, 1171). Et pourtant Montherlant se sent tenu à certaines obligations à l'égard de son héros. Il se justifie de l'avoir représenté sanguinaire (T, 1178), puisqu'il l'était dans la réalité. Par honnêteté pour sa mémoire, il mentionne dans une note (T, 1183) un aspect du personnage entièrement absent de la pièce : ses activités d'humaniste et de lettré. Bref, il a traité Cisneros « avec respect » (T, 1176). Il n'a pas déformé son profil qui se détache sur un fond d'une fidélité historique, dans l'ensemble, irréprochable, et attestée par les Espagnols eux-mêmes (T, 1213).

Le public de la Comédie-Française, ignorant tout de Cisneros, fut assez peu sensible à cette exactitude. Des manifestations hostiles troublèrent certaines représentations. *Le Cardinal d'Espagne* ne réussit pas aussi bien que *Port-Royal.* Montherlant put, à juste titre cette fois, se plaindre de ne pas être compris et noter, reprenant le mot de Cisneros : « La frivolité est dure comme de l'acier » (T, 1205).

La Guerre civile, comme *Le Cardinal d'Espagne*, repose sur une documentation ample et approfondie. Mais la pièce est plus proche encore de la réalité historique.

LA GUERRE CIVILE. — **Acte I.** — La scène, coupée par les commentaires du chœur invisible et de la Guerre civile, se passe en 48 avant Jésus-Christ, le 15 juillet, à Dyrrachium, dans le camp de César. Officiers et soldats commentent l'antagonisme de César et de Pompée. — Laetorius et Fannius ont décidé de rallier les pompéiens, le premier par haine de César, le second par cupidité. Un sous-officier a surpris leur secret. Laetorius le tue et lui fait rendre les honneurs comme s'il était tombé en combattant.

Acte II. — Le lendemain, au camp de Pompée, dans la tente de Caton. Laetorius redit sa haine de César. Il fait égorger trois cents prisonniers césariens, ses anciens soldats. A Caton, qui blâme cette cruauté, Pompée reproche son scepticisme politique et ses préoccupations humanitaires. Caton croit en effet à la victoire de César, il désespère de l'avenir de Rome qu'il voit irrémédiablement condamnée à la décadence. Il a choisi la cause de Pompée, parce que c'est une cause désespérée. Pompée affiche un orgueilleux optimisme. Mais la voix du chœur révèle qu'il doute secrètement de sa victoire. Il charge Caton d'haranguer les troupes avant la bataille du lendemain. Le philosophe puise dans les propos d'un vieux légionnaire, discipliné et fataliste, la matière d'un discours qu'il prononcera sans y croire.

Acte III. — Le lendemain, les pompéiens, enflammés par ce discours, ont bousculé César, qui bat en retraite. Pompée, malgré les conseils de son état-major ne veut pas exploiter immédiatement son succès. Il est inquiet du sort de sa famille, désabusé : la grandeur de Rome est de toute façon ruinée, l'Orient vaincra. Pompée ne croit à la fidélité d'aucun de ses partisans : Brutus est un traître né, Caton n'aime que la défaite. — Mais on vient de capturer Acilius, ancien officier de Pompée, passé à César. Pompée lui fait grâce. Mais Acilius se tue devant son vainqueur, dont les hésitations sont brusquement tranchées par cette mort. Il donne l'ordre de poursuivre César. Le rideau tombe sur l'annonce, par le chœur, de ce qui va suivre : Pharsale et la mort de Pompée.

Comme son Malatesta, Montherlant a toujours vécu dans la familiarité de l'histoire romaine, découverte à huit ans par la lecture de *Quo vadis* (TC, 143). (TC, 143). Il n'a jamais cessé, depuis lors, de fréquenter assidûment des œuvres telles que la *Vie des Douze Césars* ou le *Satyricon*. Il n'a manqué, s'il faut l'en croire (T, 1353), aucune des mises en scène de *Jules César* montées sur des théâtres parisiens pendant soixante ans. L'un de ses derniers livres, *Le Treizième César* est en grande partie constitué par des notes de lecture, en marge de Tacite et de Sénèque. *La Guerre civile* est donc le livre d'une vie. C'est l'œuvre d'un homme qui, tandis qu'il la compose, s'endort chaque soir en méditant une phrase de César ou de Pompée (T, 1361). C'est le fruit de cette culture latine, dont Montherlant écrivait qu'elle était « pestilentielle pour le nez français de 1965 » (T, 1344) et que des décisions peu éclairées devaient officiellement mettre en disgrâce trois ou quatre ans plus tard. La pièce s'appuie d'abord sur le *De Bello civili*, mais aussi sur *La Pharsale*, sur la *Correspondance* de Cicéron, sur les *Vies* de Plutarque, sur Dion Cassius, Velleius Paterculus (T, 1310-1319). Pour l'écrire, Montherlant a relu Michelet, Gaston Boissier, Jérôme Carcopino, Ferrero. Il n'a pas ignoré les apports de l'érudition la plus récente (Paul Jal, *La Guerre civile à Rome*, 1963).

Comme dans *Le Cardinal d'Espagne*, on trouve dans *La Guerre civile* une sorte de piété envers les grandes ombres qui y sont évoquées. Arrive-t-il à Montherlant de charger l'un de ces personnages, il cache celui-ci sous un nom d'emprunt, pour ne pas calomnier sa mémoire (T, 1313, 1360). Il se défend aussi d'avoir noirci les mœurs romaines, comme pourrait le supposer un public non averti. (T, 1354-1355) : la grossièreté, la cupidité de ses héros ont des sources connues qu'il signale.

Bref, sa pièce est une œuvre d'humaniste, elle sort d'une longue intimité avec le passé, mais c'est à la faveur d'une incitation contemporaine : les événements de février 1934, où sembla se dessiner pour la France la menace d'un drame pareil à celui qui allait déchirer l'Espagne (T, 1307). Montherlant a donc porté en lui pendant trente ans ce thème de la guerre civile et très vite il a su qu'il choisirait comme protagoniste Pompée, plus intéressant que César, parce qu'il est le vaincu.

C'est en 1957 qu'il conçoit précisément la pièce (T, 1307). En 1960 ou 1961, « au cours d'une représentation particulièrement bonne du *Cardinal d'Espagne* (...) sous le coup de l'émotion » (T, 1343), il commence à « griffonner des notes ». Ainsi les deux œuvres sont-elles proches l'une de l'autre, consacrées toutes deux à l'action politique et à ses défaillances. Cependant la postface de *La Guerre civile* (T, 1308) y mentionne deux éléments particuliers que l'auteur considère comme spécifiquement romains.

L'un, c'est que toute âme, quelle qu'elle soit, a sa ressource et sa réserve de grandeur. Un mot de Montesquieu à propos d'Alexandre a, dit-il (T, 1311, E, 434) hanté son imagination pendant cinquante ans : « Ce moment fut celui du retour de sa grande âme » (11). Ce *moment*, c'est celui de la résurgence d'une générosité inattendue. Ainsi, Pompée vainqueur veut épargner Acilius. Cet acte de clémence est une illustration, entre beaucoup d'autres (T, 1348-1350) d'une vertu latine (ou d'une politique) que Montherlant appelle « le système des *grâces* ».

Et, d'autre part, il trouve dans l'histoire romaine « le sens, le goût, et comme l'attrait de l'adversité haute » qui « est

---

11. Montesquieu, *Lysimaque, Œuvres complètes*, éd. Pléiade, tome 2, p. 1239. Alexandre a fait livrer Lysimaque aux bêtes. Celui-ci triomphe d'un lion furieux : « Alexandre aimait naturellement les actions courageuses : il admira ma résolution ; et ce moment fut celui du retour de sa grande âme. »

encore une forme de bonheur », parce qu'elle force « à accomplir plus d'humain » (T, 1308). Cette remarque fait écho à une note des *Carnets* de 1935 :

> « C'est une bonne règle, que faire toujours en sorte qu'il naisse quelque bienfait de l'échec de ce que nous espérons.
> Autre chose : le malheur crée en nous la force d'âme ou la souplesse d'âme avec laquelle nous l'accueillons, états que nous n'aurions pas connus sans lui.
> Il m'est arrivé, ayant très soif, d'être désaltéré pour avoir fumé une cigarette. De même, entre les régions profondes du bonheur et du malheur, je pressens une mystérieuse et grandiose identité » (E, 1161).

On voit en quoi cette pièce historique est aussi une pièce héroïque. Mais, même dans l'héroïque, Montherlant, émule de Chateaubriand, est moins guindé qu'on ne croit. Il ne se contraint pas. C'est ainsi que, baptisant ses trois actes de sonores titres latins, il ne résiste pas à une plaisanterie de collégien et choisit pour le premier : « Mors et Fricum ». La pièce comporte quelques-uns de ces sourires, pas nécessairement aperçus par tous les spectateurs.

Créée au Théâtre de l'Œuvre, le 27 janvier 1965, dans une mise en scène de Pierre Dux, qui jouait Pompée, avec Pierre Fresnay, dans le rôle de Caton, elle dut en partie son succès à un aspect auquel l'auteur n'avait pas songé : l'actualité.

Les divergences d'appréciation sur la politique algérienne de la 5ème République étaient encore en 1965 dans toute leur vivacité. Les attentats politiques, les procès qui les avaient suivis, l'exécution impitoyable de certaines sentences passionnaient l'opinion aux approches de l'élection présidentielle, qui, pour la première fois, dépendait du suffrage universel. Tous ces événements trouvaient facilement des échos dans les propos de Caton ou de Pompée. Telle réplique semblait approuver les assassinats justifiés par l'idéologie, telle autre exalter les luttes fratricides. Enfin Pompée faisait grâce, alors que le président de la République française n'avait pas fait grâce. C'était assez pour qu'on présentât Montherlant comme un auteur « engagé » (T, 1363), interprétation contre laquelle il proteste vigoureusement.

Dans *Le Treizième César*, il ne reculera pas devant un rapprochement sombre entre la Rome de Néron et la France, le monde, de 1950-1970. Dans *La Guerre civile*, il suggère seulement que les Français de la seconde moitié du XXe siècle (comme ce fut le cas dans l'Italie du Ier avant Jésus-Christ) vivent, en acteurs insuffisants, une tragédie dont ils n'ont même pas la plus élémentaire conscience (T, 1345). Mais, cela dit, il a soigneusement effacé toute allusion contemporaine. Il se pique en effet de ne rien entendre aux querelles du jour et de s'en désintéresser ; il tient, pour « la vulgarité même », « ces clins d'œil au public » que sont les références à l'actualité (T, 1347).

A-t-il su toujours se rendre absolument intemporel, c'est autre chose. On n'aura pas de peine à noter, en marge de la pièce ou de ses commentaires, les points où cette intention se trouve en échec. Quand il présente le proconsul pompéien Domitius comme « un *inconditionnel douloureux* » (T, 1309), il parle le langage politique français de 1965. Et lorsque Laetorius s'écrie : « Quand on parle de paix, je tire mon couteau » (T, 1252) — « Quand on me parle de son affection pour moi, je tire mon couteau » (T, 1258) — « Quand on parle de lois, je tire mon couteau » (T, 1265), il y a d'abord dans cette répétition maniaque un effet comique qui convient parfaitement au talent du créateur du rôle, Alfred Adam. Mais on y perçoit aussi une réminiscence d'une insanité hitlérienne, souvent attribuée à Gœring ou à Gœbbels : « Quand j'entends parler de culture, je tire mon revolver. » Montherlant a marqué trop d'égards à ce personnage de Laetorius pour que le rapprochement soit volontaire. Il prouve simplement l'impossibilité pour un écrivain, qui rouvre un débat politique, fût-ce après deux millénaires, d'échapper tout à fait aux tragédies de son temps.

Avec *La Ville dont le prince est un enfant*, sa dernière création, Montherlant allait, une fois encore, mêler le spectateur aux détours d'une psychologie sans date. *La Ville* est un pur drame d'amour.

LA VILLE DONT LE PRINCE EST UN ENFANT. — **Acte I.** — La scène se passe dans un collège catholique pendant l'entre-deux guerres. Une « amitié particulière » unit Serge, 14 ans, et Sevrais, 16 ans. L'abbé de Pradts a publiquement, la veille, blâmé leurs rapports. Quand la pièce commence, il fait à Serge des remontrances d'où ressort sa propre passion pour l'adolescent et sa jalousie. Il reçoit ensuite Sevrais, qui lui demande de l'entendre en confession. L'abbé refuse, mais l'interroge sur sa liaison. Il lui permet de continuer à voir l'enfant, à condition que leur amitié soit désormais parfaitement pure. Sevrais sait gré à l'abbé de cette marque de confiance et accepte d'enthousiasme. Il donne à Serge, pour le lendemain, un rendez-vous dans une resserre, où il lui expliquera la *réforme* à laquelle tous deux vont s'engager.

Acte II. — Le lendemain, tandis que professeurs et élèves commentent le changement d'attitude de l'abbé à l'égard des deux amis, Serge vient rejoindre Sevrais dans la resserre. Sevrais rêve de généraliser à tout le collège leur *réforme* particulière. Les deux enfants, mélangeant leurs sangs, font un serment solennel d'amitié noble et chaste. Leur conversation se poursuit, puérile et exaltée. Mais quelqu'un vient. Serge, effrayé, ferme la porte à clef et se cache dans un coin de la resserre. L'abbé de Pradts se fait ouvrir la porte, le découvre, éclate en reproches menaçants contre Sevrais, le congédie. Il n'acceptera plus désormais de partager avec qui que ce soit l'amitié de Serge.

Acte III. — Le lendemain Sevrais apprend avec indignation qu'il est renvoyé du collège. L'abbé ne veut retenir qu'un fait, motif essentiel de la sanction : la resserre fermée à clef. A ses yeux Sevrais est incapable d'exercer une bonne influence sur son ami, non plus que sur ses autres camarades. Il obtient de lui la promesse qu'il n'essaiera pas de revoir Serge, puis l'assure de son estime et se reconnaît même convaincu de son innocence. Sevrais accepte loyalement la mesure injuste dont il est victime. — La dernière scène met face à face l'abbé et le Supérieur du collège. Celui-ci blâme la conduite égoïste et passionnée de son confrère. Il a, de son côté, décidé de renvoyer Serge. L'abbé proteste avec véhémence. Le Supérieur le contraint d'accepter une séparation complète et lui rappelle l'essence de la charité chrétienne. Au-delà des tendresses accidentelles et des émois sensuels, c'est à Dieu — l'abbé l'a trop oublié — qu'elle doit s'adresser, « dernier et prodigieux Amour auprès duquel tout le reste n'est rien. »

La Ville, créée le 8 décembre 1967, au Théâtre Michel, est une œuvre qui s'étend sur presque toute la vie de Montherlant. Il n'a pas caché (T, 823) que le sujet de la pièce est emprunté à son adolescence, exactement à son renvoi du collège Sainte-Croix, de Neuilly, en mars 1912. Au début de 1967, il avait d'ailleurs achevé, pour le faire paraître en 1969, le roman, largement autobiographique, dont *La Ville* n'est qu'un épisode : *Les Garçons*. Les deux œuvres ne peuvent se comprendre que l'une par l'autre et leur étude comparée éclaire singulièrement la dramaturgie de Montherlant.

C'est en 1913, sous le coup de sa récente aventure, qu'il a rédigé les premières esquisses. Mais, s'il se sent capable de faire parler dès lors les deux enfants, la dernière scène, le dialogue entre le supérieur et l'abbé, est hors de portée de ses dix-sept ans (T, 741). Il abandonne son projet.

Il y reviendra au lendemain de la guerre. *La Relève du matin* a beaucoup de pages toutes proches de *La Ville*. La première scène de l'acte I s'y trouve déjà en partie et souvent avec les mêmes termes (« La Gloire du collège », II ; E, 62-71). De même, le « Qui Lazarum resuscitasti » du troisième acte (E, 115). De ces évocations de 1920, Montherlant dira plus tard (T, 742) qu'elles sont le « plafond » idéalisé d'une réalité qui reste à décrire et cette réalité sera *La Ville*. Opposition qui paraît bien contestable : il y a déjà une réalité, évidemment vécue, dans cette exaltation de l'enseignement religieux qu'est « La Gloire du collège » et il reste dans *La Ville* l'essentiel de cette exaltation.

Après une troisième tentative, en 1929, une fois de plus infructueuse (« c'est toujours la scène finale qui se dérobe », T, 741), une nouvelle annonce de drame se trouve dans *Les Enfances de Montherlant*, de J.N. Faure-Biguet (1941). Il s'agit d'un texte diffusé par la Radio en 1940, qui s'inspire de celui de « La Gloire du collège », mais qui est maintenant beaucoup plus proche de *La Ville*. L'hommage rendu par Montherlant, incroyant, à ses anciens maîtres est sans équivoque : « Les prêtres (...) ne donnent pas toujours la foi. Mais ils donnent le sens de la vie intérieure, — avec ou sans Dieu » (FB, 104). Ce qui demeure, jusque-là, à peine indiqué, c'est la passion de l'abbé pour l'adolescent. Montherlant est pris, devant son sujet d'une sorte de timidité qui va persister jusqu'aux dernières années de sa vie (12).

En 1944, Roger Peyrefitte, dans *Les Amitiés particulières*, manifeste à l'égard de l'enseignement confessionnel une hostilité tout à l'opposé de l'attitude de Montherlant. Il est même possible que le retentissement de ce livre ne soit pas étranger à la décision de rédiger et de publier enfin, comme une sorte de contre-témoignage, *La Ville dont le prince est un enfant* (novembre 1951).

Un article de Daniel-Rops, dans *L'Aurore* du 7 novembre, apporta immédiatement à l'inspiration de l'auteur et aux résonances de son œuvre la caution d'un écrivain catholique (T, 742). Le succès de librairie fut considérable.

Montherlant était décidé à ne pas porter la pièce au théâtre. Cependant, sans qu'il l'eût sollicité, le comité de lecture de la Comédie-Française, à l'initiative de Jean Meyer, recevait *La Ville* à l'unanimité, dès le début de décembre (T, 744). Madeleine Renaud et Jean-Louis Barrault la réclamaient en même temps pour le Théâtre Marigny (T, 746). L'auteur hésitait. Il prit le parti de soumettre la question, en « fils respectueux et soumis », à l'archevêque de Paris, Mgr Feltin et, devant sa réponse défavorable, il revint à son intention initiale : la pièce ne serait pas jouée.

Cette résolution devait être tenue pendant seize ans. L'édition de la Pléiade, dans une très longue suite de notes, de presque cent pages (T, 741-835) donne toute l'histoire de *La Ville* pendant cette période : lectures ou représentations d'amateurs en Belgique, en Suisse, en Hollande ; nouvelles tentatives et auditions de jeunes acteurs à Paris ; diffusion par disques ; faveur grandissante du public catholique.

En 1963, à l'occasion d'une reprise de *Fils de personne* au

---

12. Le texte publié par Faure-Biguet a été repris, avec deux ou trois modifications sans importance, sous le titre *Fils des autres*, dialogue dramatique, qui, avec *Un Incompris*, figure dans l'édition publiée par Gallimard en 1944 de *Fils de personne*. L'idée est de montrer la supériorité, en certains cas, de la paternité spirituelle sur la paternité par le sang.

Théâtre des Mathurins, sans *Demain il fera jour*, Montherlant accepte de donner le premier acte de *La Ville* en lever de rideau. Mais il éprouve aux répétitions une impression de gêne. Il revient sur sa décision, n'autorise plus que la troisième scène et comble le vide, ainsi créé, par *L'Embroc*, adaptation des « Onze devant la Porte dorée » (*Les Olympiques*).

En 1967 enfin, les derniers scrupules de l'auteur tombent. Il trouve deux jeunes interprètes, assez doués et assez naturels pour jouer Sevrais et Souplier. Il supprime quelques répliques, modifie quelques situations (T, 757) et la pièce, créée en décembre, dans une mise en scène de Jean Meyer, remporte l'un des plus grands succès de l'après-guerre.

Roger Martin du Gard avait écrit à Montherlant, en 1951 : « Jamais, à ma connaissance, aucune bombe de ce calibre n'a été glissée sous les assises des collèges religieux » (T, 825). Il ne pouvait se tromper plus lourdement. D'abord parce qu'un grand nombre de spectateurs ont dépassé l'anecdote, pour ne s'intéresser qu'à la valeur universelle du drame sentimental. Puis, parce que, bien loin de porter atteinte à l'Enseignement libre catholique, la pièce sert au contraire son prestige, le prestige de ce qu'il fut, sinon de ce qu'il est. Les prêtres y apparaissent (malgré leurs faiblesses) comme des êtres qu'un sacrement élève au-dessus du commun. *Les Garçons* sont encore plus explicites sur ce point, rappelant la parole du Christ : « Je vous ai choisis et séparés du monde (...) Il avait l'honneur d'être prêtre, et *in aeternum*. Il était prêtre, il était *séparé du monde*, ce qui veut dire qu'il vivait dans un monde noble, le monde du spirituel, des problèmes d'âme, des difficultés morales, de la liturgie, de l'art religieux » (G, 239). Et, dans une autre page des *Garçons*, Montherlant cite Pie X : « Entre le prêtre et un honnête homme quelconque, il doit y avoir autant de différence qu'entre le ciel et la terre » (G, 230).

La conscience (chez les prêtres et chez leurs élèves) de cette différence fait du collège où se passe la pièce un lieu privilégié, « un lieu extraordinaire pour pousser des âmes un peu riches à l'ardeur et à un raffinement extrême des sentiments (...) un lieu qui [donne] du style aux passions qui s'y [développent] ; bref un puissant instrument de civilisation » (T, 743).

Chacun des héros de *La Ville* appartient à cette civilisation et semble marqué d'un signe particulier, d'« une langue de feu » (T, 674). Mais, en même temps, c'est une civilisation révolue. Comme les soutanes, ces soutanes reniées, des deux prêtres, leurs propos émeuvent parce qu'ils sont d'une Eglise qui croyait encore aux grâces particulières attachées au sacerdoce, d'une Eglise qui n'avait pas résolu de plonger le prêtre *dans le monde* et d'en faire, à tous égards, un homme *comme les autres* (et qui, pour cette raison, avait des prêtres), une Eglise docile à l'enseignement de Pie X, traité aujourd'hui de billevesée par toute la hiérarchie.

La Ville salue donc une tradition honnie par ceux qui avaient pour mission de la maintenir. On y sent la mélancolie des causes perdues, pour longtemps perdues (T, 829). Et c'est aussi un acte de fidélité de Montherlant envers sa propre enfance. Le titre même qu'il a choisi est significatif. Il l'emprunte à *L'Ecclesiaste* (X, 16) : « *Vae tibi, terra, cujus rex puer est* ». Mais il supprime la formule menaçante (seul le Supérieur l'emploie ; T, 739) et cette terre maudite devient dans sa pièce la ville bénie, la cité des âmes.

En écoutant *La Reine morte*, il avait noté cette impression bizarre (T, 188) d'entendre crier devant les spectateurs des répliques sorties de sa vie privée. Il fait ici la même expérience (T, 823), mais c'est plus d'un demi-siècle après avoir vécu les scènes où ces mots furent dits et ces émotions ressenties.

Sa carrière dramatique aurait pu se terminer sur *Le Cardinal d'Espagne* ou sur *La Guerre civile*. On trouve dans chacune de ces deux pièces tout ce qui pouvait constituer un aboutissement suprême et un adieu au public.

Mais plus encore dans *La Ville*.

La dernière pièce est, par le sujet, proche de la première, *L'Exil*. Entre les deux se tend un réseau de liaisons, qui vont jusqu'à *Malatesta*, *Fils de personne*, *Port-Royal*, *Le Maître de Santiago*, tous les grands drames de la maturité. Une des lignes directrices de la vie de Montherlant et de son œuvre part donc de l'épisode de 1912. A la « ville » de sa jeunesse, à la formation qu'il y a reçue, il est resté, selon l'une de ses formules favorites, « fidèle comme il n'est pas permis de l'être » (T, 676). Et, en même temps, l'homme de l'alternance préparait froidement l'ultime désaveu et l'ultime refus, dont une réplique de *Don Juan* précise, sans équivoque, la portée : « Se tuer, c'est montrer à tous, de manière indiscutable, que l'on ne croit pas en Dieu... » (T, 1048). La méditation de ses dernières années tourne constamment autour du suicide (TC, 35). Le 21 septembre 1972, après avoir achevé le manuscrit d'un dernier livre, où sa maîtrise ne se dément pas un instant (13), comme Caton et comme Persilès, il se tue.

---

13. *Mais aimons-nous ceux que nous aimons* ? Gallimard, 1973.

CHAPITRE II

LA REINE MORTE

RÉGNER APRÈS SA MORT

L'origine de *La Reine morte* est connue (T, 179). La première édition de la pièce (Gallimard, 1942) donne en annexe la traduction du drame espagnol dont elle est issue : *Reinar después de morir, Régner après sa mort*, par Luis Velez de Guevara. En voici l'analyse.

Acte I. — Le rideau se lève sur un salon, où le prince Pedro, fils du roi Alfonso de Portugal, est en train de s'habiller, tout en écoutant ses musiciens chanter galamment son amour pour Inez de Castro.

Brito, *gracioso*, apporte au prince des nouvelles de la jeune femme. Il célèbre longuement la beauté d'Inez, entourée de ses deux fils Alonso et Dionis. Il décrit le chagrin qu'elle ressent d'être séparée de l'homme qu'elle aime. Bavard infatigable, il est religieusement écouté par Pedro, sauf quand il évoque, en termes burlesques, les fatigues de son voyage ou ses propres sentiments pour Violante, l'une des femmes d'Inez.

Le Roi Alfonso vient signifier à Pedro son désir de le voir traiter courtoisement son épouse, l'Infante de Navarre qu'il néglige jusqu'à présent, bien que son mariage, dont la négociation s'est faite en Navarre, ait été l'occasion de fêtes solennelles à Lisbonne.

Pedro, resté seul avec l'Infante, lui avoue, dans un très long récit, ce qu'il a caché à son père. Lors de son premier mariage avec l'Infante de Castille, il s'est épris d'une de ses dames : Inez de Castro. Après la mort de sa femme, il l'a secrètement épousée et l'aime passionnément. Violemment irritée de ces révélations, l'Infante se promet de se venger.

Inez et Violante sont, en costume de chasse, dans un bois. Pedro n'est pas venu au rendez-vous habituel. Inez redoute sa rivale, l'Infante. Violante lui chante une romance mélancolique. Elle s'endort.

Le prince la réveille et, tandis que Brito va courtiser Violante, il se répand en protestations enflammées. Mais Inez s'inquiète de divers mauvais signes.

Tandis que Pedro s'entretient avec son fils Alonso, Brito vient annoncer l'arrivée du roi. C'est l'Infante qui l'a conduit en ce lieu pour y chercher le prince. Mais le roi se laisse prendre au charme d'Inez et d'Alonso. En dépit des avis de son ministre Egas Coello et de l'Infante, il ne prend aucune décision et s'éloigne. Pedro et Inez se font des adieux élégiaques.

Acte II. — L'Infante, en proie à une très violente colère, reçoit la visite du roi. Après un échange de compliments presque amoureux, elle exprime son ressentiment, retrace les différents épisodes de son voyage et de son mariage manqué, annonce son intention de regagner sa patrie.

Le roi charge Alvar Gonzalès de retenir la jeune fille, et Egas Coello de conduire le prince prisonnier au château de Santarem.

Egas, seul avec Pedro, l'assure hypocritement de son dévouement. Puis Pedro charge Brito, peu rassuré sur son propre sort, d'aller annoncer à Inez la nouvelle de son emprisonnement.

Dans le bois Violante écoute Inez chanter une chanson d'amour. Arrive l'Infante qui chasse, accompagnée d'Egas Coello et d'Alvar Gonzalès. Inez les reçoit avec courtoisie. L'Infante vient de voir un gerfaut mettre en pièce un oiseau blanc qui prétendait témérairement « rivaliser avec sa tête couronnée ». Elle présente ce combat comme un avertissement dédié à Inez et lui annonce son intention de garder Pedro pour mari. Inez répond fièrement qu'elle est déjà l'épouse du prince et se retire.

Le roi paraît. L'Infante lui fait part de ce qu'Inez vient de lui dire. Alvar Gonzalès conseille à don Alfonso de faire tuer Inez. Le roi, désemparé et las, hésite à prendre un parti.

Pedro a rejoint Inez qui sent sa vie menacée. Il la console et la rassure. Ils se quittent sur des promesses d'amour éternel.

Acte III. — Pedro et Brito sont à la chasse. D'autres chasseurs forcent une biche et le prince y voit un présage funeste du sort d'Inez. Il charge Brito, malgré ses protestations poltronnes, d'aller lui porter un message amoureux.

Toujours inquiète, Inez essaie de se rasséréner en écoutant les chansons de Violante. Pendant ce temps, Egas et Alvar redisent au roi que la raison d'Etat réclame la mort d'Inez, pour que le mariage navarrais puisse être conclu. Alfonso, ému par la beauté d'Inez et par son innocence, cherche en vain quelque moyen de l'épargner.

Il la fait comparaître devant lui. Il essaie de lui faire dire qu'elle a menti en se prétendant mariée. Inez se refuse à mentir. Le roi s'attendrit, voudrait différer sa sentence. Egas et Alvar font pression sur sa volonté chancelante. Le roi se décide enfin : Inez mourra. Elle plaide passionnément sa cause, accumule les arguments, fait valoir que Pedro ne lui survivra pas. Ses supplications sont inutiles. Le roi se retire après lui avoir fait enlever ses enfants.

Pedro, tenant à la main un roseau qu'il compare à Inez, est à sa recherche. Deux courtisans en deuil lui apprennent que son père vient de mourir brusquement, qu'Egas avec Alvar a pris la fuite. Mais ils n'osent aller plus loin dans leurs révélations.

C'est l'Infante qui lui apprend la mort d'Inez. Pedro s'évanouit. Elle part à l'instant pour la Navarre « malheureuse et aimante, sur les ailes du vent. »

Pedro revient à lui. Egas et Alvar ont été repris. Il les fait mettre à mort dans des tortures raffinées. On apporte le cadavre d'Inez. Le nouveau roi, en larmes, fait poser une couronne sur son front : « Voici Inez couronnée (...) Voici la Reine morte (...) C'est ainsi que le poète termine sa tragédie dans laquelle Inez régna après sa mort. »

Il est clair qu'en publiant ce drame oublié, Montherlant voulait que l'on pût mesurer ce qu'il lui doit : à peu près rien. Le titre, tout de même ! mais précisément, c'est un mauvais titre, puisque dans *La Reine morte* Inès n'est plus le personnage principal, et puisqu'il est d'un intérêt mineur qu'elle soit couronnée après sa mort.

Un ou deux détails, pas davantage, sont conservés. C'est au bord d'une fontaine, dans les deux pièces (RM, 203 ; T, 122) que Pedro rencontre Inès pour la première fois. Mais déjà les deux personnages sont différents. D'abord ils semblent plus âgés. Lors de cette rencontre, Pedro est veuf, apparemment inconsolable de la mort de sa première femme. La pièce ne commence que dix ou douze ans plus tard. Inès et Pedro ont alors deux fils dont l'aîné n'est plus un tout jeune enfant.

Autres différences : dans Guevara, Pedro est un prince accompli. On ne discerne en lui aucune trace de pusillanimité, aucun sentiment d'infériorité par rapport à son père ou à sa femme. Le Roi est hésitant comme chez Montherlant. Mais cette faiblesse ne se dissimule pas sous la violence, elle ne s'accompagne pas de mépris ni de haine. Seule l'Infante de *Reinar* a quelques traits communs avec celle de *La Reine morte* : colère et orgueil. Mais les autres personnages de

Guevara sont d'un intérêt médiocre parce qu'ils sont trop simples. Les amants se sont placés une fois pour toutes au paroxysme de l'amour. On ne saurait les en déloger. Tendresse et estime, tendresse et sensualité, amour conjugal et amour maternel, toutes ces nuances sur lesquelles est construite la pièce française n'apparaissent pas dans la pièce espagnole. La première a le relief, la profondeur, les obscurités et les surprises d'une œuvre creusée dans l'épaisseur de la vie. La seconde est purement linéaire. C'est la différence d'un volume à une surface.

Cette insuffisance humaine n'est guère compensée par les lourdes plaisanteries du *gracioso*, par les romances, par les scènes de chasse qui reviennent à chaque acte. Elle l'est peut-être par le style, dont il est impossible de juger d'après la médiocre traduction de Charles Habeneck, mais même sans se reporter à l'original, on sent, chez le contemporain de Gongora, tout ce que ce style peut avoir d'alambiqué. Tout l'effort du poète se détourne de l'analyse et se concentre sur l'expression. C'est l'alliance de la psychologie la plus conventionnelle et de la préciosité la plus délirante. Souvent un pur jeu de métaphores et d'énigmes. Le corps, le visage de la femme aimée sont l'objet de transpositions tellement ingénieuses qu'il serait nécessaire quelquefois de traduire cette traduction : « Ecoute, Brito, ne l'afflige pas surtout, ni elle, ni les deux perles, filles du nacre espagnol » (RM, 221) veut dire : *Ne fais pas pleurer Inès*. Et *Ne pleure pas* se dit : « Les perles que tu laisses tomber ne sont pas à leur place sur le sol. Garde-les dans ton écaille. Personne au monde n'oserait les acheter » (RM, 231). L'auteur français n'a pas subi la contagion de cette débauche métaphorique. Lire *Reinar después de morir* ne lui a pas plus servi que si on le lui avait résumé en cinq lignes, et il n'est pas exagéré de dire qu'il a tout inventé.

LE PREMIER ACTE

Equilibre et rupture.

Montherlant, dans une note des *Garçons* (G, 7), s'accuse d'une « fâcheuse tendance » : « celle de faire des expositions trop longues. » Rien de tel, pourtant, dans *La Reine morte*, dont le début est étincelant. Le roi Ferrante fait lui-même le meilleur commentaire de cette scène, tout entière enlevée par l'Infante de Navarre : « Elle m'a un peu étourdi des cris de son orgueil, quand elle dansait devant moi le pas de l'honneur (ma foi, elle ne touchait pas terre). Mais elle est brusque, profonde, singulière » (T, 114). En effet, le spectateur se trouve, dès sa première réplique, entraîné sur un rythme plus puissant que celui de la lecture, plus rapide que celui du théâtre, le rythme violent et fou que Montherlant a inventé dans une belle image d'*Aux fontaines du désir* (E, 310) : celui des « seuls sentiments qui pourraient se danser ». Et, dans une autre vision, il restitue l'impression foudroyante des représentations de 1942 : « Le rideau se lève. Toreros et matador entrent et occupent leurs places respectives, en silence. Un temps d'attente. Puis le taureau fonce dans l'arène. Le taureau est Mlle Faure, Infante de Navarre. Noir et petit, c'est-à-dire, tout juste, les taureaux navarrais » (T, 188-189).

L'Infante entre en scène avec un cri répété, qui a la violence des clameurs de Chimène (« Sire, sire justice !») : « Je me plains à vous, je me plains à vous, Seigneur ! Je me plains à vous, je me plains à Dieu » (T,107). Puis le texte impose l'image du fauve blessé : « Je marche avec un glaive enfoncé dans mon cœur. Chaque fois que je bouge, cela me déchire » (T, 107).

Elle sortira, toujours déchirée, saisie d'un tremblement intérieur, évoquant le destin auquel elle se sent promise, avec un bégaiement et des roideurs de version latine héroïque : « Si Dieu veut, si Dieu veut, je serai guérie par mes choses grandes. Par elles je serai lavée » (T, 110).

Entre ces deux répliques fiévreuses, elle a repris son souffle, exposé les griefs de son honneur offensé. A dix-sept ans, elle méprise l'amour, défend les intérêts de la « chrétienté » (T, 107) ; elle est née pour régner. Elle parle en prince outragé. Ferrante, aussi sensible qu'elle sur le point d'honneur, lui répond d'égal à égale. Mais le vieil homme ajoute à cette fierté instinctive qui la constitue tout entière, la réflexion sur cette fierté et l'art de la faire jouer chez autrui. C'est par là qu'il décide l'Infante à demeurer quelques jours encore auprès de lui : *serait-elle incapable de vaincre ses sentiments ? n'aurait-elle pas la force de dominer sa propre violence ?* Le soupçon de faiblesse suffit. Elle reste.

Ainsi, dès cette première scène, non seulement l'essentiel du sujet est posé, mais aussi l'une des couleurs dominantes de la pièce apparaît avec ses nuances : l'honneur fougueux d'une enfant ; l'honneur médité, dans les calculs d'un politique, qui déjà laisse voir qu'il ne sera jamais simple.

On ajoutera, dans le rôle de l'Infant, qui accompagne solennellement sa sœur, l'honneur guindé d'un style diplomatique : « Par respect et par affection vraie pour Votre Majesté, nous préférons nous contenir dans la stupeur, de crainte de nous déborder dans le courroux » (T, 108). C'est ne pas redouter les abstractions !

Il est vrai que l'exemple vient de notre théâtre classique, de ceux que Montherlant appelle souvent, sans respect, les « Versaillais ». Ferrante affectionne aussi le procédé. Selon lui, Pedro refuse « d'entrer dans une gravité pour laquelle il n'a pas de goût ». Il a caché à son père son obstination, « il la jette » à l'Infante (T, 109). Les sentiments sont, ainsi, comme détachés des personnages qui les éprouvent et c'est un premier pas vers une généralisation moralisante.

Cette tendance à la généralisation tient aussi aux maximes,

qui dépassent le héros et qui ressemblent plus à des inscriptions qu'à des répliques : « Plutôt perdre que de supporter » (T, 109). Il y a du pastiche dans ce langage, comme il y en a dans le « Vous aimez d'avoir mal » (T, 109), tournure qui excitait tellement les sarcasmes de Léautaud ! Et cependant Montherlant avait écrit en 1934 : « Ni Pascal, ni Saint-Simon, ni Chateaubriand, ni Renan, ni personne de bien n'a pastiché. » (Il oublie seulement Proust ! Ou plutôt, il n'a pas lu les *Pastiches et mélanges*, VJ, 45). Il poursuivait : « On se demande comment un bon auteur, comme Valéry, ne se rend pas compte qu'il s'affaiblit en s'exprimant dans une langue pastichée » (E, 1153).

En débutant au théâtre par *La Reine morte*, l'auteur des *Célibataires* et des *Jeunes filles* est bien obligé de se contredire et d'adopter une langue où il entre de l'artifice, sous peine de tomber dans l'anachronisme. Les costumes entraînent le style. Mais il ne se complaît pas dans ce déguisement linguistique. Il n'en retient que le minimum.

La vivacité du rythme, dans l'autre sens, fait équilibre. D'ailleurs les sentences de la jeune moraliste royale s'expriment parfois sur un ton plus personnel : « Si Dieu voulait me donner le ciel, mais qu'il me le différât, je préférerais me jeter en enfer à devoir attendre le bon plaisir de Dieu » (T, 109). La Jeanne de Péguy voulait se perdre éternellement pour sauver une âme. L'Infante, c'est parce qu'elle aurait *failli attendre* ! Cette chrétienne n'est pas conformiste. Est-elle chrétienne ? De même, cette héroïne classique n'est plus classique lorsqu'elle évoque, non sans détails, la chronique médicale de l'honneur navarrais. Une présence matérielle des êtres modère l'abstraction. C'est aussi l'effet de ce souffle de poésie, qui passe sur la scène, venu des montagnes natales de l'Infante.

Enfin, les dames d'honneur achèvent de donner à cette exposition un relief parfait. Elles forment un chœur à trois voix qui se fait entendre à différentes reprises. Elles ne sont pas au niveau de la conversation des grands, elles la commentent en personnes simples, qui apprécient l'héroïsme sans le pratiquer. Elles admirent leur princesse ; et quelquefois leur enthousiasme s'échappe à parler espagnol.

Il leur arrive de trouver une image saisissante : « Elle est toujours crucifiée sur elle-même, et elle éparpille le sang qui coule de son honneur » (T, 108). Mais on remarque qu'elles interviennent toujours par trois, toujours dans le même ordre. Comme le chœur antique, elles aiment les évidences. La troisième surtout a de bons sentiments : toujours navarrais, peu variés ! Derrière le dos du noble Ferrante, c'est, dans toute la pièce, l'un des rares sourires que se permette l'auteur. Il est bien regrettable que ces répliques soient coupées à la représentation. Dans sa totalité, rien n'est plus vif, mais en même temps plus tempéré d'éléments variés, que cette première scène.

Jusque-là Ferrante a peu parlé. Il observait l'Orgueilleuse en connaisseur, presque en parent. Un mot lui suffisait pour la persuader. Mais le voici devant Pedro, son fils. Il est sans prise sur lui, c'est un étranger. Cette seconde partie du premier tableau est légèrement en porte-à-faux : il y a trop de ressources chez l'un des interlocuteurs, pas assez chez l'autre. Pedro connaît la méchanceté de son père, il ne se défend pas. Il est lucide et inerte. L'inertie ne fait pas avancer un dialogue.

L'idéal du prince est privé, familial, c'est-à-dire, aux yeux de Ferrante et de l'auteur, médiocre. Mais, visiblement, les médiocres n'inspirent pas Montherlant. Les répliques de Pedro sont banales, comme son caractère : « Quand je le pourrais, je ne veux pas nous sacrifier, moi et un être que j'aime, à des devoirs dont je ne méconnais pas l'importance, mais auxquels j'ai le droit d'en préférer d'autres. Car il y a la vie privée, et elle aussi est importante, et elle aussi a ses devoirs » (T, 114-115). C'est parler en notaire, plus qu'en héritier des rois de Portugal, et l'on peut se demander s'il est inévitable que la peinture de la fadeur soit fade ! Elle l'est, en tout cas, ici et Ferrante semble seul en scène.

Il a, lui, l'accent royal, avec, par moments, comme une disparate dans les élégances versaillaises, quelque singularité abrupte, quelque image qui semble sortie de *Tête d'Or* ou de *La Ville* : « Mon cœur qui, au plus fort des batailles, n'a jamais perdu son rythme royal, se désordonne et palpite comme un coq qu'on égorge. Et mon âme m'est tombée dans les pieds » (T, 110). Ces traits baroques sont plus ou moins en situation. Ils s'imposent aisément, quand ils ont l'air, comme ici, d'être arrachés au désarroi de la passion. Ailleurs le procédé se voit trop, si l'expression inattendue recouvre une pensée attendue. (Ainsi, Claudel touche-t-il à la parodie quand Simon Agnel s'exclame au premier acte de *Tête d'or* : « Quelle barbe se hérisse ici ? » qui est à traduire simplement par : « Quel est ce vieillard barbu ? »)

De même, lorsque, renonçant aux singularités mais non à la grandeur, Ferrante proclame : « Au jour du Jugement, il n'y aura pas de sentence contre ceux qui se seront tus » (T, 111), l'imagination du lecteur risque d'être déçue, s'il traduit en langage quotidien : « On a toujours intérêt à ne pas trop parler. » Mais le spectateur, lui, n'a pas le temps de faire les traductions et il sait gré à Ferrante (à l'opposé de Pedro) de ne pas parler en langage quotidien.

Cette espèce de monologue du roi comporte deux parties d'inégal intérêt, de part et d'autre du malaise qui l'interrompt un instant comme un présage du dénouement. La seconde, c'est la vaine tentative pour convaincre Pedro, avec (T, 114) le secret de celui-ci, fugitivement entrevu, puis recouvert. La première, c'est déjà exactement *Fils de personne* et *Demain il fera jour* : « Vous croyez que ce que je vous reproche est de n'être pas semblable à moi. Ce n'est pas tout à fait cela. Je vous reproche de ne pas respirer à la hauteur où je respire. On peut avoir de l'indulgence pour la médiocrité qu'on pressent chez un enfant. Non pour celle qui s'étale dans un homme » (T, 112).

Montherlant a dit et répété l'émotion extraordinaire éprouvée à entendre les cris de Jean Yonnel dans le rôle de Ferrante : « Ces cris, sortis de ma vie privée, y rentrent avec un accent nouveau » (T, 189). On peut, sans indiscrétion, noter cette déclaration d'authenticité en marge de la scène. On y retrouve aussi, sur l'enfance, quelques-unes de ses plus anciennes méditations. Comme Saint-Exupéry (1) et surtout

---

1. Saint-Exupéry, *Terre des hommes,* éd. Pléiade, 258-261.

comme Gœthe (2), Montherlant voit dans l'adolescence le moment d'une déchéance aussi irrémédiable que la vieillesse : « On dit toujours que c'est d'un ver que sort le papillon ; chez l'homme, c'est le papillon qui devient un ver » (T, 111). Ferrante précise l'âge où s'éteignit en Pedro « le génie de l'enfance » : entre treize et quatorze ans. Or, voici ce qu'on lisait, vingt ans plus tôt, dans *La Relève du matin* (E, 24) : « Balzac a écrit : *La Femme de trente ans*, donnant à cet âge une figure toute particulière. L'âge de treize ans chez les garçons me semble aussi à part, aussi nettement distinct des douze et des quatorze ans. Brève année éclatante ! Sénèque a un mot voluptueux, pour dire que la splendeur de l'enfance paraît surtout à sa fin, comme les pommes ne sont jamais meilleures que lorsqu'elles commencent à passer. A treize ans, l'enfance jette son feu avant de s'éteindre. Elle traverse de ses dernières intuitions les premières réflexions de l'adolescence. L'intelligence est sortie de la puérilité, sans que l'obscurcissent encore les vapeurs de la vie pathétique qui va se déchaîner dans quelques mois. Avant de s'en aller pour sept ans dans de redoutables oscillations, l'être se repose une minute en un merveilleux et émouvant équilibre. Jamais cet esprit n'aura plus de souplesse, plus de mémoire, plus de rapidité à concevoir et à saisir, jamais ses dons ne se montreront plus dépouillés. Il n'est rien qu'on ne puisse demander à un garçon de treize ans. »

Ainsi apparaît déjà une caractéristique essentielle du théâtre de Montherlant. On s'y trouve toujours dans un monde connu, son monde. Ce début de *La Reine morte* se détache des temps lointains et se rapproche brusquement de nous. Ce qui se dit dans le palais royal de Montemor-o-Velho, c'est en partie ce qu'on a lu dans les carnets et les essais de

---

2. « Si les enfants continuaient à se développer comme ils s'annoncent, nous n'aurions que des génies : mais la croissance n'est pas un simple développement (...) en sorte que, de certaines facultés, de certaines manifestations de forces, il reste, au bout de quelque temps, à peine trace. » (*Poésie et Vérité*, II, v ; trad. P. du Colombier ; cité par Charles Du Bos, *Approximations*, VII, 18 ; Corrêa, 1937.)

l'auteur, ce sont ses réflexions favorites ou ses obsessions. Certes Ferrante n'est pas Montherlant. Il lui doit cependant certains traits. On y ajoutera cette brutalité, qui ne respecte rien : « Votre frère aîné allait tourner à l'hébétude, et entrer dans les ordres » (T, 111), cette froideur qui, sans colère, analyse devant Pedro, comme s'il s'agissait d'un autre, sa médiocrité et les raisons pour lesquelles son père ne l'aime pas. Mais cette brutalité et cette froideur ne font pas de Ferrante un personnage inhumain. Il commence en effet à laisser percer ses contradictions : il n'aime pas Pedro, prétend en même temps qu'il souffre à cause de lui (T, 111) ; il pardonne, il garde rancune (T, 113) ; il dupe ses victimes, il les prend en pitié (T, 116). Tout le mouvement de la pièce sera désormais l'étalement, l'approfondissement de ces complexités.

Pour le moment, le spectateur attentif a remarqué deux détails : d'abord, Pedro n'a pas tout dit à son père, c'est l'amorce de la scène suivante ; puis Ferrante est un homme physiquement atteint ; Ferrante est à la merci d'un malaise (T, 113) ; cette fragilité rendra maintenant pathétique chacune de ses colères : il y a menace de mort subite.

A la fin de ce premier tableau, qui a débuté par l'équilibre dans la violence, une rupture a porté toute la lumière sur le roi. Le deuxième tableau emmène l'action dans un autre univers.

L'amour et la peur.

Le rideau est tombé sur les nobles tapisseries, le trône, les armes du palais royal. Changement radical, il se relève sur la petite maison d'Inès de Castro et sur son jardin, où murmure, dans sa vasque, un jet d'eau, décor fait pour un bonheur intime, à l'écart des splendeurs et des intrigues de la Cour. Le seul bruit que le vent, parfois, apporte du dehors, c'est la chanson, au loin, des casseurs de pierres, ces « obscurs » qui font la vertu de l'Espagne et du Portugal (VJ, 19). Dans cet asile de paix et de bonne volonté se déroule le premier des deux duos d'amour de la pièce. Pedro y est à peine moins médiocre qu'en face de son père.

Il est vrai que Montherlant lui prête une de ses préférences amoureuses : « Savez-vous que, chaque fois que vous bougez la tête, vous m'envoyez l'odeur de vos cheveux ? Et que cette odeur n'est jamais tout à fait la même ? Tantôt imprégnée d'air et de soleil, et sentant la flamme ; tantôt froide, et sentant l'herbe coupée » (T, 119). D'un bout à l'autre de l'œuvre, tous les êtres aimés le sont d'abord pour cette odeur, que respirait déjà le héros du *Songe* : « Encore une fois le goût de tes paupières et de tes paumes ! Encore une fois l'odeur gentille de tes cheveux ! » (R, 11).

Il est vrai aussi que l'amour de Pedro s'élargit, il va d'Inès aux *amis inconnus* qu'elle semble éclairer de sa grâce privilégiée : « Vous qui êtes le lien qui m'unit à tous les êtres ; oui, tous les êtres attachés à vous, et à vous seule, comme les fruits sont attachés à l'arbre » (T, 119). Cet éclatement de l'égoïsme amoureux, qui est au cœur de la poésie d'Eluard (3), c'est tout le sujet de *La Rose de sable*. Ce qui tient dans une phrase de la pièce se développe en chapitres entiers du roman. Le lieutenant Auligny aime l'Afrique du Nord parce que, d'abord, il aime sa petite maîtresse bédouine : « Derrière ce qu'il aime, il a atteint un monde qui à son contact s'est mis à bouger. Tous ces mouvements de sympathie qu'il a eus pour l'indigène, depuis son arrivée à Birbatine, il fallait qu'une émotion puissante et intime, telle qu'en donne l'amour, vînt les lier, leur donner l'unité, et puis les inonder de sa sève impétueuse qui les fait germer tout d'un coup, comme par une sorte de miracle. Les civilisations, les doctrines, les paysages sont des palais de Belles au Bois dormant, inanimées et inertes jusqu'à ce qu'un baiser les éveille » (RDS, 301). C'est-à-dire, comme déjà dans *L'Exil*, qu'*il n'y a que les êtres qui comptent*. Mais ce thème, ailleurs si longuement exploité, n'est ici que suggéré, parce que le Prince, comme caractère, est un support insuffisant. Si l'amour que lui inspire Inès comptait si fort pour lui, cette passion se prolongerait en amour du

---

3. « Le monde entier dépend de tes yeux purs » (*Capitale de la douleur*), « La courbe de tes yeux... »

pouvoir, comme celle d'Auligny se prolonge en amour de l'Afrique. Mais rien de pareil ! Le personnage de Pedro est fait avec ce que Montherlant méprise dans l'amour. Plus précisément, le personnage est le contraire de l'auteur.

Sa voix manque de souffle, sa tendresse est sans invention et ne convainc guère. Ses mots d'amour sont des mots empruntés à l'antiquité ou au moyen âge : « O tête chère (...) Inès au clair visage... » (I, 119). Surtout, il se laisse aimer, plus qu'il n'aime. Rien n'est plus à l'opposé de l'amour selon Montherlant, qui n'a jamais cessé d'exalter la passion conquérante, indifférente à la réciprocité, la craignant même.

Ses carnets (4) vont sur ce point assez loin dans les confidences : « Toute ma vie, dans les caresses amoureuses, il ne m'était pas agréable d'être embrassé, ni seulement (qui le croirait ?) d'être touché. Par contre, terrible embrasseur moi-même (...). En matière de caresses, c'est l'homme qui doit mener le jeu. Dans les couples que nous voyons sur les bancs du Bois ou aux arrière-salles des cafés parisiens, se livrant à leurs extases avec une indécence et un manque de respect de soi que pas un pays d'Europe ou d'Amérique, je crois, ne tolérerait, je remarque combien de fois c'est la femme qui en fait plus que l'homme, lequel a l'air de se laisser aimer » (VJ, 127).

Cette note de 1963 met Pedro sous son vrai jour. Il n'est rien. Inès est tout. Elle a tout. Quand elle chante le bonheur d'être bientôt mère, elle s'attendrit à la fois sur le père et sur l'enfant, les confond dans le même amour : « Je te tiens, je te serre sur moi, et c'est lui » (T, 120). Un instant plus tard les cavaliers de l'escorte royale s'arrêtent à la porte du jardin. Pedro s'écarte ; et Inès : « Il ne fallait pas me prendre contre toi, si c'était pour me lâcher ainsi » (T, 120). Mais elle ne se rend pas compte que c'est elle, en vérité, qui l'a enlacé. De même, à leur première rencontre, comme elle le dira à la

---

4. Voir aussi, dans *Mais aimons-nous ceux que nous aimons*, p. 132 : « Ma nature, je n'ose dire mon principe, était de me tenir mal en public avec les filles, mais d'être offusqué quand elles se tenaient mal. »

scène suivante, c'est elle qui avait pris l'initiative des caresses : « Laissez-moi seulement mettre ma bouche sur votre visage (...) Ensuite, son visage ne me suffit plus, et je désirai de voir sa poitrine et ses bras » (T, 122). Pedro ne gouverne pas plus leur union et leurs plaisirs qu'il n'est capable de gouverner l'Etat.

Ses faiblesses d'enfant devant sa femme : « Jugez-moi sévèrement... » (T, 117), ses aveux : « Je vous trouve plus courageuse que moi... » (T, 119), cette mollesse qui rend nécessaires les exhortations les plus humiliantes, tout cela est moins grave que sa déficience essentielle : il appartient à la race d'amants la plus pitoyable aux yeux de Montherlant : ceux qu'on prend dans ses bras !

Couple inégal d'une amante et d'un aimé, partagé entre l'espérance de l'enfant qui va naître et la peur.

Montherlant a marqué lui-même (T, 191, 919) que *La Reine morte*, comme Malatesta, comme *Port-Royal*, est une tragédie de la peur. Ce thème n'est pas seulement un des principaux de son théâtre, il est au centre même du roman *Le Chaos et la Nuit*, il tenait déjà une place importante dans *Les Bestiaires* (la mortelle matinée qui précède la corrida). Peur recherchée parfois, peur aimée même, elle coexiste souvent avec le courage, comme chez le brave capitaine Orosco (T, 118), comme aussi chez Inès. Elle coexiste surtout avec la férocité. Pedro ne s'y est pas trompé : « Mon père a passé sa vie à avoir peur » (T, 119). A ce moment de la pièce, elle n'est encore qu'une lourde nuée, qui obscurcit, certains jours, le petit jardin des amoureux. Mais elle ajoute, en même temps, un nouveau trait au caractère de Ferrante, devant qui, dans la deuxième partie du tableau, Inès se trouve seule.

Ferrante.

Et qui est ce Ferrante ? Le spectateur commence à entrevoir que la pièce n'a pas d'autre sujet que cette question. La scène débute noblement. Le roi ne semble pas redoutable. Il est installé dans une courtoisie condescendante et paisible : « Ainsi donc vous voici, doña Inès, devant

76

moi (...) Il me plaît que vous soyez un peu Portugaise par votre mère... » etc. (T, 121). Le ton est soutenu par quelques archaïsmes de bon aloi : « Tout me confirme que vous êtes de bon lieu » (T, 121).

Cependant, le sens ne domine pas toujours étroitement ces cadences sereines. Il arrive que ce soit l'inverse. Montherlant a écrit : « Une pensée prisonnière de son expression n'est pas de la pensée. Cette pensée là est néanmoins celle que produit le plus naturellement un écrivain » (VJ, 135). On se demande si Ferrante n'est pas « prisonnier de son expression », lorsqu'il dit, des courtisans : « De même qu'ils préfèrent obtenir par la menace ce qu'ils pourraient obtenir par la douceur, obtenir par la fraude ce qu'ils pourraient obtenir par la droiture, ils préfèrent obtenir par l'hypocrisie ce qui leur serait acquis tout aussi aisément par la franchise : c'est le génie ordinaire des cours » (T, 122) ; *droiture, franchise ; fraude, hypocrisie*, on ne voit pas le progrès et l'idée paraît oubliée pour la symétrie.

Mais quand Ferrante conduit Inès à la fenêtre et déploie sous ses yeux le paysage familier animé par le labeur des « obscurs », il est bien le roi patriarche, sur la force de qui tout repose. Affecte-t-il d'être persuadé que la jeune femme lui obéira, ou s'il le croit vraiment ? Son humeur s'adoucit. Le politique, le violent, le méprisant, est devenu un vieillard plein de bonhomie, aimablement taquin, presque galant. « La cour est un lieu de ténèbres. Vous y auriez été une petite lumière » (T, 122), réplique à laquelle son dernier mot à Inès, au troisième acte, fera sinistrement écho : « Il y a une étoile qui s'est éteinte...

— Elle se rallumera ailleurs » (T, 173).

La douceur d'Inès, au début, est propre à entretenir ces bons sentiments. Il y passe même — que Montherlant l'ait ou non voulu — des accents d'une soumission religieuse et celle qui va dire *non* reprend textuellement les mots de Celle qui a dit *oui* : « Je suis la servante de Votre Majesté » (T, 121). On trouvera un peu plus loin, dans l'évocation de la rencontre des amants, une réminiscence, peut-être, du *sanabitur anima mea* : « Laissez-moi seulement mettre ma bouche sur votre visage, et je serai guérie éternellement » (T, 122). Invitée à la franchise : « Soyez toujours vraie avec moi ; vous n'aurez pas à vous en repentir » (T, 122), (alors que, précisément, Ferrante la tuera à cause de cette franchise), et se relâchant de ses craintes, Inès voit bientôt le roi se rembrunir. Lui qui, sur la religion s'est exprimé assez nettement, semble-t-il, en considérant la vocation religieuse comme le signe d'une incurable imbécillité (T, 111), voici qu'à trois reprises le mot *péché* revient sur ses lèvres. C'est un peu trop pour que nous y croyions ! En fait, la tendresse d'Inès pour Pedro l'agace. Comprend-t-elle la répulsion que lui inspirent, comme au Maître de Santiago, les caresses et les baisers ? Quand est-il sincère ? dans l'indulgence ? ou dans la menace voilée, comme celle-ci : « Je suis prêt à donner aux sentiments humains la part qui leur est due. Mais non davantage » (T, 123). N'a-t-il pas fait d'ailleurs, comme en se jouant, la théorie du mensonge licite : « Il importe moins de ne pas mentir aux autres, que de ne pas se mentir à soi-même » (T, 122).

La morale de Montherlant n'a jamais été très sévère pour le mensonge. Alban de Bricoule est dressé à mentir dès le jeune âge. C'est l'orgueil, non la tricherie, qui est la faute capitale aux yeux de l'abbé Pradeau de la Halle (G, 33). Soledad, l'héroïne des *Bestiaires* ment à son père « depuis toujours » (R, 469). Alban et sa mère passent leur temps à se tromper allègrement (G, 162 ; R, 502, 506). Ce code d'honneur qu'est la « Lettre d'un père à son fils », recommande la droiture, mais admet les exceptions (E, 727). La règle des « Chevaleries » accepte, à l'occasion, le faux témoignage (E, 863). Il n'est pas jusqu'au plus scrupuleux des jansénistes qui ne mente pour le plus grand plaisir de Montherlant : « M. de Saint-Cyran, lorsqu'il en avait assez d'une pénitente, se faisait appeler comme du dehors » (E, 1040). On voit que Ferrante est en bonne compagnie. Il aime à voir mentir, gage qu'Inès, à la cour, aurait menti, elle aussi. Il ne prend même pas la peine de dissimuler qu'il a part lui-même à l'universelle tromperie.

Mais quand ? dans quelle mesure ? Tout interlocuteur

perd pied devant lui et il faut la candeur d'Inès pour qu'elle ose livrer son secret à ce vieillard narquois. Alors Ferrante se simplifie brusquement et, après quelques exclamations à la façon de don Diègue : « Ah ! malheur ! malheur ! (...) Outrage insensé et mal irréparable... » (T, 124) il entre dans un calme inquiétant et se réduit à la pure cruauté : « Eh bien, maintenant il faut que l'on commence à souffrir un peu autour de moi » (T, 125), jusqu'à la fameuse condamnation prononcée contre son fils et sur quoi se termine la scène : « En prison pour médiocrité » (T, 126).

Il ne daigne pas le revoir. Le prince ne se trouvera plus en présence de son père vivant. On s'assure de sa personne. La circonstance ne l'inspire guère. Il a le temps de marquer, en quelques mots, sa gêne à se voir rendre ce qui lui est dû : « Le jour viendra assez tôt, où il me faudra voir des hommes à genoux devant moi » (T, 126), et l'étrange prétention, qui lui vient, de faire passer sa veulerie pour un excès de courage (T, 126). Son piètre rôle est pratiquement terminé. Il n'a pas trente lignes de texte dans tout le reste du drame.

A la fin de ce premier acte, ses toutes dernières répliques sont séditieuses : « Dans les prisons de mon père je vais retrouver la fleur du royaume » (T, 127). On devine les sentiments qu'elles pouvaient éveiller, en 1942, à Paris.

LE DEUXIÈME ACTE

Structure.

Le rideau se relève, aussitôt le décor changé. Montherlant (T, 196) a voulu très précisément qu'il n'y eût aucune pause entre les deux premiers actes. (Il n'y aura qu'un entracte, avant le troisième.) Il a craint, peut-être, que n'apparût trop nettement la grande ressemblance de ces deux actes, — avec le risque d'une impression de piétinement. Cette crainte ne semble pas justifiée.

Il est évident que le second a le même dessin que le premier. Il est construit, lui aussi, en deux tableaux, et chacun d'eux, ici encore, comporte essentiellement deux scènes. *Premier tableau* : le roi et ses conseillers ; le roi et Inès. *Deuxième tableau* : Inès et Pedro ; Inès et l'Infante. Donc, parallélisme parfait entre ces deux actes, qui forment un bloc de huit scènes. Dans cinq d'entre elles, Inès tient l'un des deux rôles principaux ; dans cinq d'entre elles, Ferrante.

On observe encore ceci (qui fait comprendre, par contraste, pourquoi le troisième acte, celui où l'on meurt et où l'on tue, tient en un tableau unique) : au premier acte, comme au second, le premier tableau est celui de la délibération royale et de la décision, le deuxième transporte l'action en dehors du palais, là où cette décision doit être exécutée, là où, dans les deux cas, elle ne l'est pas. Car Ferrante est un tyran, mais c'est un tyran dont la volonté se heurte à deux refus d'obéissance. La pièce est bâtie sur cette double indocilité, non pas qu'il importe vraiment de savoir si Pedro épousera l'Infante de Navarre, mais parce que cette indocilité, en fouaillant l'orgueil du roi, peut le forcer à se trahir et, de l'ombre dont il est mal dégagé, faire sortir des passions inconnues.

Evoquant la structure d'ensemble de *La Reine morte*, Montherlant écrit : « La pièce est construite à la façon d'une fleur. Les deux premiers actes, dépouillés, d'une ligne extrêmement simple, qui ne supporte même aucune scène d'articulation, s'élancent droit comme une tige. L'entracte unique les isole du IIIe acte. Le IIIe acte, très différent de facture, s'épanouit en une ombelle abondante. Toute la pièce s'y élargit, s'y charge de sève et de sens, si bien que les autres actes, par comparaison, paraissent presque trop nus » (T, 196).

L'image est des plus contestables.

D'abord, le troisième acte est plus court que le second. Il est, c'est vrai, plus riche en événements dramatiques, mais il n'a que six scènes principales : trois entre Ferrante et Inès, une entre Inès et Dino del Moro, la délibération sur la défaite de don Lourenço Payva, la mort de Ferrante. Entre ces six scènes, qui suivent l'entracte et le bloc des huit qui le précèdent, il y a une légère rupture d'équilibre, non pas épanouissement, mais concentration et accélération. *La Reine morte* est, en somme, composée comme un sonnet.

D'autre part, c'est trop simplifier les deux premiers actes que d'y voir une seule tige nue et dépouillée. A y regarder de près, le progrès du second acte sur le premier, malgré les ressemblances, est sensible. On y voit le roi Ferrante gouverner en son conseil, on voit se lever autour de lui les silhouettes sinistres de ses ministres et se former le projet du meurtre d'Inès. Les caractères des principaux personnages s'enrichissent et s'approfondissent. On peut d'autant mieux mesurer ce progrès que l'auteur n'a pas hésité à remettre face à face les mêmes interlocuteurs et à donner, au second acte, une deuxième scène Ferrante-Inès, une deuxième scène Pedro-Inès, qui appelleront une double comparaison. Mais il faut, auparavant pénétrer dans le cabinet de travail du roi.

Le cabinet du roi.

La scène qui s'y déroule, prolongée par l'entretien du roi avec Egas Coelho et par l'intermède des pages, est somptueuse. Elle est, de bout en bout, portée par le souffle d'une morale amère. Elle plane, soutenue par de constantes généralisations. L'ordre du jour du conseil et les questions diverses se présentent avec la plus grande netteté : la dépêche aux Cortès de Catalogne ; la réponse du roi d'Aragon ; le cas d'Inès de Castro. Tout cela traité méthodiquement, mais tout cela, à tout instant dépassé. En effet les personnages, au lieu de se répondre sur le cas particulier qui fait l'objet du débat, se réfèrent souvent à un système et confrontent des philosophies. D'où la hauteur souveraine du ton :

> « L'amour payé par la mort ! Il y aurait grande injustice.
> — L'injustice, c'est de ne pas infliger un châtiment mérité (...) D'ailleurs, y aurait-il ici injustice, la création de Dieu est un monceau d'innombrables injustices. La société des hommes aurait-elle l'orgueil infernal de prétendre être plus parfaite ? » (T, 131).

Une sagesse, une divinité (même blasphémée) est présente à chacune de ces répliques, dont elle est, pour ainsi dire, le témoin et le garant :

> « Un seul acte, Seigneur, vous délivrera de tous les soupirs.
> — Voire. La tragédie des actes. Un acte n'est rien sur le moment. C'est un objet que vous jetez à la rivière. Mais il suit le cours de la rivière, il est encore là, au loin, bien au loin, toujours là ; il traverse des pays et des pays ; on le retrouve quand on n'y pensait plus, et où on l'attendait le moins. Est-ce juste, cette existence interminable des actes ? Je pense que non. Mais cela est » (T, 134).

C'est ainsi qu'à une proposition précise répond une méditation sur la responsabilité.

Cette élévation intellectuelle pourrait lasser, si le danger de monotonie n'était conjuré de diverses manières. D'abord tous les personnages ne pratiquent pas ces généralisations à la même altitude. Alvar Gonçalvès, sur un froncement de sourcil du roi se défend d'avoir plaisanté l'Infante : « Je l'aime extrêmement, et ce que je viens d'en dire est de ces petits traits que seule décoche la sympathie » (T, 129). Quand don Eduardo, secrétaire de la main, («vieillard», dit la distribution) souligne les difficultés des rédactions diplomatiques, il n'est qu'un moraliste à mi-pente (T, 129) : « Ce n'est pas tout de mentir. On doit mentir efficacement. On doit mentir aussi élégamment. Hélas, que d'obligations imposées aux pauvres mortels ! Il faut être dans la mauvaise foi comme un poisson dans l'eau. » Mais Ferrante a d'autres images : « Il ne faut pas être dans la mauvaise foi comme un poisson dans l'eau, mais comme un aigle dans le ciel (5) ».

D'ailleurs le style de ces délibérations n'est nullement cantonné dans l'héroïque. Il s'amollit parfois et se détend, comme dans les circonlocutions dévotes d'Egas. A l'intérieur même de ces styles variés, Montherlant s'est plu à introduire une théorie du style, « style comminatoire », « style doucereux » (T, 129), par rapport à quoi on n'a pas de peine à le situer.

Surtout il a, avec une citation que fait Alvar Gonçalvès, marqué, pour le ton, la vraie filiation de la scène : « Tacite écrit : *Tous deux étaient coupables. Cumanus seul fut exécuté, et tout rentra dans l'ordre* » (T, 131). (« Damnatus flagitiorum, quae duo deliquerant, Cumanus, et quies provinciae reddita » *Annales*, XII, 54, 4.) Ces machinations criminelles, ce flegme sanguinaire, ce plan qu'on dirait proposé par Narcisse à Néron : « ... lui faire donner quelque viande qui ne soit pas de sa complexion ... » (T, 133), tout cela évoque la Rome impériale chère au lecteur impénitent de *Quo vadis*. La scène est dans la ligne de Tacite. Montherlant, amateur assidu jusqu'à la fin de sa vie des moralistes et des historiens latins (*Le Treizième César*, 1970), rivalise avec l'auteur des

---

5. Revenant vingt ans plus tard sur cette réplique (VJ, 86), Montherlant la commente ainsi : « Disant cela, il pense à sa propre mauvaise foi. Mais il faut être aussi dans la mauvaise foi des autres (à votre égard) comme un aigle dans le ciel. » Bon exemple d'interprétation extensive. Chez Montherlant, ni l'auteur, ni les personnages ne disent toute leur pensée du premier coup. Il faut les interroger autant que faire se peut, deviner, se résigner à ce que subsistent toujours des coins d'ombre et des réticences.

Annales quand il prête à Egas cette définition de soi (T, 136) :
« J'étais né pour punir », ou, lorsque le même (faisant
impérieusement passer au présent les futurs et les condition-
nels) s'écrie, comme si le crime était déjà commis :

> « Un geste vous fait sortir de cet abaissement. Vous frappez
> le royaume de crainte et de respect. Le bruit s'en gonfle et
> passe la mer. Le désert en est étonné » (T, 133).

Cette concision, cette vigueur, ont un parfum plus authenti-
quement romain que beaucoup de scènes de *Britannicus*.
Mais un autre rapprochement vient à l'esprit : ces ministres
qui sont des canailles et des assassins, ce cynisme élégant,
c'est la situation du troisième acte de *Ruy Blas*. Montherlant
soutient la comparaison sans désavantage. Certes le texte de
Hugo survit par la virtuosité, le pittoresque, le jeu des mots et
des rimes, le bariolage des noms propres. Mais on vient de
voir que, même du point de vue de l'expression pure, la
scène de *La Reine morte* est pleine de subtilités. Quant à la
profondeur de l'analyse, ce sont deux univers qui n'ont rien
de commun et les concussionnaires de Hugo sont des
enfants au prix de ceux de Montherlant.

La réflexion sur Ferrante, surtout, est inépuisable. D'abord
il appartient à la famille des *bourreaux de soi-même*, où
Michel de Saint Pierre a, non sans raison, rangé Montherlant : « J'ai conscience d'une grande faute ; pourtant je
suis porté invinciblement à la faire. Je vois l'abîme, et j'y
vais » (T, 130). Pour le moment il ne s'agit que du traité avec
Fernand d'Aragon. Mais c'est un trait fixe de l'homme, qu'on
retrouvera au moment fatal. Or, on le trouve aussi dans les
carnets (E, 1098), dans *La Rose de sable* (462), dans *Mors et
Vita* (E, 535), dans *La Petite Infante de Castille* : « Ce qui
m'enivrait, c'était bien le sombre vin de l'absurde, la
tentation malsaine de me faire mal et de me mutiler sans
but » (R, 629). Bref dans l'œuvre entière. C'est le *Deteriora
sequor* d'Ovide, que Montherlant découvre déjà chez
Euripide (E, 1101). A la limite, c'est l'un des thèmes d'*Un
Assassin est mon maître*, analysé par Jean Delay (UAM, XIV).
Et c'est un des points par lesquels Ferrante s'approche de la
folie.

Un peu en-deçà apparaissent déjà chez lui des contrastes déconcertants. Ce prince orgueilleux s'humilie devant les cours étrangères. Il se plaît à inspirer la compassion : « La pitié est d'un magnifique rapport » (T, 128). Parole de banquier, non de roi ! On comprend encore que sa grandeur se moque des apparences de la grandeur. Mais, ce qui est plus singulier, son honneur se contente des apparences de l'honneur : « C'est quand la chose manque, qu'il faut en mettre le mot » (T, 128). Lui qui en parlait tant et qui s'accordait si bien sur ce point avec l'Infante, maintenant, l'honneur lui inspire des bouffonneries. (Don Diègue est loin !) Lorsqu'il prépare les articles d'un traité, il y ménage des « trous » (T, 129), par où il pourra échapper à ses engagements. C'est la politique orientale de la « porte de sortie », selon le proverbe de Saadi si fréquemment cité par Montherlant : « Quand tu entres dans une maison, regarde où est la sortie » (VJ, 197-MACA, 24).

En même temps, les traits du personnage s'accentuent dans le sens de la férocité. Les courtisans, ahuris et tremblants, savent que d'un caprice de Ferrante dépendent leur liberté et leur vie. Ils savent qu'une condamnation irrévocable peut tomber de sa bouche à chaque instant. Il se plaît à jouer avec leur lâcheté, use tout à tour de la menace et de l'ironie, invente des énormités, prétend modeler ses propres sentiments pour l'Infante sur ceux de don Alvar (T, 129), ne laisse pas ignorer avant de demander un conseil qu'il tient pour nul tout conseil (T, 130). Il y a, chez Ferrante, quelques aspects d'Ubu, transposés dans le tragique, ceci, par exemple :

> « Si j'étais homme à me vanter du sang que j'ai répandu (mais c'est un modeste !), je rappellerais que j'en ai fait couler assez, dans les guerres et ailleurs.
> — Le sang versé dans les guerres ne compte pas.
> — J'ai dit : et ailleurs. Il me semble que, sous mon règne, les exécutions n'ont pas manqué » (T, 132).

Et, c'est un Ubu encore, ou un Caligula, qui manifeste, quand il interroge Egas, cette curiosité sympathique, allumée par le crime et par l'ignominie.

On l'a entendu parler de « péché », au premier acte, et on l'a taxé d'hypocrisie. Telle parodie goguenarde : « Mon Dieu, ne lui pardonnez pas, car il sait ce qu'il fait » (T, 133) confirme cette impression. Et cependant, Montherlant l'a voulu profondément croyant, c'est-à-dire imprégné de christianisme jusque dans ses crimes, faisant le bien et beaucoup plus souvent le mal, mais toujours en face de Dieu (T, 1380). Le « péché » du premier acte n'était donc pas un mot de pharisien. Il n'a pas besoin qu'on l'écoute pour parler de Dieu, comme le prouve cet aparté vibrant : « O Royaume de Dieu, vers lequel je tire, je tire comme le navire qui tire sur ses ancres ! O Royaume de Dieu ! » (T, 137).

Cette prière lui vient dans un moment de découragement, selon le mécanisme psychologique analysé, en termes hostiles, dans *Les Lépreuses* : « Quiconque a passé son enfance chez les chrétiens, plus tard, chaque fois qu'il sera lâche, il y a de grandes chances pour que ce christianisme remonte en lui » (R, 1488). Ferrante sent la vieillesse l'alourdir et sa vie se dissoudre : il se retourne vers Dieu. Il jouait tout à l'heure à faire pitié, il fait pitié maintenant. On découvre ainsi des zones moins sombres dans cette âme monstrueuse. Les propos qu'il tient ou qu'il approuve sont d'ailleurs nourris des propres pensées de Montherlant et de quelques-unes de ses attitudes familières. Voici l'une de ces pensées dans *La Reine morte* et dans les carnets :

« Ce qui est effrayant dans la mort de l'être cher, ce n'est pas sa mort, c'est comme on en est consolé. » (T, 133)	« Toutes les fois que j'ai étudié l'histoire autour d'un personnage qui allait devenir un de mes héros de théâtre, j'ai trouvé l'indifférence à son égard de tous ceux qui l'entouraient, notamment au moment de sa mort. » (VJ, 35)

Et voici l'une de ces attitudes : « Ce que j'ai dit ne compte jamais. Seul compte ce que j'écris. Encore, bien entendu, est-ce une façon de parler » (T, 129). Cette pirouette, ou ce clin d'œil, ce « bien entendu », ce démenti pour finir, c'est l'un des mouvements les plus fréquemment observables chez

Montherlant lui-même (E, 727), c'est l'ouverture vers la palinodie.

Il est donc absolument impossible d'enfermer Ferrante dans une formule, et c'est bien ce qui terrorise les don Eduardo et les Alvar Gonçalvès. Egas Coelho tente à plusieurs reprises de faire jouer l'amour propre. Mais ce déclic, qui s'est déclenché si vite chez l'Infante au premier acte, est apparemment rouillé chez le vieux roi. Egas n'obtient pas la condamnation d'Inès. En revanche, Ferrante n'obtient pas le secret d'Egas : pourquoi celui-ci veut-il avec tant d'acharnement la mort d'Inès ? L'auteur ne le sait pas lui-même et tient à maintenir ce mystère (T, 1379). Sur ce point très précis, apparaît son originalité par rapport à une tradition dont on l'accuse de ne pas s'être dégagé. Il pose un problème de type classique, dans les termes les plus classiques : quel est le motif caché d'une haine ? Jusqu'à lui : amour déçu, injure ignorée, vengeance, il y a toujours une solution. Lui se refuse à en donner une. Il triche avec une règle du jeu plusieurs fois centenaire. Egas demeure aussi obscur que Ferrante, encore qu'il soit beaucoup plus simple.

Le personnage du roi est si peu délimité, en effet, que Montherlant a imaginé pour lui plusieurs évolutions possibles. C'est ainsi que la scène des pages s'éclaire par une intention restée en chemin (T, 1370). Montherlant s'est représenté Ferrante dans l'extrême vieillesse, incapable de gouverner, tenu à l'écart des affaires par ses ministres, n'ayant, pour l'informer, que l'un de ces pages et s'en remettant à lui des plus graves décisions (6). C'eût été le pendant de la scène du sénateur déchu, dans *Venise sauvée*, pour illustrer le néant de toute grandeur politique. Le projet, qui n'a pas été réalisé, suffit à donner un sens aux jeux des trois enfants, impertinents et insouciants, entre les pattes du fauve. Que Machiavel gouverne, ou bien un écolier : tout est égal. C'est le fond de la pensée de Montherlant et de Ferrante.

---

6. Voir la note où Montherlant remarque que l'austère cardinal d'Espagne avait un nain qui lui servait de bouffon (T, 1212).

Confidences de Ferrante.

C'est ce qu'il va laisser entendre à Inès dans la seconde scène qui les met face à face (II, 3). Cette scène ne se confond nullement avec celle du premier acte (I, 5). Inès, cette fois, ne dit presque rien et se contente d'écouter. Ferrante, au contraire, parle beaucoup. Il lui arrive de donner comme le négatif de ce qu'il vient de dire en conseil. Ce sont les propos privés après les déclarations officielles. Exemple : « C'est pourtant la plus grande preuve de force, qu'accepter d'être dédaigné, sachant qu'on ne le mérite pas » (T, 133). Cela, c'était pour les ministres. Mais pour Inès : « Il faut supporter d'être dédaigné à tort, ce qui est la chose du monde la plus pénible à supporter » (T, 141). Après avoir tellement surveillé ses paroles, il semble heureux de se livrer sans danger, comme s'il avait besoin d'innocence et de compréhension.

Au premier acte, il apparaissait dans la majesté de sa fonction royale : « Je suis comme un grand arbre qui doit faire de l'ombre à des centaines de milliers d'êtres » (T, 123). L'image est reprise, mais comme dans une autre saison : « Ils sont là à vivre de ma vieille force comme un plant de lierre d'un tronc d'arbre rugueux » (T, 139). Le pouvoir a cessé de l'exalter. Le règne a ses banalités, ses recommencements sans fin, aussi plat que la vie privée. Ferrante, en proie à la fatigue et à l'ennui, a soif de la retraite. Sujet de méditation pour Montherlant, dès sa jeunesse : « C'est la grande tentation des Charles-Quint et des Philippe II : abdiquer, laisser tout cela » (E, 620).

Ferrante n'avait, au premier acte, qu'un mot, à demi amusé sur les mensonges de la cour. Il la décrit maintenant, dans le détail, comme un grouillement de haines et de fourberies, sur lequel surnagent quelques incapacités heureuses. A propos de son fils, avant que sa colère n'éclate, sa déception s'exprimait en une formule atténuée : « Le Prince est une eau peu profonde » (T, 123). Il ne cache plus maintenant son indifférence et son mépris.

Tout s'écarte de lui et, pour exprimer cette déréliction, il a recours à une image liturgique, familière à Montherlant depuis sa jeunesse : « L'une après l'autre, les choses m'abandonnent ; elles s'éteignent, comme ces cierges qu'on éteint un à un, à intervalles réguliers, le jeudi saint, à l'office de la nuit, pour signifier les abandons successifs des amis du Christ » (T, 140 ; VJ, 27).

Mais, si Ferrante mérite qu'on l'abandonne ? C'est en fin de compte, la question qui vient à l'esprit et la principale originalité de cette scène comparée à celle du premier acte. Le roi est malheureux, il n'en est pas moins méchant. Quelques avertissements grinçants, inaperçus d'Inès, passent dans ses propos : « Je ne suis pas bon, mettez-vous cela dans la tête » (T, 141) ou bien : « Modérez-vous. Il ne faut jamais avoir plaisir si vite » (T, 141). Il a besoin de se confier, il s'humanise, avertit la jeune femme de l'inimitié des ministres. Mais il ne l'avertit qu'à moitié. Il parle avec une franchise paternelle. C'est une franchise apparente. Il ment sur le projet d'assassinat et garde au fond de lui son mot de la fin à Egas : « A tout cela je réfléchirai » (T, 135).

Inès ne voit rien, ne comprend rien. Seul compte pour elle, qu'elle puisse courir embrasser son prince.

La visite au prisonnier.

Les quatre jours qu'il vient de passer en prison n'ont pas fortifié le cœur de Pedro. Il dispose de quelques minutes pour parler à sa femme et il ne songe qu'à ses gardiens, qui le surveillent du seuil de la forteresse. Et elle, pendant ce temps : « Je voudrais donner ma vie pour toi » (T, 143), car, dans ce couple aussi disparate que celui d'Alceste et d'Admète, la Dame prononce les répliques qui reviendraient au Chevalier. La faiblesse d'esprit de Pedro — sauf s'il s'agit de juger Ferrante : « Vouloir définir le Roi, c'est vouloir sculpter une statue avec l'eau de la mer » (T, 145) — et sa faiblesse d'âme touchent à la niaiserie. Tout cela apparaissait dès le premier acte.

Mais voici qui est nouveau : nous sommes sûrs maintenant que tout cela n'échappe pas à Inès. Un mot d'elle le laisse clairement sentir : « Oh ! si on se met à calculer ce que les êtres méritent ! » (T, 142). L'amour va-t-il sans l'estime ? Montherlant s'est posé la question de tout temps. Dans *Les Olympiques*, il observait en lui une nécessité : « Admirer pour pouvoir aimer » (R, 250). Il ne se tiendra pas toujours à cette rigueur. A propos de *Fils de personne*, il s'interrogera : « Ne pouvoir aimer que dans l'estime, est-ce là *un amour magnifique* ? Ou est-ce, au contraire, parce qu'on n'aime pas assez ? N'y a-t-il pas un amour plus fort, qui se fiche pas mal si ce qu'il aime mérite ou non, d'être estimé ? » (T, 272). Il refuse, alors, d'en décider. Bien plus tard, en 1963, écrivant *L'Embroc* d'après « Les Onze devant la Porte Dorée », il tranchera dans le sens de l'amour sans estime (T, 1231).

C'est aussi le choix d'Inès. Ce qui compte pour elle, c'est « le corps de l'homme [qu'elle] aime ! » (T, 144). Elle comprend la médiocrité de Pedro, elle l'aime malgré sa médiocrité.

Lui, l'aime sans la comprendre : « Inès, toujours dans le passé ou l'avenir ! Toujours à me regarder comme si c'était la dernière fois » (T, 146). Il ne voit pas la contradiction de ces deux *toujours*, et d'ailleurs, qu'elle soit « toujours dans le passé ou l'avenir », c'est juste le contraire de la vérité. Et voici même l'un des liens entre leur scène du premier acte et celle-ci : Inès est un être de l'*instant*. A peine commence-t-elle à parler, que quatre fois elle jette ce mot, comme si elle voulait, elle aussi, suspendre le cours des « heures propices » : « Cet instant qui n'existera peut-être jamais plus (...) Que cet instant ne me soit pas retiré. Un instant, un petit instant encore, que je repose sur l'épaule de l'homme, là où l'on ne meurt pas » (T, 143). C'était déjà le mot du premier acte : « Ce bonheur au sommet duquel un instant encore je puis être immobile » (T, 120).

On l'a vu, c'est elle, dans ce premier acte, qui aimait comme un homme, et lui comme une femme. Montherlant trouve le moyen de reprendre la même situation sans se répéter. Il a ajouté des images : « Tu t'es jetée sur moi comme le loup sur l'agneau » (T, 143). — « Que je te tienne dans ma bouche comme font les féroces oiseaux quand ils se possèdent en se roulant dans la poussière » (T, 144). La supériorité d'Inès, désormais tout à fait consciente, est aussi comme illustrée dans ces fougueuses comparaisons qu'ignorait le premier acte. C'est, du moins dans l'amour, un carnassier qui fond sur sa proie, en s'efforçant d'abord de la réduire au silence : « Ne parle pas ! Ne parle pas ! (...) Ne parle donc pas ! » (T, 143). Elle sait trop que Pedro a tout avantage à ne pas parler. Vraiment virile en tout point, jusqu'au « Sois beau et tais-toi ! ».

Mais, en même temps, Inès est une pauvre enfant. Elle qui comprend si bien Pedro, elle n'a rien compris à Ferrante. Comme le souriceau de la fable, elle le croit « par nature bienveillant et généreux » (T, 145). Sa peur, diffuse ainsi qu'au premier acte, passe et repasse à côté de lui, sans soupçonner le danger : « Non, ce n'est pas de lui que j'ai peur » (T, 145). Elle est naïve, désarmée, physiquement atteinte et pitoyable. Comme Solange Dandillot, dans *Les Lépreuses*, le chagrin la fait maigrir. Toute sa vigueur morale, elle la réserve à son mari et à l'enfant qui va naître.

Ce chant de la maternité prochaine est célèbre. Montherlant (VJ, 21 ; Msr, 128) le considérait comme une sorte de tour de force où il avait plus que jamais déployé sa virtuosité à entrer dans des psychologies étrangères à la sienne. Virtuosité aussi dans les variations qu'il exécute sur le thème. Ici encore, le deuxième acte ne répète pas le premier, et c'est ici que la comparaison est surtout instructive :

Acte I, scène 4, (T, 120).
« Il me semble que je suis soutenue par notre enfant. Il mène à l'intérieur de moi une lutte féroce, et moi, j'aurais honte si je n'étais pas aussi forte que lui, pour le sauver en nous sauvant (...) Le fait qu'il se forme parmi l'épreuve est quelquechose d'heureux (...) cette fabrication de chaque instant, matérielle et immatérielle, qui vous fait vivre dans la sensation d'un miracle permanent, cela fait de lui mon

Acte II, scène 4, (T, 144).
« Le jour, il ne me préoccupe pas trop. C'est la nuit... Il est au chaud de mon cœur, et je voudrais me faire plus chaude encore pour l'abriter mieux. Parfois il bouge, à peine, comme une barque sur une eau calme, puis soudain un mouvement plus vif me fait un peu mal. Dans le grand silence, j'attends de nouveau son petit signe : nous sommes complices. Il frappe timidement ; alors je me sens fondre

bien (...) Son cou n'a pas tout à fait la même odeur que le tien, il sent l'enfant... Et son haleine est celle de la biche nourrie de violettes. Et ses petites mains sont plus chaudes que les tiennes. Et ses bras sont autour de mon cou comme est l'eau, l'été, quand on y plonge, et qu'elle se referme sur vos épaules, toute pleine de soleil. »

de tendresse, parce que tout à l'heure je l'avais cru mort, lui si fragile. Je souhaite qu'il ne cesse pas de bouger, pour m'épargner ces minutes d'angoisse où j'imagine qu'il ne bougera jamais plus. Et pourtant ce sont ces minutes-là qui rendent possible la joie divine de sa vie retrouvée. »

Le premier texte est mi-abstrait, mi-littéraire. Il commence mal. C'est comme le sermon d'un prédicateur qui se mêle de ce qu'il ignore. L'évocation poétique se développe ensuite. Mais tout se passe dans l'intelligence ou dans l'imagination de l'auteur, rien ne relève de l'expérience d'Inès. Au contraire, dans le second tout est simple et semble vécu. Dans le premier texte, on dirait une jeune fille, tantôt pédante, tantôt grâcieuse, qui rêve de la maternité. Dans le second ce sont les sensations d'une femme.

Le progrès est si sensible qu'on a l'impression que c'est seulement entre les deux actes que l'enfant s'est mis vraiment à remuer dans le sein de sa mère, comme c'est aussi, apparemment, entre les deux actes que les époux ont renoncé au *vous* pour le *tu*, ce qui, finalement, précise assez bien le rapport des deux scènes.

L'Infante.

L'Infante, une seconde et dernière fois, paraît. La première partie de la pièce, commencée avec elle, s'achève avec elle. Sans ménager la sensibilité d'Inès, elle lui jette le secret effrayant qui la concerne, comme, quelques instants plus tard (T, 148), elle la menacera aussi brutalement de la mort de Pedro. Mais cette brutalité : « Vous serez décapitée » s'attache bizarrement à un détail, qui trouvera par la suite, peut-être, sa justification : « La chaîne de vos médailles a appuyé sur votre cou, et l'a marqué d'une raie rouge » (T, 146).

L'Infante révèle ensuite à Inès ce que le spectateur sait déjà. Elle lui explique aussi qui est Ferrante. Le caractère du roi s'est progressivement obscurci au cours de ces deux actes. Il fallait, en cet endroit de la pièce, y introduire un peu de clarté. C'est le rôle de l'Infante. Elle est celle qui comprend Ferrante : « faible, divers, et sachant mal ce qu'il veut » (T, 147). En même temps, cette princesse, si lucide à l'égard du roi, ne voit pas clair en elle. Elle est animée de sentiments complexes, pour lesquels, cette fois, il n'y aura pas d'explication décisive.

Sa supériorité est éclatante. Inès l'admire et l'envie. Elle glisse parmi les intrigues, sans y trébucher. Elle domine de haut Ferrante, n'a aucune de ses faiblesses, est égale à toutes ses ruses. C'est qu'elle a été « élevée pour le règne » (T, 148). Elle ne rabat rien des privilèges du sang, se montre intraitable sur l'étiquette (T, 154). Mais cet orgueil royal l'entraîne à la démesure. En mer, elle croit voir les vagues s'abaisser devant sa grandeur (T, 148). Les oiseaux des champs lui semblent chanter ses louanges (T, 151). Son intelligence aiguë s'embrume. Traînant toujours après elle sa Navarre, ses montagnes, ses nuages, elle se dresse comme une sorte d'idole, touchée d'une « pointe de démence » (T, 193).

Son langage aussi s'enhardit et s'égare. Elle a des raccourcis d'expression, qui, négligeant les éléments inter- médiaires, font jaillir une image étrange : la route, par laquelle elle est venue, sous le grand soleil, elle la voit « pâle comme un lion » (T, 152). Elle ne recule devant aucune évocation : « Vous avez vu son visage vert ? On dirait quelqu'un qui a oublié de se faire enterrer » (T, 147). Les « bienséances » du théâtre l'empêchent d'aller plus loin dans cette description, dont le ton est volontairement désinvolte. Mais derrière ce cadavre vivant, il y a les horribles curiosités de certains tableaux espagnols, comme le *Finis gloriae mundi*, de Séville, décrit par Montherlant dans « La Balance et le Ver » (E, 1561). Avec cela, lectrice de la Bible, familière de Sennachérib (7) et, comme Montherlant, de *L'Ecclé-siaste* : « C'est vous seule qui empoisonnez le doux miel de mon oubli, comme il est dit de la mouche dans le parfum (8) au livre de nos Saintes Ecritures » (T, 153).

Inès, de dix ans l'aînée, ne saurait lutter avec tant de force et de science. Comme Pedro semblait inerte devant elle, c'est elle maintenant qui semble inerte devant l'Infante. Obstiné-ment confiante, incapable de répondre à la ruse, fataliste : « Voyez, dit-elle, cette cascade : elle ne lutte pas, elle suit sa pente. Il faut laisser tomber les eaux » (T, 151). L'autre image de la résignation héroïque vient du Maroc : « Quand l'oiseau de race est capturé, il ne se débat pas » (T, 150). Montherlant la cite avec admiration dans *La Rose de sable* (545). Nous savons dès maintenant qu'Inès, si elle meurt, mourra noblement.

Mais pourquoi l'Infante veut-elle avec tant de violence arracher à Ferrante, emmener vivre avec elle cette femme qui lui a été préférée ? L'auteur n'en a rien dit dans ses commentaires. L'Infante demeure en partie inexpliquée. Si plusieurs réponses sont possibles, une, au moins, paraît peu contestable. Cette adolescente, qui a horreur des hommes (T, 150), qui, si elle avait épousé Pedro, aurait été l'homme dans ce mariage (T, 151), éprouve à l'égard d'Inès des sentiments qui n'ont rien à voir avec le dévouement et la charité. Elle l'a « regardée longuement » (T, 150) et l'a

---

7. Si familière même, qu'elle traite avec désinvolture les passages de la Bible où paraît ce redoutable personnage, en les amalgamant à d'autres où il n'a rien à voir : L'épée de feu semble venir de la *Genèse* (III, 24) ; Les « voix de la muraille » s'expliquent peut-être parce que le peuple de Jérusalem était monté sur les murailles de la ville pour voir les envoyés de Sennachérib (Isaïe, XXXVI, 11) ; ou bien, c'est un souvenir de la main mystérieuse qui écrit ses menaces sur le mur du festin de Balthazar (Daniel, V, 5). Rien de simple dans tout cela, et rien qui justifie le « vous savez ».

Le passage est une addition tardive, puisqu'il ne figure pas dans le manuscrit de la Comédie-Française (voir chapitre V).

8. « Muscae morientes perdunt suavitatem unguenti. » *Ecclesiaste*, X, 1.

trouvée belle. Ce n'est pas l'innocence d'Inès, son courage qui la hantent, c'est son visage (T, 153). Attentive à une marque rouge sur son cou, à l'arrangement de ses cheveux (T, 149) et — elle a de bons yeux, pour ce qui l'intéresse ! — jusqu'à un cil tombé sur son sein (T, 152), l'Infante s'inquiète de ses propres traits quand Inès est devant elle et craint de paraître laide (T, 152). Même si elle ne s'interroge à aucun moment sur la nature de ce qui l'entraîne, on ne peut s'y tromper. D'ailleurs elle prononce elle-même le mot : « Ah ! la chose insensée, qu'un désir violent ne suffise pas à faire tomber ce qu'on désire » (T, 153). Le baiser final est la seule satisfaction qui sera accordée à ce désir. Il faut (T, 154) « laisser tomber les eaux » de la cascade, c'est-à-dire laisser tuer Inès : c'est le troisième acte.

LE TROISIÈME ACTE

Théâtre et Lecture.

Il serait sans intérêt de suivre, scène après scène, le déroulement du troisième acte. Tout y est fortement concentré en un seul tableau et ce tableau, coupé d'épisodes accessoires, remet toujours l'un en face de l'autre les deux mêmes personnages : Ferrante et Inès, séparés brièvement au moment de l'assassinat, réunis enfin dans la mort.

Cet acte est peut-être celui pour lequel l'impression du spectateur risque de s'écarter le plus de celle du lecteur.

Aux représentations (où sont pratiquées d'importantes coupures) tout est mis en œuvre pour agir physiquement sur le public. Jusqu'aux lumières de la fin qui éclairent les deux cadavres, la scène est plongée dans la nuit. Les seules lueurs qui passent sur le visage de Ferrante et d'Inès viennent du feu qui brûle dans l'âtre. Leurs voix prennent ainsi un relief particulier, comme dans l'obscurité d'une salle de concert. « Des lumières ! des lumières ! criera le roi avant de mourir. Rien ici ne s'est passé dans l'ombre » (T, 175). Mais si ! précisément, tout s'est passé dans l'ombre, entre ombres ; les deux principales, déjà, aux portes du tombeau ; les autres vivantes, mais avec des murmures à peine distincts et des frôlements d'oiseaux de nuit. Cette atmosphère lugubre et hallucinatoire rend presque naturelle cette voix de l'Infante qui adresse à Inès un ultime message inutile. Par un contraste violent, le drame s'achève, sans que l'attention se soit relâchée, sur le cérémonial qui inaugure, au son des cloches, le nouveau règne et sur le couronnement de la reine morte, ou du moins de son enfant, scène qui est de pur spectacle.

La simple lecture du texte, sans coupures, ne retient pas toujours aussi fortement et la scène VI, surtout, n'est pas sans quelques longueurs. Pourtant, avec des couleurs peut-être moins vives, comme il convient à la situation, la prose de ce troisième acte demeure d'une grande beauté.

C'est à l'imagination qu'est en partie dévolu le rôle qui est celui de la sensation dans la pièce jouée. Ce sont des métaphores abruptes et neuves : « Bientôt la mort va m'enfoncer sur la tête son casque noir » (T, 154). Ou bien, c'est un mot mystérieux, comme ces hapax que Montherlant a trouvés chez Eschyle (T, 193), un vocable qui doit demeurer incompréhensible : L'Infante « répète toujours le même cri, comme l'oiseau malurus (9), à la tombée du soir, sur la tristesse des étangs » (T, 167). Ou bien encore des images d'un réalisme de cauchemar, comme celle de Ferrante rêvant son agonie. Montherlant lui prête un geste qui l'a frappé dans les derniers moments de Gœthe et de Tolstoï (E, 1207, 1477), non sans accentuer le trait jusqu'à l'horrible : « D'instant en instant, des marbrures rouges apparaissaient sur ma peau. J'écrivais sur ma peau, et elle était si pourrie que la plume par endroits la crevait » (T, 155).

Ailleurs, le dialogue est illustré de vignettes anecdotiques (coupées à la représentation), traitées avec un sens aigu du détail évocateur : Henri IV de Castille installé mort sur son trône ou bien les capitaines-mendiants sur les quais de Lisbonne.

Mais c'est Ferrante surtout qui s'entoure d'une imagerie particulière. Comme l'Infante, il transporte avec lui son décor. On l'a vu se comparer au premier acte, à un arbre bienfaisant (10) ; au second, à un arbre prisonnier d'un plant

---

9. Littré ignore ce volatile, mais le Larousse du XIXᵉ siècle donne *malure* comme synonyme de *mérion,* sorte de passereau dont il cite plusieurs espèces, qui vit généralement à proximité des marécages, mais dont le chant est sans tristesse.

10. « Je suis comme un grand arbre qui doit faire de l'ombre à des centaines de milliers d'êtres » (T, 123). A la scène VIII de l'acte III, au moment où le prend le malaise qui va l'emporter, en plein mensonge officiel il est en train de redire exactement la même chose : « Un roi est comme un grand arbre qui doit faire de l'ombre... (*Il porte la main sur son cœur et chancelle* » C'est ce qu'il appelle lui-même « des paroles d'habitude » (T, 165), une rengaine qui vient se replacer automatiquement dans les discours d'un homme politique. L'image de T, 156 est toute différente.

de lierre. L'arbre, ici, devient forêt et cette prolifération correspond aux morceaux épars d'une personnalité disloquée. Ferrante dit maintenant *mes* âmes, comme on dit *les* Espagnes, ou comme on dit *mes* esprits, après un désarroi passager, mais le sien est fondamental : « Je n'ai pas à me retirer avant de mourir dans les forêts ou sur la montagne, car je suis pour moi-même la forêt et la montagne. Mes âmes enchevêtrées sont les broussailles de la forêt, et j'ai dû, puisque j'étais roi, me faire de ma propre pensée un haut lieu et une montagne » (T, 156). Et, dans ce paysage farouche qui est lui, les bêtes errantes, « lion » (T, 160), ou « cerf » (T, 156) sont encore lui, le vieux roi près de mourir, qui proclame le néant de toute chose.

Le nihilisme de Ferrante.

Car Ferrante répète, dans ce troisième acte, avec toute la sincérité dont il est capable, ce qu'il a déjà dit au second, ce que Montherlant n'a cessé de dire sous mille formes dans chacun de ses livres : le néant de l'action, et surtout de l'action politique. Le roi est parvenu sur ce point à la sagesse de Jeanne la folle, dans *Le Cardinal d'Espagne*, cette sagesse dont Montherlant sait bien qu'elle blesse le sens commun et dérange la tranquillité des dupes volontaires ; ce qu'il exprime dans une formule savoureuse, qu'il faut soigneusement dater, et où ce maître de l'éloquence montre qu'il possède, s'il veut, le génie de la litote et de l'allusion : « Le néant n'a pas la cote en France » (discours de réception prononcé à l'Académie française, le 20 juin 1963 ; AF, 32).

Ferrante fait donc la théorie du nihilisme politique, et il s'en fait, d'autre part, l'application à lui-même, dans cet acte où il ment très peu, contrairement à son usage, juste ce qu'il faut pour qu'Inès aille se jeter, à la fin, sous le poignard du capitaine Batalha. La théorie, c'est qu'il n'y a aucun lien nécessaire entre ce que nous pensons et ce que nous faisons. Cela va de soi pour les banalités et les futilités de la vie quotidienne. On ne délibère pas pour tuer une mouche. Mais pas davantage, en réalité, avant de tuer un homme,

avant de se tuer soi-même, ou ce sont de pseudo délibérations. La notion de futilité n'a pas de sens, ou plutôt elle
s'étend à toute l'activité humaine et la submerge : « On
meurt pour des causes auxquelles on ne croit pas, comme
on meurt pour des passions qu'on n'a pas et pour des êtres
qu'on n'aime pas » (T, 164). Tout acte de gouvernement est
aussi gratuit qu'un coup de dés. La Justice, avec ses
sanctions, n'échappe pas à cette règle. Il faut sévir « à peu
près au hasard » (comme dit aussi Giraudoux dans *Electre*),
selon qu'on a ou non besoin de coupables. Or, dit Ferrante,
« nous avons besoin de coupables en ce moment », parole
où il y a peut-être un écho du mot célèbre des antidreyfu-
sards sur leurs adversaires : « Ils devraient bien changer
d'innocent ! »

Mais Ferrante ne s'en tient pas à ces généralités. Dans
cette nuit faite pour qu'il y fasse entendre « des choses
effrayantes de pureté » (T, 165), il se livre lui-même plus qu'il
ne s'est jamais livré. Il avoue ses mensonges publics et
privés, le vide de ses paroles et de ses gestes, sa foi morale
morte. Il embrasse d'un regard toute sa vie, sur laquelle se
sont déjà posées « les mains hasardeuses du temps »
(T, 155). Comme Malatesta mourant voit Porcellio brûler le
récit de ses hauts faits, Ferrante voit glisser et s'écrouler tout
ce qu'il a construit : « Allons, tout ce que j'ai fait est détruit.
J'ai puisé avec un crible » (T, 160).

Deux phrases, dont l'une est malheureusement coupée au
théâtre, empêchent ce désespoir de se perdre dans la
déclamation, le rendent plus humain et plus simple. D'abord,
Ferrante garde le sens de l'ironie. Il se voyait tout à l'heure
en portrait, essuyant les sottises des visiteurs d'un musée
(T, 155). Il continue à se moquer de lui-même : « Telles sont
les pensées profondes dont vous fait part le roi Ferrante,
pensées profondes dont cependant il ne garantit pas
l'originalité » (T, 161). Cette réflexion gouailleuse et l'anecdote qui la suit donnent au personnage un relief qui s'efface à
la représentation. L'autre phrase caractéristique y est au
contraire conservée : « Mes mains sont ouvertes, tout m'a
fui. J'ai joué de la flûte pour l'amour de Dieu » (T, 160). Ici
Montherlant ne se contente pas d'humaniser Ferrante. Il le

fait proche de lui. Le roi est un artiste de l'action, parce que, précisément, il n'y croit pas.

On verra pourquoi il se décide, à la fin, à agir une dernière fois, à commettre un dernier crime. Comme la signature du traité avec Fernand d'Aragon (T, 130), ce crime est une faute, qu'il reconnaît pour telle : *Deteriora sequor* ! (Le *Deteriora sequor* est dans la logique de ce qui précède. La pièce perdrait évidemment toute signification si Ferrante obéissait à son intérêt ou à la morale.) Mais ce qui tenait en une phrase au second acte est observé ici dans le détail d'une délibération qui occupe toute la scène VII. Ferrante a cessé de toutes les façons d'être mystérieux.

Troisième chant d'amour maternel.

Inès joue d'abord un rôle très effacé dans ce troisième acte. Sans pouvoir en douter désormais, elle sait dès le début (T, 156) qu'il existe un complot pour la faire mourir. Elle en est à peine troublée. Le spectateur peut même oublier que ce meurtre serait un double meurtre. Tout au plus le geste de caresser les cheveux du page Dino del Moro trahit-il une émotion maternelle (T, 159). Elle voit en lui ce que sera son fils.

Elle ne fait ensuite que donner brièvement la réplique à Ferrante, jusqu'au moment où elle ne contient plus son secret : « O mon Roi, puisque cette nuit est pleine de grandes choses, qu'enfin je vous en fasse l'aveu : un enfant de votre sang se forme en moi » (T, 167-168). C'est alors seulement que s'instaure un véritable dialogue. Et, pour la troisième fois, dans ce dialogue d'un auteur réputé misogyne, la partie d'Inès est un chant d'amour maternel.

On a vu comment, traitant ce thème dans les deux premiers actes, Montherlant s'arrange pour en varier l'expression. Il le reprend, cette fois encore, enrichi et renouvelé. Il part pourtant, dans le cœur de la future mère, d'un sentiment qui lui est radicalement étranger, et même lui répugne : « Moi qui aime tant d'être aimée, j'aurai fait moi-même un être dont il dépendra entièrement de moi que je me fasse aimer ! » (T, 168). Etre aimé, et, encore plus, se faire aimer, c'est ce qu'il a redouté toute sa vie. Pourtant il accompagne fraternellement Inès dans son rêve attendri : son désir d'avoir un fils qui ressemble au meilleur d'elle-même (T, 168), son vœu de souffrir pour lui épargner la souffrance (T, 170), son exigence exaltée de perfection : « Je crois que je serais capable de le tuer, s'il ne répondait pas à ce que j'attends de lui » (T, 169). Elle sait déjà son nom et croit le voir (T, 169), à l'âge de Dino del Moro. Tout cela était contenu, en somme, dans les scènes des deux premiers actes et ce n'est que l'approfondissement « grisant et immense » (T, 168) d'un thème connu.

Le renouvellement, qui est incontestable, tient d'abord à ce que, maintenant, Inès peut se demander si cet enfant naîtra. Ce bonheur fabuleux est un bonheur menacé. Il tient aussi à ce qu'elle institue entre son fils et les hommes une sorte de communauté. Parce qu'elle l'aime, elle les aime. On a vu, de même, Pedro, au premier acte, briser les liens de l'égoïsme passionnel. Cette fois, c'est Inès qui s'écrie : « Il me [semble] parfois que, si les hommes savaient combien j'aime mon enfant, peut-être cela suffirait-il pour que la haine se tarît à jamais dans leur cœur. Car moi, tant que je le porte, je sens en moi une puissance merveilleuse de tendresse pour les hommes. Et c'est lui qui défend cette région profonde de mon être d'où sort ce que je donne à la création et aux créatures » (T, 170).

Mais surtout l'originalité essentielle de ce troisième chant d'amour maternel, c'est qu'il se heurte à de mauvais présages, à de fausses notes, et s'en nourrit. L'unique auditeur, jusque-là, était Pedro. A présent, c'est Ferrante. Il interrompt Inès et, prophète de malheur, il lui prédit ce qu'elle souffrira par son fils, abandon, médiocrité, et ce que l'enfant souffrira en s'avançant dans la vie. Sur son espérance juvénile il fait tomber ses propres souvenirs, lourds, et douloureux, sa paternité déçue. Il va jusqu'à parodier le sermon sur la montagne : « Heureux celui qui a peu donné, et, ce qu'il avait donné, qui l'a repris. Heureux celui de qui les enfants ne portent pas le nom » (T, 160). La foi d'Inès ne se laisse pas entamer. Au contraire, elle prend vigueur dans la contradiction, se dilate et se confirme.

Ce que Montherlant disait du dessin général de *La Reine morte*, épanoui au troisième acte « en une ombelle abondante » (T, 196) n'est sans doute pas exact. Mais c'est très vrai de cette petite pièce à l'intérieur de la grande, de ces trois scènes, où une femme que l'on va égorger, avec son enfant en elle, dit de mieux en mieux sa joie de vivre et sa confiance.

Le Roi mort.

Un autre fil court à travers la tragédie et lui donne son unité, c'est celui de la destinée du roi et de sa véritable nature. Qui est Ferrante ? Très vite, dès le premier acte, on s'est posé cette question et c'est la plus importante qu'on puisse se poser en lisant *La Reine morte*. L'auteur y a de plus en plus largement répondu. Maintenant, Ferrante va mourir et il n'a plus rien à nous dire que nous ne sachions déjà par Pedro, par l'Infante ou par lui-même.

C'est à ce moment que son regard se brouille, que tout se dénoue en lui et qu'il ne se comprend plus : « Toute ma vie, j'ai fait incessamment ce trajet ; tout le temps à monter et à descendre, de l'enfer aux cieux » (T, 173). Sur quel degré de l'échelle la mort va-t-elle le saisir et l'arrêter à jamais ? « Où suis-je ? » (T, 166).

Il vient de tuer. Il ne s'inquiète pas, cependant, d'impénitence ou de repentir, de châtiment ou de pardon. Son anxiété n'est pas d'ordre religieux, bien qu'il se sente « enveloppé de la main divine » (T, 173). Son trouble mortel est de ne pas se connaître, d'être dépossédé de soi, comme le héros de Marcel Aymé à qui l'on a pris son visage (*La Belle Image*) ; ou, mieux encore, comme le Verlaine du « rêve étrange et pénétrant », que nul ne comprend (et d'abord pas lui), hormis une femme inconnue et inaccessible. La prière de Ferrante est toute proche, pour le sens, du sonnet des *Poèmes saturniens* : « O mon Dieu ! dans ce répit qui me reste, avant que le sabre repasse et m'écrase, faites qu'il tranche ce nœud épouvantable de contradictions qui sont en moi, de sorte que, un instant au moins avant de cesser d'être, je sache enfin ce que je suis » (T, 176). Mais le sabre ne tranche rien que sa vie.

Chacun ces personnages de Montherlant a sa manière propre de réagir devant la mort. A cet égard, on reconnaît la grandeur de Ferrante à deux traits.

D'abord, il s'est dès longtemps préparé à mourir. Il a observé froidement en lui les effets de l'âge. Il a vu sa volonté se détendre, son intelligence et sa mémoire s'affaiblir (T, 160), ses « colères [devenir] des tristesses » (T, 162). Il est accablé par sa déchéance, mais il n'essaie pas de la nier. L'ironie de Montherlant s'est souvent exercée contre l'activité des vieillards. L'éloge de l'octogénaire de La Fontaine n'est pas son fait. Il n'épargne même pas son prédécesseur à l'Académie, André Siegfried, travailleur infatigable jusqu'à 84 ans (AF, 17-18). Parmi beaucoup d'autres pages (VJ, 81), la plus féroce sur ce sujet est celle qu'on peut lire dans *Le Chaos et la Nuit* (113), à propos de l'ambition des septuagénaires. Ferrante échappe à cet aveuglement. Il le raille chez les hommes de son âge. Lui se sait déjà à demi-mort : « Je meurs d'ailleurs depuis longtemps ; il ne s'agit que d'achever la chose » (T, 154).

D'autre part, il meurt debout et sans rien céder, cette fois, à la peur. Célestino (CN, 116) ne peut supporter l'idée de sa mort, il en est troublé pendant des années et, au dernier moment, renonce à la conviction de toute sa vie, pour se raccrocher à une prière, fût-elle absurde (CN, 277). « La plupart des hommes, à l'approche de la mort [changent] de vérité » (CN, 274). Ferrante, non. Sa seule angoisse est de curiosité sur lui-même à ce moment précis. L'au-delà n'inquiète pas ce croyant.

La mort d'Inès.

Le dénouement de la pièce pose un autre problème. Pourquoi Ferrante, après tant d'hésitations s'est-il décidé à tuer Inès ? S'il n'a pas pour elle la complaisance qui l'attire vers l'Infante, en plusieurs points semblable à lui, il est sensible cependant à la pureté de la jeune femme : « Quand elle regardait les étoiles, ses yeux étaient comme des lacs tranquilles » (T, 174). En quelques occasions il lui a témoigné de la bienveillance. Et il ne l'estime pas indigne d'entendre les confidences qui sortent du plus profond de son cœur.

C'est même la première explication du crime, suggérée par le Prince de la mer et par Egas : « Il forcera au silence sans retour ceux qui auront surpris son secret. — Il fera tuer la magicienne » (T, 164). L'ombre de l'Infante ne crie pas autre chose : « Il jette en toi ses secrets désespérés, comme dans une tombe. Ensuite il rabattra sur toi la pierre de la tombe, pour que tu ne parles jamais » (T, 167).

Cependant, ce mobile n'apparaît nullement dans la délibération finale de la scène VII. On ne retiendra pas non plus la raison d'État, qui n'est bonne que pour les discours, mais que Ferrante écarte nettement dans cette même scène. Faut-il donc croire que son acte soit inexplicable ? « Ma volonté m'aspire » (T, 174). L'aspire-t-elle comme une force brutale, absurde et gratuite ? Il semble qu'on peut y voir plus clair que lui et reconstituer l'enchaînement des raisons qui l'ont amené à tuer.

D'abord, mais cela il le sait : le plaisir de faire souffrir. Quand il torture Inès sur ses espérances maternelles, il a ce mot en aparté : « Je crois que j'aime en elle le mal que je lui fais » (T, 171). Mais ce n'est pas assez. Il est avide de plus de mal et de plus de plaisir : « Plus je mesure ce qu'il y a d'injuste et d'atroce dans ce que je fais, plus je m'y enfonce, parce que plus je m'y plais » (T, 174), cela quand il vient d'envoyer les assassins à la poursuite d'Inès.

Surtout, le crime d'Inès, c'est de représenter la jeunesse et de la représenter doublement : « Un enfant ! Encore un enfant ! Ce ne sera donc jamais fini ! (...) Encore un printemps à recommencer, et à recommencer moins bien ! » (T, 168). Ferrante est ce qui s'achève et ce qui désespère, il ne peut souffrir cette espérance et ce commencement. Dans son dernier livre, Montherlant, évoquant des excursions autour de Paris, au temps des Olympiques, écrit : « Les trains de six heures ramenaient des wagons encombrés de garçons aux voix suraiguës ou rauques, qui submergeaient quelques vieux au meurtre peint sur le visage, — le meurtre de ces jeunes qui les exaspéraient (11) » (MACA, 38). Ferrante est l'un de ces vieux.

Pourtant il supporte Inès jusqu'au moment où elle commet la maladresse qui décide tout et qui est de lui parler de sa souffrance et de son affaiblissement (T, 172) : « Je ne suis pas faible, doña Inès. C'est une grande erreur où vous êtes, vous et quelques autres. Maintenant je vous prie de vous retirer » (T, 172). Son parti est pris : elle est condamnée. On voit qu'Inès réussit (contre elle-même), là où Egas et ses conseillers ont échoué. Depuis le début du second acte, ils ont tenté d'obtenir sa tête en piquant l'orgueil du roi, en demandant de lui une preuve de force. Ferrante savait que c'était une ruse (T, 163). Il en observait le fonctionnement en connaisseur. Sans s'émouvoir. Mais Inès, si elle parle de faiblesse et si elle s'apitoie, ce n'est pas une ruse. Sa pitié est accablante. Il faut qu'elle meure.

Le silence final.

Montherlant a noté (VJ, 97 ; T, 1379) que plusieurs de ses pièces, et même de ses romans, se terminent sur un silence. Dans *Malatesta*, ce sont les feuillets du livre qui se consument. Dans *Fils de personne, Demain il fera jour, La Ville dont le prince est un enfant*, le rideau tombe sur un jeu de scène muet. *La Reine morte* utilise le procédé avec un grand déploiement de mise en scène. Mais au-delà du spectacle, on peut interpréter ce silence en diverses directions.

Chacun des personnages principaux, sauf Inès, emporte son secret. On ne revoit plus l'Infante, qui vogue vers sa patrie, mais sait-elle maintenant ce qui l'attirait vers Inès ?

---

11. L'exposition organisée à Paris (Maison de la Radio) en septembre 1973, à l'occasion du premier anniversaire de la mort de Montherlant, présentait les pages du manuscrit où figure cette phrase. Elle constitue une addition tardive, à l'intérieur de laquelle le mot *meurtre* a été substitué au mot *haine*.

Quel souvenir gardera-t-elle de son visage dans ses montagnes de Navarre ? Son ombre ne revient pas le dire. Egas Coelho, jeté en prison, parlera-t-il sous les tortures ? Révèlera-t-il jamais le motif de sa haine ? Il n'y a pas non pas non plus de réponse à cette question. Et Ferrante, quelles ont été ses dernières pensées ? Est-ce que, dans une suprême lueur, sa dernière prière fut exaucée ? Et comment règnera son fils incapable ? En tout cas la trahison de sa mémoire commence sans tarder auprès de son cadavre.

Le page Dino del Moro n'y reste agenouillé qu'un instant. Se souvient-il des mauvais traitements et des railleries du roi ? Ou des caresses maternelles d'Inès ? Ou n'a-t-il pas assez de cœur pour demeurer, seul devant tous, fidèle à celui qui, mourant, l'appelait son « petit frère » ? Montherlant s'est montré choqué (T, 1377) de ce qu'Alfred Fabre-Luce lui ait écrit, à propos de cette fin : « Vous n'y terminez pas sur votre note la plus forte. » La scène traversée sur la pointe des pieds par le « mauvais petit ange », la dernière volonté du mort immédiatement violée : nous sommes là, écrit-il, « à la pointe extrême de ce qui est pour moi l'émotion. » Le jeune acteur, Michel François, qui incarnait Dino del Moro, sera, quelques mois plus tard le Gillou de *Fils de personne*. Il reliera les deux drames, qui ont, au reste, d'autres points communs (T, 1379). Celui-ci est essentiel : le page andalou et le lycéen français sont deux garçons sur qui on ne peut pas compter. Pedro, roi du Portugal, ne pourra pas compter sur Dino, et il s'empressera certainement de lui accorder sa confiance !

Telles sont les questions, les hypothèses qui se lèvent dans ce silence final. C'est tout le contraire de l'épilogue des romans populaires où l'auteur règle soigneusement son compte à tous les personnages sans exception. C'est l'esthétique de l'inachevé, dont Montherlant s'est fréquemment réclamé. Elle permet tous les prolongements et tous les rêves, celui, par exemple, d'un quatrième acte, dont l'idée est esquissée en 1954 (T, 196) : « Dans l'acte final, non écrit de *La Reine morte*, on verrait Ferrante, grand, faible, assassin, pitoyable, mais qui a toujours vécu « enveloppé de la main divine », s'élever vers le ciel, emportant dans ses bras sa victime, et la présenter à Dieu : *l'Assomption du Roi des rois*. Pas besoin de la « sauvegarde » du petit faisan Dino del Moro. »

En citant *l'Assomption du Roi des rois*, Montherlant tient à marquer, à côté du drame de Guevara, l'une des origines de *La Reine morte*. Dans ce texte de janvier 1942 (E, 1437), par conséquent tout à fait contemporain de la pièce, il raconte, d'après le poète persan Firdousi, la retraite et la disparition mystérieuse, au sommet de l'Elbrouz, du fastueux roi de Perse, Khosrau. Ferrante et Khosrau ont sur la gloire, sur les hommes et sur eux-mêmes, les mêmes sentences désabu-sées : « C'est mon âme qui est épuisée et mon cœur qui est vide » (E, 1441). Et c'est de Firdousi (T, 198) que vient sans doute, dans *La Reine morte*, la couleur orientale de certaines images : « Je me suis écoulé comme le vent du désert, qui d'abord chasse des lames de sable pareilles à une charge de cavaliers, et qui enfin se dilue et s'épuise : il n'en reste rien » (T, 161).

Mais, en fait, il ne s'agit pas d'une source. Le type de Ferrante habite Montherlant depuis longtemps. Il le retrouve en lisant Firdousi. Mais c'était déjà, quinze ans plus tôt, le Minos des *Crétois*, dont aucun cri ne serait déplacé dans *La Reine morte* :

> « Sur ceux qui se confiaient avec joie j'abattrai ma patte.
> Et toute ma terre, à perte de vue, sera sous mon rugissement.
> Et je me reposerai enfin dans le rien que je convoite. »
> (R, 682).

La Reine morte, premier chef-d'œuvre de Montherlant au théâtre, recueille l'expérience amassée dans ses œuvres précédentes et annonce celles qui vont suivre. On rencontre-ra, dans chacune d'elles, de ces hommes soumis, comme dans un affrontement personnel, au Destin, heurtés à l'absurde, marqués par le vieillissement, déchirés entre le goût du pouvoir et celui de la retraite, de ces « Rois de douleur » (T, 156) dont Ferrante est le modèle :

> « Au large de la nuit il est d'étranges îles,
> pleines de rois pleurants qui lèchent leurs morsures. »
> (R, 680).

Mais on n'y entendra plus les chants d'amour et d'amour maternel de la reine morte. Montherlant n'a pas donné de sœur à Inès de Castro.

CHAPITRE III

LE MAÎTRE DE SANTIAGO

Le Maître de Santiago pouvait apparaître, en 1948, comme un retour, par-delà *Fils de personne*, drame moderne, à *La Reine morte*. Non seulement à cause des costumes, mais parce que don Alvaro Dabo rappelle, par certains traits, le roi Ferrante. D'abord, avec des nuances, ils parlent tous deux sur le même ton, qui n'est pas celui de Georges Carrion. Puis, ils ont en commun le mépris de leurs contemporains, la lassitude écœurée, le désir farouche de rompre et de s'isoler. Ils ne supportent pas la jeunesse, sa vigueur et ses ambitions. Chez l'un comme chez l'autre, cette irritation est plus forte que le plus naturel des sentiments, l'amour paternel. Ferrante s'écrie :

« Ah ! j'avais bien raison de penser qu'un père, en s'endormant, doit toujours glisser un poignard sous l'oreiller pour se défendre contre son fils. Treize ans à être l'un pour l'autre des étrangers, puis treize ans à être l'un pour l'autre des ennemis : c'est ce qu'on appelle la paternité » (T, 124). Et Alvaro :

« La trahison est toujours sous notre toit, et pas seulement à la cuisine, comme on le dit. (...) Dans les contes marocains, il y a un personnage classique : le père qui médite de faire tuer sa fille, parce qu'il la voit amoureuse » (T, 504).

Toutefois ce qui sépare les deux hommes, et les deux œuvres, est beaucoup plus important que ce qui les rapproche. Ferrante, par son âge, pourrait être le père d'Alvaro. Il le mépriserait sans doute, parce qu'il le jugerait, comme fait don Gregorio Obregon « pas très intelligent » (T, 493). Et Alvaro, qui n'a menti que quatre fois pendant toute l'année 1518 (T, 499), rendrait mépris pour mépris à ce maître menteur. Il n'y a aucune complication chez Alvaro. Ferrante n'est que complication. *Le Maître de Santiago*, drame d'une clarté élémentaire, se passe à Avila, en janvier 1519. *La Reine morte*, drame obscur, « *au Portugal, autrefois* », sans plus de précision. Montherlant a esquissé lui-même (T, 543) entre les deux pièces un parallèle qui explique comment, en quittant le palais de Ferrante pour la maison d'Alvaro, on éprouve d'abord une très forte impression de simplification.

111

LE MAÎTRE DE SANTIAGO
ŒUVRE D'ART

Le Décor.

Cette maison, les indications scéniques fournies par l'auteur la font voir avec une extrême précision. Pourtant, le texte est assez riche et assez chargé de poésie pour se passer de décor. Le rideau des Pitoëff, ou la muraille du château des Papes, suffirait à ce texte. Mais cette conception de la mise en scène est à l'opposé de celle de Montherlant. A cet égard, ses exigences sont beaucoup plus proches de ce qui se faisait chez Antoine, en 1910, que des réalisations du Cartel.

Les meubles et les accessoires sont l'objet, de sa part, de la même attention. Il est naïvement réaliste et répète volontiers qu'au théâtre : « de minimis curat praetor » (T, 289). « Au I du *Maître de Santiago*, raconte-t-il, les chevaliers de Santiago avaient de la neige (factice) à leurs bottes. Je passais souvent l'inspection des pieds, comme le demi-aile des *Olympiques* à ses équipiers de football, et faisais une histoire quand la neige, s'étant effacée aux bottes de l'un d'eux, n'avait pas été renouvelée. Chacun avait *plus ou moins* de neige à ses bottes. — Hélène Bourdan, durant une répétition de la même pièce, en janvier, dans une salle froide, frissonne. Je la supplie de refaire ce frisson à la représentation, une maison d'Avila, l'hiver, au XVIᵉ siècle (et toujours), devant être un endroit glacial. Elle le fait durant une semaine, uniquement pour me satisfaire. Puis l'abandonne, et j'y sens en elle une telle contrainte, que je n'insiste pas » (T, 290).

112

Ces détails risquent, bien entendu, d'échapper au public et les comédiens y voient volontiers d'inutiles minuties. Mais ils n'échapperont pas aux trois premiers rangs des fauteuils d'orchestre et c'est de là, seulement, estime Montherlant, qu'on peut juger une pièce. Il préfère se priver d'un spectacle, s'il doit le voir de plus loin (T, 291). Même exigence péremptoire dans *Les Bestiaires*, pour la corrida, cette fois (R, 405) et dans *La Petite Infante de Castille* (R, 611), mais ici moins purement artistique, puisqu'il s'agit du boui-boui de Barcelone, où se produit l'objet aimé ! Dans *Le Cardinal d'Espagne* Montherlant a même cette didascalie mélancolique, à propos de Jeanne la folle : « Il n'est malheureusement pas possible de montrer au spectateur (au-delà du troisième rang de l'orchestre) que ses ongles sont noirs » (T, 1129).

Comme on le voit, c'est du théâtre à la loupe ! Mais en même temps certains de ces détails prennent une importance extraordinaire et deviennent des symboles incorporés à la pièce et dont elle ne saurait en aucune façon se passer. C'est le cas de la neige qui raie le ciel de la Vieille-Castille. A travers les lourds barreaux de la fenêtre, on en voit quelques flocons tomber au premier acte : ciel lugubre, maison presque inaccessible. Au second, le lendemain, il ne neige plus, un espoir humain se lève dans le cœur de Mariana. Il semble se dessiner sur le ciel « d'un gris très limpide qui est propre à cette cité » (T, 496). A la fin de l'acte un pâle soleil vient éclairer l'avenir de la jeune fille. Au troisième acte enfin, la neige tombe sans arrêt, ensevelit la campagne d'Avila et, rompant toute attache terrestre, laisse enfin Alvaro et sa fille seuls en face de Dieu. Ainsi, de bout en bout, la neige souligne le développement de l'action et cet accompagnement visuel joue le rôle suggestif d'un fond musical. Avec moins de nuances, *Celles qu'on prend dans ses bras*, *Port-Royal* seront aussi des pièces marquées par un certain climat, une certaine température : une chaleur torride. Il s'agit bien d'un principe scénique.

Dans le même ordre d'idées, un jeu de scène du premier acte est significatif : malgré les conseils hygiéniques de la duègne, Mariana se jette avec avidité sur l'eau glacée que son père a fait généreusement préparer pour désaltérer ses hôtes : « Comme elle est fraîche ! Emportante (...) Je ne la bois pas : je la mange ! (...) Elle est glacée, et elle me brûle. On dirait que je mange du feu » (T, 481). Cette gourmandise de l'eau fraîche, gourmandise espagnole, est un goût de Montherlant lui-même (E, 988, 1164). En 1928, pris d'un accès de mauvaise humeur comique contre Grenade, il reconnaît cependant y avoir trouvé deux « perles » : le tramway et une citerne, « où l'on puise pour vous » (il va employer le mot de Mariana) « une eau emportante de fraîcheur » (E, 412). Plus tard, il déclare : « Si j'avais, pour l'alcool, le goût que j'ai pour l'eau glacée, il y a longtemps que je serais mort de cirrhose du foie » (E, 1164). Et il cite les références (E, 1164) des deux auteurs (car le « proverbe arabe » de Tia Campanita, T, 481, a deux sources et n'est qu'à demi arabe), qui lui ont appris que le rossignol et le lion sont les animaux les plus altérés : fièvre de l'art et fièvre de la guerre. Il n'a jamais manqué une occasion de prêter ce goût à ses personnages : Inès de Castro (T, 144) ; Marie Sandoval (T, 563) ; Jeanne la folle, avec sa « petite eau », « passée dans la neige » (T, 1135) ; Celestino (CN, 105, 258). Il cite, au moins deux fois (E, 987 ; T, 425), le dernier désir, au moment de mourir, de Néron, Othon, Julien : boire un peu d'eau fraîche, et il a ce commentaire bizarre : « Il n'y a sans doute pas plus d'une trentaine de personnes, en ce temps-ci, *dans le monde entier*, pour être touchés par de tels traits » (T, 425).

Quel est le secret de ces initiés ? sans doute se reconnaîtraient-ils entre eux d'abord à l'éminente dignité qu'ils accordent à la sensation : c'est sur une sensation, non sur une idée qu'ils chercheront à s'appuyer à l'instant suprême. Puis à l'alliance d'une extrême violence et d'une extrême simplicité. Ils rugissent de désir pour l'objet dont ils ne peuvent se passer, mais ce peut être pour une gorgée d'eau. Mariana est ainsi. On saura au troisième acte jusqu'où peut aller sa passion pour *l'unum necessarium*. On pourrait le deviner dès maintenant à la voir saisir ce gobelet et cette aiguière. Glace au-dehors, feu au-dedans, « elle est glacée et elle me brûle. » Telle peut être, chez Montherlant, la signification d'un simple accessoire.

Structure de la pièce.

Le Maître de Santiago relève d'une certaine conception de l'œuvre dramatique à quoi se rattache *Fils de personne*, et que Montherlant a donnée comme nettement différente de celle qui a inspiré *La Reine morte* et *Port-Royal*. *Fils de personne* a d'abord été un roman dont il a élagué les ornements et les digressions pour le réduire aux proportions d'un drame. Il a écrit *Le Maître de Santiago* selon le même principe : « Les mouvements d'Alvaro et de Mariana pouvaient faire l'objet d'une étude fouillée. Je crois que la pièce exprime tout autant en ne montrant de ces mouvements que l'essentiel, et comme l'armature » (T, 284).

Cet *essentiel* est intérieur, ici comme dans tout le théâtre de Montherlant. On verra les rapprochements que l'on peut suggérer entre Alceste et Alvaro. *Le Misanthrope* est l'une des pièces les plus dépouillées et les plus purement psychologiques de Molière. Mais on y aperçoit tout un jeu de ressorts dont Montherlant n'a pas voulu s'embarrasser. Il n'y a pas d'Oronte, ni de marquis, ni d'Arsinoé, dans l'austère maison d'Avila. Mais surtout, il n'y a pas de Célimène, ni rien qui ait son pouvoir. La pièce de Molière est construite sur la contradiction qui oppose la misanthropie d'Alceste et son amour pour une coquette. Labiche, dans *Le Misanthrope et l'Auvergnat*, a accentué le trait. Au lieu de peindre l'illogisme, les hésitations, les retours, la surimpression de la passion amoureuse sur la passion de l'honneur, il a mis chez le même personnage, en deux blocs, d'abord toute la misanthropie, toute l'horreur du mensonge, ensuite toute la vanité, toute l'horreur de la vérité. De là naît le comique, deux sortes de comique, inégalement subtils.

Mais faut-il préciser qu'à la différence de *La Reine morte* et de *Port-Royal*, il n'y a pas trace de comique dans *Le Maître de Santiago* ! Alvaro ignore les contradictions et les palinodies. Il est un pur fanatique et parlerait à Alceste, s'il le rencontrait, comme Alceste parle à Philinte.

Les Alceste de la vie courante trouvent, un jour ou l'autre, plus Alceste qu'eux, et c'est ce qui arrive au Chiffonnet de Labiche. Alvaro, lui, s'est porté d'emblée à une limite qui ne risque pas d'être débordée. Sa fugitive hésitation du troisième acte ne compte pas. Si bien que le drame, en définitive, ne peut reposer sur lui.

Du point de vue de l'action, la reine morte ne joue évidemment pas le premier rôle dans la pièce qui porte son nom. Le maître de Santiago, lui, est bien le personnage principal et, cependant, s'il n'y avait que lui, inébranlable et immuable, il n'y aurait pas de pièce. Le principe du mouvement est donc ailleurs. La seule question, *l'armature* de l'intrigue, concerne Mariana, non Alvaro. Penchera-t-elle du côté du monde, ou du côté de la grâce ? Elle n'est pas comme son père, elle hésite. Mais pas longtemps. Dès que sa volonté s'immobilise, la pièce est finie.

Il n'est pas étonnant qu'elle soit si courte, la plus courte de tout le théâtre de Montherlant, hormis *Demain il fera jour*. Rien de plus net que le dessin de l'ensemble.

L'exposition est beaucoup moins originale que celle de *La Reine morte*. Elle a recours à un procédé classique : le héros n'est pas en scène ; il est présenté par les propos des deux femmes, de façon que la curiosité du spectateur soit vivement éveillée à son égard. Mariana et la duègne (qui ne reparaîtra plus), couple traditionnel de la princesse et de la confidente, se disent des choses qu'elles devraient savoir toutes deux depuis longtemps, non sans que l'auteur tente de prévenir partiellement cette objection : « Si c'est une histoire où mon père a eu le beau rôle, c'est exprès qu'il ne me l'a pas racontée... » (T, 482).

Chacun des trois actes est centré autour d'un refus d'Alvaro. Il dit *non* aux membres de l'Ordre, *non* à Bernal, *non* au comte de Soria. Après les délibérations du premier acte, le deuxième et le troisième se réduisent l'un et l'autre à des dialogues où ne paraissent plus que trois personnages. Le drame se rétrécit jusqu'à la scène finale. Il a commencé par un bavardage, il se termine par une prière. Le rapport de ces deux scènes indique le mouvement et donne la formule de toute la pièce.

Le Dialogue.

Le dialogue, dans *Le Maître de Santiago*, n'évite pas toujours l'académisme. Le souci de la perfection y est peut-être trop visible, et il arrive que ce soit aux dépens de la vie. Mais, une fois admis qu'il s'agit d'une œuvre d'art, où rien n'est laissé au hasard, on ne peut qu'admirer la vigueur et l'élégance de cette technique souveraine.

C'est, d'abord, un dialogue très soigneusement construit, ce qui apparaît à la lecture plus qu'à la représentation. Il est jalonné par des points de repère et des répétitions, qui mettent en lumière *l'essentiel*, à quoi Montherlant entend ramener le drame. C'est ainsi que le dernier mot, qui résume tout : « Une seule chose est nécessaire (...) Unum, Domine ! » (T, 520), a déjà été prononcé deux fois dans ce qui précède, d'abord par Alvaro, au second acte (T, 502) puis par Mariana, au troisième (T, 507). Ils peuvent maintenent le dire d'une seule voix, quand le rideau va tomber, quand pour la première fois Mariana tutoie son père, qui pour la première fois l'a tutoyée au début de la scène V. Et cet autre mot, qui est la clef de toute l'action et des « opérations mystérieuses » qu'évoquent *Les Garçons* : « Un rien imperceptible... », Mariana le dit à son père à la fin du troisième acte (T, 518). Elle l'a déjà murmuré pour elle seule, au début de ce même acte (T, 512).

Ces préparations ne nuisent en aucune façon à l'élégance du texte. Elégance un peu froide, qui tient à une première particularité : les personnages se coupent rarement la parole. (Et pourtant les tirades sont rares. Alvaro n'a pas l'indignation aussi abondante que Ruy Blas ou Hernani !). Il n'y a guère de points de suspension dans le texte. Ils sont caractéristiques des communications incertaines et floues, c'est-à-dire qu'ils seraient opposés à l'esthétique de la pièce : *pas la nuance, rien que la couleur* ! des couleurs plates et qui tranchent carrément les unes sur les autres. Que personne n'ose interrompre Alvaro, cela va de soi, mais lui-même s'impose la même contrainte à l'égard de ses interlocuteurs ; ce violent respecte les règles de la courtoisie.

On peut compter les exceptions, il n'y en a que cinq ou six et elles sont d'autant plus frappantes.

Il en résulte que chaque réplique a plus d'indépendance qu'il n'est habituel. La scène apparaît alors comme un montage adroit, un peu rigide parfois, de phrases achevées dont chacune est assez lourde de sens et fait assez appel à la réflexion pour se suffire à elle-même. C'est une technique de juxtaposition, plutôt que d'échange, et qui rappelle la stichomythie antique :

> « SORIA : Et maintenant, Monsieur, je n'ai pas à vous apprendre ce qu'est un désir du Roi.
> ALVARO : Tout ce que je suis s'oppose à une telle détermination.
> SORIA : On peut être infidèle à soi-même quand c'est pour être fidèle au Roi.
> ALVARO : Je n'ai pas les capacités qu'il faut pour réussir au Nouveau Monde.
> SORIA : On ne vous demandera que votre présence et le bienfait qui émane d'elle » (T, 514-515).

Ce « chacun pour soi » est tellement dans l'esprit de la pièce que même dans la communion du père et de la fille au troisième acte, on retrouve deux cheminements parallèles plus qu'une véritable symphonie de prières.

Le risque est celui de la lenteur :

> « ALVARO : La foudre ne sait que détruire. Mais la germination se fait dans un profond silence, enfouie, insoupçonnée de tous.
> SORIA : Sans doute. Il peut arriver même que le recueillement soit aussi de l'action, comme il l'est chez vous » (T, 513).

On sent que les gentilshommes qui échangent ces propos ne sont pas pressés ! et l'on est presque tenté de les bousculer un peu ! Mais le dialogue s'anime de différentes manières. Ou bien Montherlant use de l'anaphore (T, 491), ou bien il introduit — dans la dernière scène — un rythme saccadé où chaque réplique comporte une répétition haletante (T, 519). Et surtout, comme dans le troisième acte de *La*

Reine morte, il met de place en place dans le dialogue un petit tableau, une anecdote où s'arrête l'imagination. C'est l'édifiante histoire des salières d'argent (T, 482). C'est le croquis de la commanderie en ruine ou « des ânes [sont] à l'attache dans la salle du chapitre » (T, 480). C'est encore cette image de l'hiver en Vieille-Castille : « la neige casse sous son poids les branches des arbres... » (T, 513) où passe peut-être une réminiscence de l'ode d'Horace : *Vides ut alta stet*... L'histoire du chevalier teutonique, elle, (T, 484), ne doit rien aux lectures d'Alvaro. Elle vient directement de celles de Montherlant enfant ; il l'a empruntée à son cher Sienkiewicz (E, 1425) (1). Quand les livres ne lui offrent aucun souvenir, il invente et fabrique brillamment du *romancero* (T, 510, 531).

Le texte serait trop constamment tendu, s'il n'était coupé par ces moments de récréation qui l'assouplissent et l'humanisent. Ce sont, dans ce drame tout intérieur, des ouvertures vers le dehors et comme une heureuse aération du dialogue.

---

1. Henryk Sienkiewicz : *Les chevaliers teutoniques*, roman héroïque traduit du polonais par le Comte Wodzinski et par B. Kosakiewicz, préface de J. H. Rosny. Paris, Bibliothèque-Charpentier, 428 p., 1905.
L'anecdote raconté par Alvaro se situe au chapitre 15 du livre III : « Le Sacrifice », pp. 198-204. Tous les détails donnés par Montherlant sont exacts, mais il en a supprimé quelques-uns. Jurand de Spychow, guerrier gigantesque, qui sème l'épouvante partout où il passe, s'humilie à la porte du château de Scytno, où sa fille, Danousia, est séquestrée. Il reste un jour et une nuit à attendre que ses ennemis consentent à faire baisser le pont-levis. On lui jette des os, des boules de neige. Il demeure impassible sous les outrages. Il devra finalement descendre de son cheval, rendre ses armes, s'envelopper d'un sac et se mettre la corde au cou. Mais Jurand n'est pas un chevalier teutonique. Au contraire, c'est un Polonais, leur ennemi mortel. Les Teutons sont, dans le château, ses persécuteurs. C'est la seule infidélité de Montherlant. Peut-être ne s'est-il pas reporté au livre de son enfance. Ou plutôt, il a jugé que *Polonais* aurait moins de vraisemblance que *Teutonique* dans la bouche d'Alvaro et risquerait de faire apparaître le placage.

Montherlant écrivain.

Il n'y a pas de différence fondamentale entre la langue de *La Reine morte* et celle du *Maître de Santiago*. On peut cependant dégager l'originalité de cette dernière pièce sur quelques points.

Santiago est écrit dans une langue poétique qui est souvent très proche du vers classique. On y rencontre, beaucoup plus que dans *La Reine morte*, des membres de phrase qui ont le rythme de l'alexandrin, des alexandrins libres.

Ferrante disait, presque comme Néron chez Racine :

> « Je crois que j'aime en elle le mal que je lui fais » (T, 171).

De telles cadences sont ici bien plus fréquentes :

> « Il m'a créée, je l'aime et c'est lui que je fuis » (T, 512).
> « Je t'ai donné la vie : tu m'as rendu la mienne » (T, 517)
> « Ce petit personnage, ce fils de don Bernal » (T, 518)
> « Partons du vol des aigles, mon petit chevalier » (T, 519).

Ailleurs, c'est l'alexandrin régulier de frappe toute classique :

> « J'ai péché contre toi bien des fois dans ma vie. »
> « Mon père par le sang et par le Saint-Esprit... »
> « Laisse-moi t'entraîner dans ce Dieu qui m'entraîne. »

et surtout ce très beau vers :

> « Mais toi, tu m'aimais donc ? Tu m'aimais, chose étrange ! »

Tous ces exemples sont pris dans une seule page : T, 517, de la scène dernière.

Plutôt que de croire à une recherche systématique de ce rythme, on peut supposer qu'il s'est imposé naturellement à Montherlant, de même qu'il a sans doute écrit sans le vouloir, sur Avila de nuit, ce quatrain qui commence comme un poème de *Sagesse* :

> « Du fond des ruelles
> Etroites,
> Que les étoiles
> Semblent belles ! » (T, 488).

Et c'est sans doute sans le vouloir aussi qu'il fait écho à l'*Oraison funèbre d'Henriette de France* : « Le Dieu qui règne dans les cieux a voulu... » (T, 488) ; à *Polyeucte* : « Approbation du monde, que me voulez-vous ? » (T, 514) ; aux *Méditations* : « Un rien imperceptible et tout est déplacé... » (T, 512).

Au contraire, relèvent d'une intention parfaitement lucide des *latinismes*, comme : « La gloire ne vous manque-t-elle pas, vous qui l'aviez si claire jadis ? » (T, 489), « Je ne sais quel cacique, interrogé qui était le Dieu des Espagnols... » (T, 502) ; des archaïsmes de vocabulaire : « leurre » (T, 516), ou de style : « Ce que je connais du meilleur nom est des plus francs sur ses intérêts » (T, 502).

Il est vrai que ces procédés ont déjà paru dans *La Reine morte*, comme s'y remarquait déjà, aussi, le goût des maximes. Il semble toutefois que celles-ci sont sensiblement plus nombreuses dans *Santiago*. Alvaro surtout n'en est pas avare et il y est maître ! Un des rares cas où l'effet n'est pas atteint fait comprendre le procédé : « Je suis sévère pour ceux qui offensent mes principes, même quand ils sont de mes amis. Et indulgent pour ceux qui m'offensent en tant qu'homme » (T, 499). Il y a, là, l'antithèse, le sens de l'exception. La phrase traîne cependant. Que manque-t-il ? Plus de concision peut-être, une image, une surprise d'expression, une certaine brusquerie agressive. Mais pour un échec, que de réussites ! Il faut faire effort pour se rappeler qu'Alvaro est un personnage imaginaire, tant il a naturellement le ton du mot historique : « Je ne tolère que la perfection » (T, 503). Ou bien : « C'est là-bas, dit-on, que, la veille de la prise de Tlemcen, vous avez prononcé cette parole étrange : *La victoire est assurée, mais elle ne vaut pas d'être remportée.* » A quoi, il répond superbement : « Je ne me souviens pas. Cela est possible.... » (T, 486).

On se croirait chez Tite-Live et on s'y croirait constamment. Ce style se soutient en effet sans défaillance dans toute la pièce et Montherlant n'a jamais cédé à l'idée d'y piquer, ici ou là, une formule moderne. Jamais, ou une seule fois : « Le Roi veut envoyer aux Indes des Espagnols bien, pour l'autorité morale de l'Espagne » (T, 509). Ces *Espagnols bien* sont-ils là par l'effet d'une distraction de l'auteur ? En tout cas, le mot *bébé*, deux fois employé dans *La Reine morte*, (T, 111, 147), s'y trouvait bien intentionnellement. Ces ruptures rarissimes contrastent avec les habitudes d'Anouilh et de Giraudoux qui mêle aux propos d'Alcmène, les expressions d'une bourgeoise parisienne de 1925. Mais Montherlant n'aimait guère Giraudoux (T, 1355 ; E, 879), pas assez héroïque à son gré. Les anachronismes, même discrets, n'entrent pas dans son esthétique. Ils sont d'abord une facilité, puis une sorte de manque de respect à l'égard de l'œuvre où ils s'introduisent et à l'égard de l'Histoire, deux points sur lesquels Montherlant n'a jamais cessé de manifester, en artisan traditionnel, les plus étroits scrupules.

Figures et Images.

C'est en artisan aussi qu'il a recours aux vieilles figures de la rhétorique : *la métonymie* : « Je sais que vous vous occupez avec zèle des hospices de Santiago. Vous avez troqué l'épée pour le voile de Véronique » (T, 513) ; *l'allégorie*, comme dans ce tableau de la déchéance espagnole : « Une reine, l'Imposture, avec pour pages le Vol et le Crime, à ses pieds. L'Incapacité et l'Infamie, ses deux sœurs, se donnant la main » (T, 491) ; *l'apostrophe* : « Race de la rigueur, que vous êtes malheureuse ! » (T, 501).

Ces différents procédés sont maniés avec une habileté qui demande en chaque cas un examen attentif. Par exemple, si l'épée et le voile de Véronique semblent relever d'une imagerie poussiéreuse, qui sent le musée et la sacristie, il faut prendre garde que ces accessoires apparaissent dans une réplique du Comte de Soria. C'est un mondain, un homme de Cour. Il serait surprenant qu'il parle juste. Il lui convient, au contraire, d'emprunter un langage mielleux et dévot qu'il croit propre à convaincre Alvaro. Mais celui-ci s'exprime sur un tout autre ton : « Race de la rigueur, que vous êtes malheureuse ! » C'est se rattacher orgueilleusement à une lignée, se compter parmi le petit nombre des cœurs inflexibles, leur demander appui, les faire surgir devant l'interlocuteur, c'est dire *Nous*, quand *Je* ne suffit plus. On voit que dans un tel usage, la rhétorique n'est pas gratuite. La figure n'est plus un ornement, elle fait corps avec la pensée.

Il en va de même pour les images. Il faut, devant chacune d'elles, se demander quelle est sa nécessité, son origine, sa portée, son degré de nouveauté ; dans quelle mesure l'auteur s'y engage-t-il ? ou s'il feint qu'elle soit de l'invention du personnage ?

Certaines images de *Santiago* jouent un rôle très important. Elles portent l'idée et orientent l'action. Comme Ferrante (T, 166) et comme l'Infante de Navarre (T, 108), Alvaro est un crucifié. La comparaison avec le Christ en croix apparaît à la scène 2 de l'acte I (T, 484). Au troisième acte, c'est cette image-là (T, 516) qui décidera de la conversion de Mariana (2). Ailleurs, « Les flocons de neige descendent comme les langues de feu sur les apôtres » (T, 519), le caractère contradictoire de la comparaison a valeur de démonstration et fait éclater l'erreur d'Alvaro.

Le plus souvent les images de *Santiago* sont introduites directement. La métaphore s'accorde mieux que la comparaison avec le caractère abrupt de la pièce. La métaphore sied mieux à don Alvaro, la comparaison à tel ou tel de ses compagnons. On l'observe avec précision dans l'évocation de la Sierra Nevada, le jour de la prise de Grenade. Montherlant part de sa propre expérience, une chose vue en 1928 : « La Sierra Nevada, suspendant dans le ciel ses neiges pareilles à des nuages blancs » (E, 411). Il en tire, pour don

---

2. Cette image du dormeur crucifié vient de très loin dans le souvenir de Montherlant. L'enfant de *Fils des autres* a déjà cette attitude (*Fils de personne*, éd. 1944, p. 177).

Fernando de Olmeda, une comparaison : « Moi, la neige me rappelle toujours les neiges éternelles de la Sierra Nevada qui nous dominaient tandis que nous entrions dans Grenade, il y a vingt-sept ans. Tout le ciel, en janvier, était un ciel bleu de juin, et on aurait dit, ces neiges, les linceuls de nos ennemis suspendus en plein ciel. Et nous pleurions de douceur, parce que l'Espagne était enfin l'Espagne » (T, 485). Immédiatement après, il appartient à don Alvaro de brusquer la vision : « Le soir de Grenade, j'ai contemplé Dieu dans son manteau de guerre. Il avait l'air d'un arbre auquel, après le combat, les combattants ont suspendu leurs épées » (T, 486).

Alvaro n'a pas besoin d'*ainsi* et de *pareil à*. Il dit simplement : « Comme je forçais sur mes ancres pour cingler vers le grand large ! » et dans la même scène (T, 517) : « Tu faisais ton cours le long du mien dans les ténèbres ; je ne l'entendais même pas couler. Et puis, tout d'un coup, nos eaux se sont confondues, et nous roulons vers la même mer. » La grandeur de l'imagination lui est naturelle, les accents bibliques, comme chez Léon Bloy : « Mon pain est le dégoût » (T, 493). Cette coloration violente de l'abstrait maintient la pièce dans le sublime. On a vu, à propos de *La Reine morte* que ce sublime parfois s'applique mal à la simplicité de l'idée : « Roule, torrent de l'inutilité » (T, 488) est une splendide formule, trop splendide, si l'on s'avise de penser à ses équivalents prosaïques : *Je ne vous écoute pas, Vous perdez votre temps,* voire *Cause toujours* ! La noblesse du langage et du maintien ne doit pas se démentir, dans une tragédie : le comique la guette. Elle ne doit pas non plus se manifester à propos d'objets indignes, sous peine d'éveiller l'ironie. Mais l'ironie perd toujours sa peine avec *Le Maître de Santiago.*

« LE FABULEUX MÉTAL »

Origine de *Santiago*.

   Le Maître de Santiago a été créé en 1948 avec un très grand succès et sans soulever de passion. Il est certain que si le public parisien avait découvert la pièce dix ans plus tard, en pleine crise algérienne, il y aurait vu une œuvre de combat, jaillie de l'actualité la plus aiguë. En 1948, ce qui semble primordial dans le drame, c'est la conception du catholicisme qui s'y trouve illustrée. Le débat sur l'orthodoxie d'Alvaro masque le problème colonial, alors au second plan des préoccupations françaises. C'est ce problème, cependant, qui s'est d'abord posé à l'esprit de Montherlant :
   « La graine dont est sorti en entier le *Santiago* est une petite phrase lue en 1933 dans je ne sais quel historien et qui était à peu près : *Quelques années après la découverte de l'Amérique, il y avait nombre de vieux Espagnols à juger que cette découverte était un malheur pour l'Espagne.* Cette phrase rejoignait la pensée qui m'était venue dix ans plus tôt, quand je visitai pour la première fois Barcelone, devant la statue élevée à Colomb : *Voici une statue que les Espagnols feront bien de mettre à bas, un de leurs jours de révolution* » (T, 521).

Montherlant africain.

   Si cette petite phrase a germé dans l'esprit de Montherlant, c'est qu'elle y trouvait un terrain préparé par les trois années qu'il venait de passer en Afrique du Nord, à Alger surtout et dans le bled. Il y avait recouvré, au sortir d'une longue crise, l'équilibre et le bonheur : « 1930 fut l'année où je retrouvai mon équilibre. Depuis 1930 j'ai été très heureux. », dit-il en 1935 dans l'avant-propos de *Service inutile* (E, 582). Si heureux, qu'à l'exemple de Beyle qui se voulait citoyen milanais, il se tenait, lui, en 1933, pour « citoyen algérois » (UAM, 5).

Ces années lui avaient, en même temps, permis de se familiariser avec la vie des Européens et des indigènes et d'étudier les rapports des deux races sur le sol algérien. Tandis que la France, sûre de son bon droit et fière de sa mission civilisatrice, célébrait en 1930 le centenaire de son établissement à Alger, tandis que, l'année suivante, l'Exposition coloniale, admirablement organisée par Lyautey, exaltait le même idéal, Montherlant, dans le détail de la vie quotidienne, se livrait à une critique de ce droit, de cette mission, de cet idéal et ce qu'il croyait y découvrir, c'était, trop souvent, l'injustice.

Il voyait moins ce qui rapprochait les deux communautés, la bonne humeur, la camaraderie de la guerre, l'attachement à une même terre, que ce qui les opposait : l'inégalité de fait et de droit, la relation *maîtres-serviteurs*. Plutôt que d'observer ce qui était à porter au crédit des maîtres, il était sensible à leurs fautes et à leurs erreurs, comme dans cette note algérienne de 1930-1931 : « Le capitaine qui, au bar, dit au petit vendeur de journaux juif : « Tu ne peux pas enlever ta casquette, non ? Il y a des dames ici » (ses dames sont des morues). Un instant après, il essuie ses souliers avec la portière en velours » (E, 978). On voit que ce qu'il reproche alors au colonialisme, ce n'est pas tant de reposer sur la violence, la corruption et le culte du « fabuleux métal », c'est d'abord de manquer à une morale de la qualité.

C'est aussi d'être construit sur l'inégalité. Entre le fort et le faible, Montherlant est naturellement porté vers le faible. (« Dans l'escalier, je salue la gouvernante et morgue la maîtresse ; cela est plus fort que moi » ; E, 1007). A ses yeux, le peuple colonisé, l'ennemi vaincu ont droit à la générosité du colon ou du vainqueur. Il constate que, trop souvent, ce droit n'est pas respecté, ni dans la paix, aux colonies, ni dans la guerre. Son anti-colonialisme vient de là. L'histoire authentique « de ce soldat espagnol qui a été pendu comme traître, parce qu'il avait donné des soins à un Indien blessé » (T, 489) éveille en lui de profonds échos. Il faut, pour le comprendre, lire ces pages du *Songe* (R, 141, sqq.), qui sont au nombre des plus émouvantes qu'il ait écrites, et où l'on voit, pendant la guerre, Alban de Bricoule, sous les regards hostiles de ses camarades et de ses chefs, réconforter un prisonnier allemand qui va mourir. L'estime pour l'adversaire malheureux, le respect à l'égard du subordonné sont parmi les premiers principes de la morale de Montherlant. C'est par cette réaction, fondamentale chez lui, qu'il s'est senti fréquemment isolé de beaucoup de ses compatriotes (et, en même temps, proche de Romain Rolland ; E, 237). Si elle ne respecte pas ces principes, l'œuvre colonisatrice est, dès l'origine, irrémédiablement viciée, condamnée à périr : « Nous perdrons les Indes, dit Alvaro. Les colonies sont faites pour être perdues. Elles naissent avec la croix de mort au front » (T, 490).

La Rose de sable.

Cette révolte chevaleresque contre le fait colonial explique que Montherlant ait remarqué en 1933 la phrase qui est à l'origine de la pièce. Elle n'explique pas que le sujet soit resté assez profondément inscrit en lui pour que, pendant douze ans, (T, 522), il ait attendu de trouver la situation dramatique où le traiter. D'autres raisons plus intimes ont joué. On les devine à lire *La Rose de sable* (3).

Dans le bonheur sensuel du lieutenant Auligny, il est clair que l'auteur a transposé ses propres souvenirs. La répercussion de ce bonheur sur les idées de l'officier, la passion amoureuse qui aboutit à l'amour d'une cause et d'un peuple, relèvent très vraisemblablement de son expérience personnelle. Ces sentiments sont tout à fait étrangers au climat du *Maître de Santiago*, mais ils expliquent la violence avec laquelle Alvaro défend la cause des Indiens contre les

---

3. Voir ci-dessus p. 74.

Espagnols. Ce contempteur forcené de la sensualité se fait, sans le savoir, l'écho de l'amour humain.

Cet amour inverse les jugements d'Auligny. Il n'avait jamais douté de la supériorité de sa race, il traitait les indigènes avec, au mieux, un mépris cordial, traversé de quelques éclairs de bienveillance. Il découvre chez certains d'entre eux une noblesse inattendue. Une vieille Saharienne (RS, 370) se présente à lui, avec, dans le visage et le maintien, une dignité, une finesse, qui « évoquaient une abbesse, une de ces abbesses du XVIIe siècle en qui s'harmonisaient sans heurt la mansuétude conventuelle et la roide conscience du rang » (RS, 371). De même, dit Alvaro, « c'est chez les Indiens qu'on retrouve cette haute et saine indifférence à l'égard des choses d'ici-bas » (T, 502) qui était, avant la conquête du Nouveau Monde, le propre des hidalgos. On aperçoit Port-Royal derrière les deux textes, Port-Royal, qui entretient un réseau de liaisons secrètes entre presque toutes les œuvres ébauchées ou achevées par Montherlant après 1930.

Le Maître de Santiago ne s'éclaire complètement qu'à partir de *La Rose de sable,* mais il serait facile de souligner tout ce qui sépare les deux œuvres. *Santiago* est l'histoire d'un héros inflexible. *La Rose* raconte celle d'un héros hésitant et mou. Chacune des deux techniques, la dramatique et la romanesque, convient à merveille à l'un et à l'autre. Le drame sabre tout ce qui n'est pas essentiel et fait éclater la résolution d'Alvaro. Le roman analyse, s'attarde, revient en arrière, épouse les tergiversations d'Auligny. Tout apparaît du premier coup dans le drame, tout est expliqué dans le roman. Un peu trop expliqué, parfois, surtout dans la deuxième partie qui, à l'exemple de *Jean-Christophe* et de *L'Ame enchantée,* n'évite pas toujours la dissertation. Il y aurait bien d'autres rapprochements, d'ailleurs, entre Montherlant et Romain Rolland (4). Et ce que l'un a dit, dans *Le*

---

4. La scène du prisonnier, dans *Le Songe,* évoque un épisode de *Mère et Fils* (*L'Ame enchantée,* éd. Albin Michel, un vol., p. 536) et mainte page d'*Au-dessus de la mêlée* (« Inter arma caritas. »)

Maître de Santiago, sur les colonies, l'autre l'avait déjà dit, quarante ans plus tôt dans un drame paru aux *Cahiers de la Quinzaine* en mars 1903, et consacré à la guerre des Boers : *Le Temps viendra*.

Le débat sur la colonisation.

Pourtant, chez l'un comme chez l'autre, la condamnation du colonialisme se nuance de réserves. *Le Temps viendra* n'est pas une œuvre sommairement anti-anglaise. Les Boers n'y sont pas épargnés. De même, on sera sensible à l'objectivité de Montherlant dans *Le Maître de Santiago*.

« Toute chose en ce monde, écrit-il dans la Postface, [mérite] à la fois l'assaut et la défense, et (...) nous devons nous dire de quelque vérité que nous habitions ce que tout homme marié s'est dit une fois au moins de sa femme : *Pourquoi celle-là* ? » (T, 521).

C'est aller plus loin encore que Romain Rolland dans la voie que celui-ci a ouverte. Un des textes les plus éclairants sur la pensée de Montherlant (« Syncrétisme et Alternance » ; E, 237) comporte précisément un éloge assorti d'un reproche à l'égard de Rolland. *Au-dessus de la mêlée*, défendant l'Allemagne contre la xénophobie française, oppose l'Allemagne de Gœthe et celle d'Attila. Mais puisqu'il s'agit de tout comprendre, pourquoi ne pas tenter de comprendre Attila ! « Oui, tout le monde a raison, toujours (...) Le père qui trouve son petit garçon odieux, et le petit garçon qui trouve son père odieux. Le Marocain et le gouvernement qui le mitraille. Le chasseur et le gibier » (E, 239). On dira que ce texte est antérieur (1926) à l'expérience nord-africaine. Mais, que *toute chose mérite à la fois l'assaut et la défense*, c'est vingt ans plus tard que Montherlant l'a écrit. Il est donc certain qu'à ses yeux on peut plaider le dossier des expéditions coloniales et critiquer les campagnes hostiles dont elles sont l'objet.

Cela apparaît dans le premier acte du *Maître de Santiago* (le débat sur cette question est en effet à peu près exclusivement limité à cet acte : la pièce abandonne en chemin son sujet initial). Sans doute, il y a là toute la violence d'Alvaro, inspirée de sentiments que Montherlant comprend, qu'il partage ou a partagés. Il y a cette idée que la conquête repose, ainsi qu'il est dit dans *La Rose de sable* sur une masse de forfaits qui, si on les amassait, « ferait une montagne qui irait jusqu'au ciel » (RS, 424) ; cette idée que la conquête est indissolublement liée chez le conquérant à toutes les formes de l'abaissement moral et pas seulement à l'esprit de lucre ; le « fabuleux métal » qui enfièvre l'imagination des conquistadores n'est que l'aspect le plus visible du poison moral qu'ils rapportent des Indes ; cette idée, aussi, que la conquête est absurde. Comme le crie la Reine dans *Le Cardinal d'Espagne*, il est dérisoire de prétendre apporter aux autres la civilisation tant que l'on n'est pas soi-même civilisé. C'est dans les mêmes sentiments que Montherlant, vers la fin de sa vie, refuse d'admirer les explorations interplanétaires : l'humanité est bien vaine de s'en flatter quand, depuis tant de siècles, elle s'est montrée incapable de régler, pour commencer, les problèmes qui se posent sur notre globe terraqué ! (VJ, 80).

Une note des carnets de 1931-1932 analyse l'absurdité propre aux aventures coloniales du Siècle d'or : les conquistadores finissaient, presque tous, leur vie dans la misère, désavoués, emprisonnés, exécutés. C'était bien la peine d'avoir, au service d'une mauvaise cause, et par des moyens « hideux », déployé une « énergie surhumaine pour laquelle on voudrait les adorer » (E, 1034).

On voudrait les adorer ! Montherlant se trahit dans cette phrase : son cœur n'est pas entièrement du côté des « Indiens ». A bien regarder la scène où les chevaliers de Santiago débattent du problème, on s'aperçoit d'ailleurs que l'auteur s'est soigneusement gardé de les ridiculiser. Olmeda n'a pas les travers que l'on prête aux anciens combattants ; Letamendi, malgré ses dix-neuf ans, n'est nullement un écervelé. Les objections qu'ils adressent à leur hôte, les réponses qu'ils font à ses critiques, peuvent très bien se défendre (T, 488-491). Il n'est pas faux que la gloire de l'Espagne, que l'expansion de l'Evangile soient liées à la conquête du Nouveau Monde ; que de vrais chevaliers et d'authentiques chrétiens y participent sans remords. Et l'on peut très bien soutenir, comme Obregon, que « les grandes idées ne sont pas charitables » (T, 490). Les compagnons d'Alvaro sont gentilshommes comme lui, soucieux, comme lui, de leur honneur. Ce sont eux peut-être qui ont raison.

Si l'on doute de cette interprétation, et si l'on veut transporter le débat du seizième siècle espagnol au vingtième siècle français, il faut méditer une réflexion des *Carnets* qui date de 1935. Montherlant, crainte de nuire à la France dans l'opinion internationale, vient de renoncer à publier *La Rose de sable*. Il écrit : « Le sacrifice de ne pas publier *La Rose de sable* me fut moins dur qu'on ne l'imaginerait, parce qu'au bout de ces deux années de travail je voyais qu'un autre livre eût pu être écrit, tout aussi juste, en faveur des nations coloniales, et non plus contre elles.

On y aurait montré notamment comment ces nations, d'une main se servent du glaive contre l'indigène, de l'autre lui en tendent un pour se libérer. La France, par incoercible libéralisme, donne l'instruction à ses indigènes, quoique sachant très bien que c'est par cette instruction que les indigènes s'émanciperont d'elle ; l'Angleterre, par incoercible évangélisme, lutte contre la mortalité aux Indes, alors que la dépopulation des Indes serait pour elle un bienfait politique » (E, 1173).

De la même façon, l'homme qui s'irritait d'un geste vulgaire surpris chez un officier dans un bar d'Alger, écrivait l'année d'avant sa mort que pendant tout son séjour en Afrique du Nord il n'avait éprouvé « que de la sympathie pour les Français de cette terre, sympathie accrue encore par les souffrances qu'ils ont supportées depuis » (UAM, 5). Comme le Romain Rolland des *Loups*, au temps de l'affaire Dreyfus (mais non pas comme celui de *L'Ame enchantée*) Montherlant se refuse donc à se laisser enfermer ! Il ne sera jamais le prisonnier d'aucune thèse.

Espagne.

Quand Montherlant quitte ces Français d'Algérie, en 1932, il retrouve dans la métropole des compatriotes qu'il ne reconnaît plus. Il lui semble qu'en trois ans une vague de médiocrité s'est étendue sur tout le pays. Il ne rencontre nulle part les réactions de l'intelligence et du courage : une masse veule qui se prête complaisamment aux agressions du dehors et du dedans ; une « élite » complice de ces agressions ; « le défaut total d'esprit public, un conformisme du désordre qui a toute la sottise qu'il prête au conformisme de l'ordre » (E, 586). Ainsi, dans l'avant-propos de *Service inutile* (1935) lui apparaît cette France, qui regarde, inerte, se préparer la victoire allemande.

Quand Alvaro déclare : « Il y a un état de l'Espagne auquel je veux avoir le moins de part possible. L'Espagne est ma plus profonde humiliation » (T, 491), on voit qu'il emprunte ce sentiment à Montherlant lui-même. Quand sa fille, par deux fois, croit le voir supplicié sur la croix, elle ne fait que reprendre une image des *Carnets* : « Etre patriote, et être Français, en 1932, c'est vivre crucifié » (E, 1046). L'Espagne est certes présente partout chez l'auteur des *Bestiaires* comme une couleur, une esthétique, une foi. Mais peut-être, malgré les apparences, est-elle moins intensément qu'ailleurs, dans *Le Maître de Santiago*. Le décor glacé d'Avila, les murs ocres, le ciel gris, il a observé tout cela, il n'invente rien. Mais, moralement, comment voit-il la Castille du XVIe siècle ? Une futilité redondante, une littérature de surface, un art du clinquant, il le dit dans une note consacrée à *Santiago* (T, 548). Mais pourquoi écrit-il ailleurs qu'Alvaro, personnage imaginaire, « a une forte vraisemblance historique » (T, 522), et pourquoi suggère-t-il des analogies entre son catholicisme et le jansénisme (T, 523) ? Pourquoi ces contradictions, sinon parce que, assez souvent, là où il y a *Espagne*, il faut lire *France*.

On trouvera la preuve de cette transposition dans deux témoignages auxquels Montherlant accorde une particulière attention. Le premier est celui de Clemenceau, qui, un an avant de mourir, exprime son amertume : « Je suis dégoûté de mon pays et de mes compatriotes. J'ai vu les Français pendant la guerre. Ce ne sont plus les mêmes. Eux qui étaient au plein de la tourmente si ardents, si généreux, si courageux, toujours prompts au sacrifice total, sont maintenant des lâches conduits par des lâches » (E, 784). C'est le dégoût d'Alvaro, c'est exactement l'opposition entre les Espagnols de Ferdinand V, qui étaient des « saints » et ceux de « Charles de Gand », qui donnent envie de hausser les épaules » (T, 511).

Et, un an et demi avant de mourir, lui aussi (MSr, 119), Montherlant, notant quelques-uns des mots qui l'ont le plus touché dans sa vie, cite les *ultima verba* de Lyautey : « Je meurs de la France. » Celestino, le révolutionnaire en exil du roman *Le Chaos et la Nuit* (CN, 87), les commentait déjà avec une sympathie inattendue : « C'est l'Espagne qui saigne en moi depuis vingt ans. » Montherlant, lui, voudrait que ces mots, qu'il s'approprie, soient ceux sur lesquels son œuvre s'arrête pour toujours : « Ce sont ceux-là qui, moralement, en auront été les derniers (14 janvier 1971) » (MSr, 119). Mais Alvaro, déjà, se les était appropriés : « O Espagne ! Espagne ! », gémit-il dans son rêve douloureux (T, 484) et ce gémissement est né de « je meurs de la France ». Ainsi, dans ce drame qui se dresse contre la colonisation, sont réconciliés le héros imaginaire qui la maudit et le héros historique qui lui a donné sa forme la plus noble et la plus intelligente. Montherlant voulait que Barcelone détruisît la statue de Christophe Colomb. Il ne voulait pas que la France touchât à celle de Lyautey.

ALVARO
OU
LE NOUVEL ALCESTE

Le thème de la colonisation occupe le premier acte du *Maître de Santiago*. Le thème religieux apparaît ensuite et sera le thème majeur du troisième acte. Entre les deux, le second acte est à la fois celui de la misanthropie et celui du fanatisme religieux. On observe évidemment de nombreux empiètements. Mais, à condition de ne pas mettre dans ces distinctions une excessive rigidité, elles caractérisent assez exactement les grandes masses du drame.

Dans la mesure où il voulait peindre un atrabilaire, Montherlant se trouvait en présence de la comédie de Molière. On ne distingue ni imitations, ni réminiscences. Mais la similitude des sujets occasionne certaines rencontres et justifie une comparaison.

Le point de vue de Philinte.

Le souci d'objectivité de Montherlant se manifeste, ici encore, en ce que don Bernal oppose, en général, à la démesure héroïque d'Alvaro des arguments raisonnables, mais nullement mesquins. On n'a pas fini de se demander si Molière penche vers Alceste ou vers Philinte. La même ambiguïté se dégage du *Maître de Santiago*.

Bernal est apparemment, comme Philinte l'est d'Alceste, le seul ami d'Alvaro (T, 485). Il évite de le heurter, mais lui parle, à l'occasion, avec franchise. Lorsqu'au deuxième acte Alvaro convoque sa fille, pour montrer à Bernal comment « certains pères croient qu'ils doivent élever leurs enfants », Bernal a

cette réponse que Philinte pourrait adresser aussi à Alceste :
« Ah ! je suis fatigué de vous entendre nous donner des
leçons » (T, 504). Il est clair que son agacement est ici tout à
fait légitime. On se demande même si Montherlant, qui a,
dans sa vie, agacé tant de monde, ne s'adresse pas à
lui-même ce mot de Bernal. En tout cas, exposant dans *Le
Solstice de juin* les principes de l'Ordre de chevalerie fondé
par lui au lendemain de la première guerre, il reconnaît :
« Nous nous pensions et nous disions les meilleurs, et tels
que tous eussent dû être. Pour un peu, nous eussions à
longueur de jour donné des leçons à tout le monde ; le pli
m'en est resté » (E, 859). Cette légère ironie, qu'il s'applique
en souriant, et de quoi Alvaro est bien incapable, le situe à ce
moment du côté de Bernal.

Est-il encore de son côté quand celui-ci, devenu lyrique,
défend l'argent, l'épanouissement des vertus et des talents
que la fortune rend possible ? Cela est douteux, car ce
chevalier de Santiago, qui parle comme un ministre de
Louis-Philippe, oublie trop évidemment que la vertu n'a de
valeur que si elle s'exerce contre les circonstances défavora-
bles et que le vrai talent s'aiguise dans les difficultés. Il
touche même à l'indécence quand il proclame : « Vous ne
savez pas comme c'est bon, d'avoir beaucoup d'argent ;
comme cela pacifie ! comme cela rend solide ! quelle
confiance en soi cela donne ! comme enfin on peut être
soi-même ! » (T, 503). Le Thomas Pollock Nageoire, de Claudel, ne désavouerait pas cette exaltation et Montherlant
constate à regret qu'elle peut rencontrer l'approbation
enthousiaste — mais sans doute ironique — d'un public
d'étudiants (T, 549).

Hormis cette divagation financière, (qui serait intolérable
chez un riche, mais il est pauvre) c'est, le plus souvent, le
bon sens et la bonté qui s'expriment par la bouche de
Bernal. Il voit clairement les vices qui enflamment la colère
d'Alvaro, mais, ainsi que Philinte (*Misanthrope*, v. 174), il les
voit

« Comme vices unis à l'humaine nature. »

Lui aussi, il prend « tout doucement » l'humanité telle
qu'elle est. Il pourrait dire, comme Philinte encore (v. 103) :

« Le monde par vos soins ne se changera pas. »
Il dit davantage : « Ce qui est humainement beau, ce n'est pas de se guinder, c'est de s'adapter ; ce n'est pas de fuir pour être vertueux tout à son aise, c'est d'être vertueux dans le siècle, là où est la difficulté » (T, 492). Ce sont les mérites de l'engagement que Philinte, déjà, faisait valoir à Alceste en des termes tout proches (v. 1561-1566) :

« Tous ces défauts humains nous donnent, dans la vie,
Des moyens d'exercer notre philosophie ;
C'est le plus bel emploi que trouve la vertu ;
Et, si de probité tout était revêtu,
Si tous les cœurs étaient francs, justes et dociles,
La plupart des vertus nous seraient inutiles. »

Bernal, comme Philinte, a presque toujours raison. La sagesse moyenne, qui leur est commune, exclut, par définition, l'originalité. Il était difficile, en faisant parler Bernal après Philinte, de ne pas tomber dans les redites. Montherlant les a évitées cependant. Son personnage soutient la comparaison avec celui de Molière. Il lui est même supérieur sur deux points : Philinte est plus superficiel, il consacre vraiment beaucoup de paroles à défendre les embrassades et l'éloge poli des mauvais sonnets. Bernal est plus sérieux, il va plus loin. Avec lui, ce qui est en question c'est l'amour, la religion, l'honneur. Il n'est pas un mondain. Puis, du point de vue de la construction dramatique, son personnage est plus naturellement intéressé dans l'intrigue. Philinte est l'ami d'Alceste. Molière se contente de cette liaison. Celle qui attache Philinte à Eliante est outrageusement artificielle. Bernal est le père de Jacinto. Son cœur est engagé dans le débat sur la misanthropie qui l'oppose à don Alvaro. Sur ce point la pièce de Montherlant est plus solidement construite que Le Misanthrope.

Les haines d'Alvaro.

Les « haines vigoureuses » d'Alvaro sont à peu près celles d'Alceste. Il en nourrit une cependant qui est étrangère à l'amant de Célimène : il a horreur de la richesse : « Je ne

LE MAÎTRE DE SANTIAGO

veux pas être riche ! J'aurais trop honte ! » (T, 502). Il régale
ses amis d'eau pure, se chauffe avec un simple brasero,
couche sur un drap troué : « Il est usé là où il y a des trous.
Mais à côté il est encore très bon » (T, 512). C'est à un autre
héros de Molière qu'il fait cette fois penser.

Montherlant semble cependant se garder de juger nettement cette austérité. Il l'approuve même dans une note de *La
Marée du soir* (MSr, 148). Ailleurs (TC, 84) il invoque Sénèque
pour condamner l'affectation de la pauvreté (5). Peut-être ces
marques de dénuement ont-elles surtout pour objet d'introduire dans le drame quelques éléments pittoresques.

Ce ne sont, en tout cas, que des détails. Détails aussi la
haine des compliments. Alvaro arrête d'un mot (T, 513) ceux
que lui adresse le Comte de Soria, avec la brusquerie
d'Alceste en face d'Oronte (v. 277) ou d'Arsinoé (v. 1053).
Comme Alceste encore, et plus ouvertement, il rejette son
temps : « Debout sur le seuil de l'ère nouvelle, je refuse
d'entrer » (T, 492). C'est la « grande raideur des vertus des
vieux âges » (v. 153) que Philinte, homme à la mode,
reproche à son ami. « Il faut fléchir au temps », dit encore
Philinte (v. 156). Mais Alceste et Alvaro sont inflexibles.

Leur misanthropie se manifeste essentiellement à l'égard
des réussites sociales. Ici Montherlant prête à son héros des
sentiments qui lui sont personnels et qu'il n'a nul besoin
d'emprunter à Molière. Il y avait en lui quelque chose d'un
Huron. Il s'est abondamment moqué des ambitions, des
honneurs, des décorations, de tout ce qu'il appelle familièrement la *gloigloire* (VJ, 75, 85). Ce mépris des succès mon-
dains est allé à la fin de sa vie jusqu'à la phobie. S'il voulait
l'appuyer sur l'autorité d'un moraliste, il remonterait encore
jusqu'à Sénèque dont il cite par deux fois cette pensée : « Si
vous entrez dans le spectacle au bruit des acclamations, si
les femmes et les enfants chantent vos louanges par les rues,

_____

5. Jean-Bertrand Barrère (*Critique de chambre*, p. 55) fait
remarquer que cette affectation est en contradiction avec
l'Evangile. On lit en effet dans Saint-Matthieu (VI, 17) :
« Quand tu jeûnes, parfume-toi la tête et lave-toi le visage, afin
que ton jeûne ne soit pas remarqué par les hommes. »

ne trouvez pas étrange que j'aie pitié de vous, sachant, comme je fais, par quelles voies on obtient ces faveurs » (E, 1156 et TC, 88). Il s'agit là des faveurs populaires, mais celles du prince requièrent les mêmes bassesses, que ce soit Louis XIV (*Misanthrope,* v. 129-132) ou Charles-Quint, protecteur du Comte de Soria : « Allez, je sais comment on s'élève dans le monde : en foulant à chaque marche quelque chose de sacré » (T, 511). Personne, pense Alvaro, ne peut ignorer l'ignominie des gens en place ; personne ne la dénonce : « Partout, au premier rang, j'aperçois le rebut, (...) partout le triomphe du plus bête et du plus abject est assuré » (T, 491). Echo des invectives d'Alceste (v. 135-140) :

> « Nommez-le fourbe, infâme et scélérat maudit,
> Tout le monde en convient et nul n'y contredit.
> Cependant sa grimace est partout bien venue ;
> On l'accueille, on lui rit, partout il s'insinue,
> Et, s'il est, par la brigue, un rang à disputer,
> Sur le plus honnête homme on le voit l'emporter. »

Il ne reste plus aux deux misanthropes qu'une attitude : le mépris. Là encore Alvaro, Alceste et Montherlant ne font qu'un. « J'ai été élevé, dit Alvaro, à apprendre (...) qu'il ne faut pas se baisser pour ramasser un trésor, même si c'est de votre main qu'il s'est échappé. Qu'il ne faut jamais étendre le bras pour prendre quelque chose » (T, 502). Ce *j'ai été élevé* sonne comme s'il se rapportait à l'éducation de Montherlant plutôt qu'à celle d'Alvaro. En tout cas, cette indifférence aristocratique, ce refus de participer à la course au trésor, ne se justifie pas seulement par un souci d'élégance, mais aussi par la conviction que ce que tous ambitionnent et ce que beaucoup atteignent est par là-même toute valeur. Alceste fait fi d'une amitié qui s'offre à tout venant (v. 12 ; 53-54) et d'une renommée si universellement prostituée,

« [Que son] valet de chambre est mis dans la gazette » (v. 1074).
C'est exactement la réaction d'Alvaro : « Que voulez-vous qu'on désire quand tout est déshonoré ? » (T, 514). Réaction

que les *Carnets* permettent d'attribuer aussi à Montherlant, qui se reconnaît dans Sénèque cité une fois de plus :

« Dieu n'a pas de plus sûr moyen de discréditer ce que nous convoitons, que de le retirer aux meilleurs, pour le donner aux infâmes » (TC, 78).

Ainsi, pour Alvaro, Alceste, Montherlant et Sénèque (s'il suit ses propres maximes !) la misanthropie mène au dépouillement. Attitude éminemment morale, elle va plus loin, corrige toutes les faiblesses de l'homme ; c'est du moins ce que suggère, dans *Va jouer avec cette poussière*, une pensée qui a l'allure du Grand Siècle : « La plus sûre façon de se guérir d'un de ses défauts est de le voir chez un autre » (VJ, 15). En l'écrivant Montherlant songe peut-être au spectacle que lui donne Alvaro.

Plaisirs de l'atrabilaire.

L'état d'atrabilaire ne va pas sans quelques sombres satisfactions. On va voir qu'elles sont les mêmes chez Alceste et chez Alvaro. Ce sont d'abord les délices de la solitude. Ainsi Alvaro, seul en scène à la fin du premier acte murmure : «O mon âme, existes-tu encore ? O mon âme, enfin toi et moi ! » (T, 495). S'il faut, pour les besoins de la comédie, qu'Alceste n'ait pas même un tel instant d'extase, il ne cesse, dans toute la pièce, d'en savourer l'image et le projet. Et il finit, on le sait, par décider de vivre à l'écart des humains. Il n'y a pas la moindre trace de comique dans toute cette partie de son rôle. Alvaro caresse le même rêve et cet homme sans désirs parle alors le langage du désir : « Je n'ai soif que d'un immense retirement » (T, 489). On a déjà entendu Ferrante exprimer, sur le même ton, la « grande tentation » de l'abdication (T, 139). Mais peut-être Alvaro, qui à vrai dire sacrifierait moins de chose, est-il plus sincère que Ferrante, quand il se délecte dans l'imagination de la retraite.

Un autre plaisir, qui lui est commun avec Alceste, est celui de l'abaissement et de l'échec. Plus il souffre de la perfidie de ses semblables, plus il vérifie qu'il avait raison de les

trouver perfides. Il aime l'injustice, quand il en est victime :
« J'aime d'être méconnu » (T, 489). Il aime souffrir le mépris,
quand il méprise ceux qui le méprisent (T, 513). Il se satisfait
d'être du parti des vaincus : « Malheur aux
honnêtes » (T, 494), de mener un combat d'arrière-garde
pour une cause perdue : « Nous serons les derniers ! Quelle
force dans ce mot de *derniers,* qui s'ouvre sur le néant
sublime ! » (T, 519). Avec un frisson d'impatience, il vit dans
l'attente des cataclysmes : « J'attends que tout finisse »
(T, 489) : dans *l'espoir* des cataclysmes, lui dit un de ses
hôtes : « Avouez-le donc : vous l'attendez, cette heure où
l'Espagne sera au désespoir » (T, 491). On trouve, en effet,
chez Alvaro un peu de cette complaisance pour l'abîme qui
est une des passions dominantes de Léon Bloy. Comme lui, il
guette avidement les cavaliers de l'Apocalypse, se réjouit des
injures, ressemble, comme lui, à l'oiseau de nuit, *nycticorax*
« qui croasse dans les ténèbres au fond d'un désert où ne
viendront [l'] entendre que ceux qui se sont éloignés de tous
les chemins de la multitude » (6).

Si l'on transpose ce pessimisme forcené, cette outrance
tragique, sur le plan de l'outrance comique, on retrouve
Alceste, qui *veut* passer pour fou (v. 109-112), qui *veut* perdre
son procès (v. 196), pour avoir le droit de pester

« Contre l'iniquité de la nature humaine,
Et de nourrir pour elle une immortelle haine. »
(v. 1549-1550).

Pourquoi rit-on ici d'Alceste et non d'Alvaro ? Peu de chose
les sépare, c'est la même démesure. Mais l'un se déchaîne à
propos d'un procès et parle en vers souvent tout près de la
prose ; l'autre à propos d'un empire menacé s'exprime dans
une prose qui a la noblesse de la poésie.

A part cela, jusqu'à présent, à peu près constamment
semblables. Mais voici ce qui les fait séparer comme
divergent les chemins de la comédie et ceux de la tragédie.
On a déjà remarqué que la structure du *Misanthrope* diffère

---

6. Léon Bloy, *Méditations d'un solitaire en 1916*, Mercure de
France, 1928, p. 7.

de celle de *Santiago* en ceci qu'une des deux pièces est fondée sur les contradictions du héros, tandis que l'autre met en scène un héros tout d'une pièce. Alceste (v. 225-226) est conscient de l'absurdité de sa conduite, mais il tente constamment de s'échapper dans l'illusion (v. 233-234), il est faible, il sait (v. 1756) « que dans tous les cœurs il est toujours de l'homme ». Rien de tel chez Alvaro. Sur le point, au troisième acte, d'accepter la proposition de Soria, il se reprochera, un instant plus tard, de s'être montré « misérable et ridicule » (T, 517). Montherlant semble bien le juger ainsi (MSr, 131). Mais c'est trop de sévérité. Si Alvaro partait pour les Indes, ce serait par obéissance et abnégation. Pas une seule fois, à l'inverse d'Alceste, on ne le voit donner dans l'illogisme. Surtout, *Santiago* est un drame qui se joue entre un père et sa fille. Et les deux pièces, dès lors, cessent d'être comparables.

Père et fille.

On a vu que tout le mouvement du *Maître de Santiago* dépend de Mariana, du conflit qui oppose en elle, fugitivement, Alvaro et Jacinto. En fait la cause d'Alvaro est gagnée d'avance, dans cette âme qui est façonnée à son image et c'est ce qu'il comprendrait tout de suite, s'il se donnait la peine d'observer sa fille. Il a donné à Mariana une éducation fondée sur l'isolement et la protection : « Oui, toute l'éducation réduite, sans plus, à la protéger contre ce qu'on voit, contre ce qu'on lit, et contre ce qu'on entend » (T, 498). Il faut savoir que Montherlant prenait à son compte cette pédagogie préservatrice (VJ, 178). Est-elle si différente des préceptes poussés jusqu'à la bouffonnerie dans *L'Ecole des femmes* ? Le certain est que les résultats sont radicalement opposés. Mariana est l'anti-Agnès.

Elle manifeste, dès le début, une sagesse amère, sans illusion sur l'ingratitude humaine (T, 480), tout à fait disproportionnée avec ses dix-huit ans. Sa pudeur est orgueilleuse, elle ne veut pas qu'il soit dit qu'elle a la faiblesse d'aimer (T, 483), refuse d'admettre qu'elle pleure, quand ses yeux

sont remplis de larmes (T, 506, 510). Elle prend systématiquement le parti de son père devant la duègne et devant don
Bernal, prête à pousser ses arguments jusqu'à la mauvaise
foi et jusqu'au paradoxe. Elle répète par trois fois qu'elle ne
veut pas être heureuse (T, 508, 510). Pedro et Inès étaient
plus naturels dans leurs rêves de bonheur. En vérité Bernal a
raison de dire à la fille d'Alvaro : « Comme vous êtes
semblable à lui ! » (T, 508). A peine féminine d'autre part :
dénuée de curiosité (T, 482), comptant pour une chance de
n'avoir pas d'amies (T, 507), en un mot, comme elle dit
candidement, « sérieuse » (T, 507). Ce n'est pas elle qui
avouerait avec Célimène :

« La solitude effraie une âme de vingt ans. » (v. 1774).
Mais pour une fois, c'est à Célimène qu'on est tenté de
donner raison. Il est vrai que Mariana, à trois reprises, laisse
voir le sentiment qui la pousse vers Jacinto et accepte la ruse
qui menace la volonté de son père. Mais ce n'est jamais sans
hésitation, et ce n'est pas pour longtemps. Alvaro n'a rien à
craindre.

Et cependant il fait tout ce qu'il faut pour écarter de lui ce
cœur qui lui appartient. Le dernier livre de Montherlant
commence, sur le ton de l'humour noir, par une analyse de
l'agacement homicide que les membres d'une même famille
peuvent éprouver à vivre ensemble (MACA, 9). Alvaro n'irait
pas jusqu'à tuer Mariana, mais elle l'agace : il l'entend
marcher, elle a quelquefois l'audace de chanter (T, 497). Cela
dérange ses oraisons.

Autant que Ferrante, on l'a vu, il méprise la jeunesse,
comme si elle n'avait pas d'âme. Il méprise Letamendi et il
l'envoie froidement aux Indes, bien que les Indes soient le
péché mortel de l'Espagne, parce que Letamendi est jeune et
que, par conséquent, « cela n'a aucune importance »
(T, 495). Il méprise Mariana, pour la même raison, et parce
qu'elle est amoureuse de Jacinto, passion répugnante à ses
yeux. Les invectives insensées auxquelles il se laisse
emporter contre cette « singerie » qu'est l'amour (T, 505)
sont moins révoltantes peut-être que sa première réplique de
l'acte II :

« Mariana est ce que j'aime le plus au monde » (T, 496), car elle comporte une restriction mentale, qui est qu'il n'aime rien au monde.

Ce père aveugle, inhumain et amer, devient, à la fin du troisième acte, un père comblé. Mariana se jette entre Soria et lui, au moment où il va se laisser convaincre, et ruine le projet de son mariage. « Partez, Monsieur, dit-il à Soria : votre univers n'est pas le nôtre » (T, 516). Le *nôtre*, dès ce mot, il reconnaît enfin sa fille comme appartenant à la même patrie spirituelle que lui. Quelques instants plus tard, il va plus loin : « Rapproche-toi de moi encore plus : deviens moi ! » (T, 517). Mariana n'existe plus. La passion religieuse de son père l'a dévorée.

ALVARO CHRÉTIEN ?

Alvaro est-il chrétien ? Ce problème a suscité d'abondantes controverses. C'est Jean-Bertrand Barrère (*Critique de chambre*, 1964) qui a soutenu la négative avec le plus de vigueur (une vigueur qui a piqué Montherlant et l'a poussé à se venger sur une innocente erreur de typographie ! (VJ, 155).

C'est Montherlant en personne qui a présenté les meilleurs arguments pour tenter de démontrer l'orthodoxie de son héros.

Une question préjudicielle se pose : un auteur qui se proclame incroyant, qui déclare nourrir une partie de son œuvre d'une veine profane, « ou pis que profane », (T, 521), c'est-à-dire ouvertement anti-chrétienne, peut-il traiter un sujet religieux comme *Le Maître de Santiago* ? Montherlant s'est défendu sur ce point dans une lettre à Julien Green (T, 551), mais la question reste posée. Tout n'est pas clair, du reste, dans ses intentions. Pourquoi a-t-il placé, en tête de la pièce, un commentaire du tableau du Greco qu'on peut voir au Prado : la présentation de Julian Romero par le chevalier aux fleurs de lys ? quel rapport entre ce tableau et la pièce ? Illustre-t-il la scène finale ? Mais est-ce bien Alvaro qui présente sa fille à Dieu ? Ne l'a-t-elle pas devancé ? Puis, le Greco peint la résignation, l'apaisement, la confiance. Est-ce là le caractère d'Alvaro ? Montherlant rapproche l'attitude du chevalier de celle d'un personnage du *Songe* (T, 476). Joue-t-il à s'identifier un instant au chevalier ? Ou bien présente-t-il sa pièce à Dieu, comme le chevalier présente son camarade ? Mais il ne croit pas en Dieu ! On imagine plutôt que, par une sorte de dilettantisme, qui s'intéresse aux diverses formes du sentiment religieux, il veut placer en tête d'une œuvre vouée au christianisme le plus sombre, une évocation tout opposée. La création littéraire est toujours un jeu. L'auteur, comme un comédien entre en des âmes qui lui sont étrangères, sera-t-il moins bon dans le rôle d'un chrétien parce qu'il n'est pas chrétien ? Diderot penserait le contraire.

La chevalerie.

Comment pratiquent-ils leur religion, ces chevaliers dont les plus âgés ont, vingt-sept ans auparavant, chassé de Grenade les derniers infidèles, et qui se réunissent, au premier acte, chez Alvaro, sous l'image de Jésus crucifié en récitant pour commencer le *Veni Creator* ? Ils obéissent à un système de valeurs morales, rigide et original, ce qui est le propre de toute chevalerie. Ils se placent, à l'égard d'une loi librement acceptée, dans une dépendance qui était celle de Montherlant et de ses quatre camarades en 1919 (E, 857). Cette loi est issue de la morale chrétienne, mais peut s'en écarter sur certains points, par défaut ou, plus souvent, par surcroît de rigueur. Elle tient plus d'un règlement ou de statuts que d'une morale religieuse. Ainsi voit-on les compagnons d'Alvaro délibérer (T, 487) sur le droit d'asile dans les couvents de l'Ordre de Santiago, sur l'obligation, pour un membre de l'Ordre, de respecter sa parole, même s'il l'a donnée à un musulman. Les cas de conscience qui se posent à eux ne sont donc pas exactement ceux qui s'offrent à tout croyant. Le premier acte du drame est légèrement en marge d'un débat vraiment et universellement chrétien.

Il est vrai qu'avant de voir Alvaro présider ces débats, on fait connaissance avec lui par les propos de la duègne et de Mariana. Mais sa légende familiale est-elle strictement chrétienne ? Il donne deux salières d'argent au voleur qui lui en a pris une, comme Monseigneur Bienvenu, évêque de Digne, donne une paire de flambeaux à Jean Valjean qui vient de lui dérober six couverts. Le souvenir de cette anecdote si rebattue est un peu importun en ce début du premier acte. Si le héros de Montherlant y apparaît chrétien, c'est à la manière de celui de Victor Hugo. Il pourrait, à cet égard, présenter de meilleurs répondants !

Dans la suite de l'acte, presque entièrement occupé par le débat sur les Indes, don Alvaro n'a qu'un mot à résonance vraiment religieuse, c'est le mot du *Pater* : « Que sa volonté soit faite » (T, 489). Ses autres répliques pourraient se rencontrer dans la conversation d'un philosophe austère, mais non mystique. Le cloître même, seule retraite pour lui à la fin de la pièce, ne l'attire ici que médiocrement. Il allègue, pour rester dans le monde, « quelque manque de décision et d'énergie » (T, 492). En somme, jusqu'à ce que le rideau se lève sur le second acte, la coloration religieuse du drame demeure indécise. Dieu n'y a pas encore fait son entrée.

Les hérésies d'Alvaro.

Dieu apparaît, dès les premiers mots d'Alvaro, quand il reçoit don Bernal, le lendemain. Il estime que Mariana ne lui parle pas assez de Lui : « Peut-être par pudeur » répond Bernal (T, 496). On peut admettre que c'est aussi par pudeur qu'Alvaro s'est abstenu, devant ses compagnons, d'aborder le sujet qui lui tient le plus à cœur. A présent, seul avec Bernal, il va se livrer sans réserve, misanthropie et christianisme. On en verra la source à la fin de ce chapitre.

Il est entièrement soumis à la volonté divine : « Dieu est le seul juge que je me reconnaisse et j'adore l'arrêt qu'il fera de moi avec tremblement et tranquillité » (T, 501). *Tremblement*, c'est le sentiment chrétien de son indignité ; *tranquillité*, c'est l'adhésion totale au principe même de la sentence, qu'elle condamne ou qu'elle absolve.

Mais cette adhésion est aveugle. Mariana, qui le connaît mieux qu'elle n'est connue de lui, dira à la fin de cet acte : « Il va droit devant lui. Son salut propre, et l'Ordre, voilà sa voie : à droite et à gauche, rien » (T, 507). C'est la définition même du fanatisme et c'est la négation de l'intelligence en matière religieuse. Sur l'intelligence d'Alvaro, (et sur celle de Julian Romero ; T, 476) Montherlant partage l'avis de don Gregorio Obregon (T, 493) : il lui juge « La tête un peu étroite » (T, 522). Mais il écrira, en 1964 : « Je pense que quoi que ce soit de valable ne peut être fait aujourd'hui, que par un homme qui met des œillères, et pousse comme une brute. « A droite et à gauche, rien » (*Santiago*) » (VJ, 184).

L'amour de Dieu peut-il se concilier avec ce fanatisme ? Une note de Montherlant sur la charité (T, 532-533) semble le suggérer. Il y distingue l'essence même de la charité et ses accidents : les actes de bienfaisance dont, par une anomalie d'observation courante, l'homme charitable ne fait pas nécessairement bénéficier ses proches en priorité. Même, il n'est pas exceptionnel qu'il prenne, sur sa famille, une sorte de revanche. Tolstoï s'entend mal avec sa femme et ses enfants (7). Alvaro maltraite Mariana. C'est une charité qui préfère s'exercer à distance. Mais qu'elle s'étende au loin, et parfois anonymement, encore est-elle effective.

Au contraire, l'essence de la charité serait d'être une passion dévorante et sans objet, une incandescence de l'âme qui s'absorbe en Dieu sans nul souvenir de l'humanité. C'est en ce sens, peut-être, que Bernal dit à son ami : « Vous vous êtes réfugié dans la charité » (T, 501).

Mais Alvaro ne s'y est pas réfugié complètement, du moins pas encore, au deuxième acte. Vargas avait raison (T, 491) de le lui reprocher. Et le mot de Mgr Darboy, mis par Montherlant en tête de *Service inutile*, et si fréquemment cité par lui : « Votre erreur est de croire que l'homme a quelquechose à faire en cette vie » pourrait ici s'appliquer au maître de Santiago. Alvaro ne perd pas de vue le monde, à quoi l'unit le plus étroit des liens : l'animosité. Citant la première épître de saint Paul aux Corinthiens, Jean-Bertrand

---

7. Dans une note de *Service inutile*, (E, 721), Montherlant cite ce passage du *Journal* de Madame Tolstoï : « Léon Nicolaïevitch parle sans cesse de l'amour de Dieu et du prochain, et n'écrit que sur ces questions. Mais il passe sa vie sans entrer en contact avec son prochain, sans lui témoigner la moindre sympathie. »
D'autres citations, dans la même note, suggèrent que ce paradoxe est commun aux chrétiens, aux déistes et aux philanthropes.

Barrère a marqué fortement (O.C., p. 56) que c'est là sa principale hérésie. Dans les deux commandements, indissolublement liés de la loi nouvelle (Matt., XXII, 37-40) : Tu aimeras le Seigneur ton Dieu... Tu aimeras ton prochain, il choisit le premier, écarte le second, qui est pourtant « semblable au premier ». Il prétend faire cohabiter en lui l'amour et la haine, une haine qui s'applique d'abord au principe même de la famille : « La famille par le sang est maudite » (T, 504), la procréation est une souillure (T, 518) ; une haine qui s'étale ensuite, s'élargit à tous les hommes.

Au lieu que, pour le chrétien, l'amour du Créateur passe naturellement par l'amour de la créature, Alvaro tient que « tout être humain est un obstacle (8) pour qui tend à Dieu » (T, 497). Il ose même affirmer : « Si vous aviez pressenti une fois seulement ce qu'est la face de Dieu, vous détourneriez la tête dans la rue pour ne pas voir la face d'un homme » (T, 505), ce qui est blasphémer à la fois contre des siècles d'art chrétien et contre l'une des plus antiques paroles de l'Ecriture : « Et creavit Deus hominem ad imaginem suam » (Genèse, I, 27).

Alvaro, cependant pratique les bonnes œuvres : « Vous vous occupez avec zèle des hospices de Santiago », lui dit Soria (T, 513). Mais ce n'est pas de bon cœur, comme on le voit par sa réponse : « Un âge vient où il vous semble que les hommes n'existent que pour être un objet de charité. S'il n'y avait pas la charité, je les oublierais volontiers, autant que je désire d'être oublié d'eux » (T, 513). Charité d'obligation ; charité froide et vide où le cœur n'est pas engagé ; charité qui, par conséquent, ne recherche en aucune façon l'échange.

« Il y a du plaisir à rencontrer les yeux de celui à qui l'on vient de donner », écrit La Bruyère (9). Cette pensée ferait

---

8. Il est vrai que Polyeucte dit lui-même (V, 1143-1144)
   « Et je ne regarde Pauline
   Que comme un obstacle à mon bien. »

9. « Du Cœur », 45 ; édition Robert Garapon, Classiques Garnier, p. 144.

horreur à Alvaro comme une pensée d'usurier. On verra qu'elle fait encore beaucoup plus certainement horreur à Montherlant lui-même. Par ce regard, en effet, le bienfaiteur *a déjà reçu sa récompense*, selon le mot de l'Ecriture (Matt., VI, 5). Et, sans ce regard, il sera en droit de regretter sa générosité. La conclusion est qu'à moins d'être un sot il ne faut donner qu'en connaissance de cause, ne placer sa charité qu'à intérêt. La Bruyère le dit sans fard dans la réflexion qui suit (ibid. § 46) : « Je ne sais si un bienfait qui tombe sur un ingrat, et ainsi sur un indigne, ne change pas de nom, et s'il méritait plus de reconnaissance. »

Alvaro est exactement à l'opposé. Pour lui le bienfait doit être une sottise et la charité une folie, puisqu'elle doit avant tout rechercher l'ingratitude et même la haine. Elle « n'a de sens que si elle est payée de cette haine » (T, 504). Le christianisme dévoyé rejoint ici les délectations de la misanthropie.

Au reste, c'est ici-bas seulement qu'Alvaro se montre désintéressé, ou intéressé à rebours, car il sait que les comptes ne se règlent pas en ce monde et que le chrétien joue *à qui perd gagne*. Ces images ne sont pas déplacées : c'est le vocabulaire qu'il utilise lui-même : « J'ai pensé que Dieu me compterait d'avoir voulu ne pas me perdre... » (T, 497) ; « La charité m'est comptée devant Dieu... » (T, 504). Ces comptes constituent, en somme, ce qu'il appelle « les affaires de [son] âme » (T, 502). Il est moins fou, en définitive, qu'on ne croyait. Et Claudel, qui ne l'était pas du tout, peut venir témoigner pour lui. Dans les lettres si intéressantes qu'il échange avec Gide, à l'époque de *La Porte étroite*, on voit nettement s'opposer sur ce point catholicisme et protestantisme, on voit Claudel reprocher à Gide « le vieux blasphème quiétiste, développé *ad nauseam* au siècle dernier, d'après lequel la piété n'a pas besoin de récompense (...) Aimer sans y avoir, sans y prendre intérêt, ce serait un triste amour » (10).

___

10. *Correspondance Claudel-Gide*, édition Robert Mallet, Gallimard, p. 102-103.

D'autres témoignages pourraient être invoqués en faveur d'Alvaro. Montherlant en a groupé un certain nombre (T, 537-539) qu'il emprunte à divers ouvrages de spiritualité et d'abord aux textes scripturaires. On peut, en effet, pratiquer une lecture sélective de l'Evangile qui, sur des passages isolés et non commentés, semble donner raison au maître de Santiago. Le Christ, dans Saint-Luc, (XIV, 26), enseigne qu'on ne peut être son disciple si l'on ne *hait* pas d'abord père, mère, épouse, enfants, frère et sœur. Molière s'est souvenu de cette maxime, pour la tourner en dérision, au premier acte de *Tartuffe*. Alvaro la prend au sérieux. Il en oublie d'autres qui le consoleraient et l'apaiseraient. Une fois encore, il choisit, hérétique en cela, et ce qu'il choisit c'est toujours l'amertume et le chagrin.

L'extase finale.

Mais le troisième acte lui apporte l'exaltation et la plénitude. L'existence de sa fille était comme une concession qu'il avait consentie à la terre et à l'humaine nature. Elle devait la vie à « un de [ses] instants de faiblesse » (T, 500). Il la reprend maintenant au monde, il la réintègre, on l'a vu, à sa propre existence : « Deviens moi ! » (T, 517). Exigence monstrueuse à quoi Mariana consent avec ivresse. Jean-Bertrand Barrère note qu'elle y consent au péril de son âme, « car ce n'est pas dans un mouvement d'amour éperdu vers Dieu qu'elle se rend, mais dans un élan frémissant de soumission à un révolté, son père » (op. cit., 60). Comme Juan Romero (T, 475), elle prononce (T, 518) la formule de complet abandon que saint Luc (XXIII, 46) prête au Christ à l'agonie : « Mon père, je remets mon âme entre vos mains. » Mais à qui s'adresse-t-elle ? ne détourne-t-elle pas vers Alvaro le sens de la parole sacrée ?

Lui se jette joyeusement sur cette « proie » offerte et il la fouaille. Comme Ferrante, mais pieusement, il cherche la douleur : « Pas de larmes ? Lutte, souffre davantage. Où il n'y a pas de combat, il n'y a pas de rédemption » (T, 518). Cette férocité, qui fait songer au *Brand* d'Ibsen, n'est pas

encore satisfaite. Il faut que tout s'anéantisse autour d'eux :
« Périsse l'Espagne, périsse l'univers ! Si je fais mon salut et
si tu fais le tien, tout est sauvé et tout est accompli »
(T, 519-520). Alors dans ce vide, d'où tout ce qui touche à
l'homme a été arraché, se lève une présence et c'est l'aurore
de la contemplation. Mouvement qui rappelle étrangement
l'un des plus beaux sonnets de *Sagesse* :

« ... Un doux vide, un grand renoncement,
Quelqu'un en nous qui sent la paix immensément. »

La race des durs.

Ainsi Montherlant a choisi de ne pas damner Alvaro. Au
mépris du message évangélique, celui-ci atteint un Dieu, qui
devrait se détourner de lui. D'où le scandale des chrétiens :
« Je ne pardonnerai jamais à don Alvaro de compromettre la
vertu par ses outrances », disait Bernal (T, 506) et plus
énergiquement : « Vous me la faites vomir, la charité »
(T, 504). Le maître de Santiago est donc celui par qui le
scandale arrive, objet des malédictions évangéliques
(Matt., XVIII, 7).

Mais dans l'esprit de Montherlant, ce scandale provient de
l'ignorance et de la faiblesse des cœurs. Le christianisme,
intégralement vécu, révolte le sens commun. Alvaro proclame : « Quand j'agis ou réagis en chrétien, je devrais être
entendu de millions d'hommes. Mais c'est alors que je ne
suis entendu de personne » (T, 503). Montherlant, voyant les
choses du dehors, plaide pour les droits de ce christianisme
de la rigueur : « Don Alvaro et ses pareils — la race des durs
— sont une des « familles spirituelles » du christianisme : ils
en font partie tout autant que la race des doux (...) Il n'est pas
supportable d'imaginer que cette race des intransigeants
puisse être exclue de la communion qu'elle chérit, parce
qu'elle en a suivi la loi avec trop de pureté et de vigueur,
parce qu'elle a pris à la lettre ce qui n'est pour ses frères
heureux qu'une rhétorique anodine et futile. Cette race, la
mauvaise conscience des chrétiens de la compromission la
persécute incessamment sur la terre. Persécutée incessam-

ment sur la terre, elle prend sa revanche aux cieux » (T, 536).
Cette page, de 1948, donne le sens de la pièce. Elle est
curieuse à plus d'un titre. Par son mouvement d'abord : elle
commence par demander pour la race des durs l'égalité des
droits à la communion avec celle des doux ; elle se termine
beaucoup plus impérieusement par l'affirmation que ces
intransigeants envahiront le Royaume et y prendront la
meilleure part ! Tout cela, encore une fois, vu du dehors et
par un homme qui croit qu'il n'y a pas de Royaume ! Est-ce
une parenthèse à l'intérieur de l'incroyance, quelquechose
comme un *Si jamais...*, ou bien l'artiste se laisse-t-il emporter
par sa phrase et l'acteur se prend-il un instant à son rôle ?
En tout cas, cette préférence de Montherlant dépasse Alvaro.
Dans la même page, il évoque en d'autres siècles, en d'autres
pays, d'autres chrétiens du *Tout ou Rien*. Il ne cite pas, car il
l'a déjà fait ailleurs (T, 523) les jansénistes. Mais on ne peut
douter qu'il pense aux *Messieurs* de Port-Royal (l'expression,
comme un discret rappel, est employée trois fois dans la
pièce à propos des chevaliers de Santiago : T, 481, 485, 507).
Il a trouvé d'ailleurs dans ses archives familiales (MSr, 114)
un manuscrit janséniste qu'il intitule *Les Convulsionnaires* et
dont il a tiré une phrase pour la donner à Alvaro (T, 517) :
« Bondis vers le soleil en t'enfonçant dans mon tombeau. »
Cet emprunt-là est avoué, mais *Santiago* a d'autres dettes
que Montherlant a tenues cachées. La devise que lui prête
Mariana : « A droite et à gauche, rien » (T, 507) est empruntée textuellement à Sainte-Beuve, quand il définit la direction
de conscience selon l'abbé de Saint-Cyran (SB, I, 343).
(Sainte-Beuve l'a peut-être prise lui-même au *Deutéronome* :
« Nec declinabis ad dexteram, neque ad sinistram »,
XVII, 11).
  La phrase d'Alvaro : « Dieu est le seul juge que je me
reconnaisse, et j'adore l'arrêt qu'il fera de moi avec
tremblement et tranquillité » (T, 501) se trouve presque
exactement dans la lettre que Marie-Claire Arnauld écrit à
Saint-Cyran en août 1636 : « Je sais que Dieu me peut
sauver ; mais quelle obligation a-t-il de faire ce miracle ?
J'adore le jugement qu'il fera de moi avec tremblement et
tranquillité » (SB, I, 347). D'autres insertions secrètes appa-

raîtraient sans doute à la lecture attentive de la littérature janséniste.

De même qu'il existe d'évidentes liaisons entre *La Reine morte* et *Le Maître de Santiago*, il en existe aussi de ce drame vers *Port-Royal*, du catholicisme castillan du XVIᵉ siècle au jansénisme. Montherlant en a subi la double séduction et il écrit : « Ces deux communions apparaîtront toujours aux yeux du monde sous un même aspect éclatant et sombre, et telles que les deux diamants noirs de la couronne de Jésus-Christ » (T, 523).

CHAPITRE IV

PORT-ROYAL

LE « JANSÉNISME » DE MONTHERLANT

On sait qu'en donnant *Port-Royal* (1), à la Comédie-Française, en 1954, Montherlant annonçait que ce serait sa dernière pièce. Ses trois créations précédentes avaient été mal accueillies (*Demain il fera jour, Celles qu'on prend dans ses bras, Malatesta*). Il n'était pas dans sa manière de solliciter plus longtemps le succès. *Port-Royal* avait, a priori, peu de chance de passer la rampe. Mais, précisément, c'est une sorte de défi, en guise d'adieu. Et surtout, la pièce

---

1. Le sujet de *La Reine morte* se rattachait à l'histoire par un lien très lâche. Celui de *Santiago* était de pure imagination. Avec *Malatesta*, Montherlant était entré dans la réalité du passé. Il y demeure et s'efforce même d'y pénétrer davantage avec *Port-Royal*.

On se rappelle les grands traits de cette histoire. En 1609 la Mère Angélique Arnauld, âgée de dix-huit ans, réforme selon les principes de la plus rigoureuse austérité l'abbaye de Port-Royal-des-Champs, dont elle est abbesse. Elle y rétablit, en particulier, la stricte discipline de la clôture (« Journée du guichet », 25 septembre 1609). En 1626, la communauté conservant son monastère de la vallée de Chevreuse, où se logeront par la suite les *Petites Ecoles*, s'établit au faubourg Saint-Jacques (actuel Hôpital de la Maternité). Duvergier de Hauranne, abbé de Saint-Cyran, ami de Jansénius, prend la direction spirituelle du couvent en 1636. Mais Richelieu le fait enfermer à Vincennes en 1638. Il y reste jusqu'en 1643. C'est le début d'une très longue guerre religieuse, menée dans le camp janséniste par le Grand Arnauld, frère de la Mère Angélique, et illustrée surtout par les *Provinciales* que Pascal fait paraître en 1656 et 1657. La persécution, inspirée par les Jésuites, a des périodes de recrudescence : 1661, 1664. En 1665, les religieuses fidèles abandonnent définitivement le monastère de Paris et sont reléguées dans celui des Champs d'où elles seront enfin chassées en 1706 avant que l'abbaye ne soit rasée en 1710.

répond à une nécessité intérieure, Montherlant la porte en lui depuis de longues années. On ne peut donc en commencer l'étude sans examiner dans le détail l'expérience du jansénisme que Montherlant acquiert au cours de ces années ; sous quelles formes il le rencontre et comment il l'assimile à sa vie intérieure, avant d'écrire le premier *Port-Royal* en 1940-1942 et le second, le nôtre, en 1953.

Jusqu'à la rencontre de Sainte-Beuve.

On dirait que, pendant toute sa jeunesse, jusqu'au moment où, à trente ans passés, il découvre Port-Royal dans les six volumes de Sainte-Beuve, le jansénisme tourne autour de lui, sans qu'il l'identifie toujours nettement. Beaucoup plus tard, revenant sur ses souvenirs les plus anciens, certains se présentent à lui sous un éclairage nouveau et se disposent comme des jalons sur le chemin de Port-Royal. C'est ainsi que le culte de la grandeur et de l'austérité romaines, l'un de ceux auxquels il demeurera fidèle jusqu'à sa mort, se colore de jansénisme dans ses commentaires. Il retrouve un des livres de sa classe de sixième, *L'Antiquité,* d'Albert Malet : une illustration, la grande Vestale du Musée des Thermes, avec son bandeau, son voile, ses vœux héroïques, lui apparaît comme un personnage familier : « On ne peut s'y méprendre : c'est une Abbesse. C'est la Mère Angélique la Réformatrice » (T, 922). Dans le Sud Marocain, quand il écrira *La Rose de Sable,* nous savons qu'il rencontrera une autre abbesse, en burnous cette fois. C'est comme si ce misogyne, ou qui passe pour tel, chaque fois qu'il a l'occasion d'admirer un exemple de dignité féminine, se tournait vers un certain type de femme, sévère et noble, qu'il porte en lui, idéal une fois pour toutes incarné en Angélique Arnauld.

Il est possible qu'une autre image, celle de sa grand-mère maternelle, se confonde avec celle-là. Du portrait qu'il trace de Mme de Riancey (MSr, 108) et de celui qu'a donné Faure-Biguet (FB, 12) se dégage la même impression. C'était une vieille dame toujours vêtue de noir, d'une piété triste, qui passait son temps à réciter son chapelet dans une chambre tapissée d'images funèbres, groupées autour du masque de Pascal. Le soir venu, elle faisait allumer les lampes le plus tard possible, si bien qu'elle apparaissait aux deux enfants comme une sorte de chouette aux yeux toujours fixés sur des pensées de mort. Son petit-fils, déjà féru de toute étrangeté, l'aimait tendrement.

M. et Mme de Montherlant morts, en 1914 et 1915, Mme de Riancey lui rend maternellement cette tendresse ; mais elle use de ses relations pour le faire envoyer dans un régiment d'Infanterie, en première ligne (T, 13). Montherlant dramatise peut-être légèrement en relatant ce fait, mais cette abnégation a de la grandeur, un peu l'allure des traits que l'on rapporte de la Mère Angélique et que Saint-Beuve ne juge pas indignes de Plutarque (SB, I, 88).

C'est Mme de Riancey, sans doute, qui prononça pour la première fois devant lui le mot *jansénisme*. Elle lui apprenait que certains membres de leur famille avaient longtemps gardé de la sympathie pour la doctrine condamnée (T, 525). Elle les blâmait. Par la suite, il mit en doute la sincérité de cette réprobation. Il observa que, sur la fin de sa vie, elle avait l'habitude de mettre dans sa bouche le haut de son crucifix, geste qu'on retrouve chez les jansénistes du XVIIIe siècle (MSr, 110 et A. Mousset, *L'Etrange histoire des convulsionnaires de Saint-Médard*, p. 129). Quand elle mourut, en 1923, parmi les quelques reliques ignorées qu'elle laissait, cilice, crucifix, il crut trouver la preuve qu'elle se rattachait elle-même secrètement à cette tradition (MSr, 109). Ainsi son enfance heureuse, si elle ne baigne pas dans l'atmosphère janséniste, à quoi son père et sa mère étaient tout à fait étrangers, y touche cependant grâce à cette figure un peu effrayante, mystérieuse et fidèlement aimée.

Elle y touche aussi, d'une autre manière, par le collège Sainte-Croix de Neuilly où il est élève de janvier 1911 à mars 1912 et dont il s'est inspiré dans *Les Garçons* aussi bien que dans *La Ville dont le prince est un enfant*. La décision de le placer dans cet établissement avait été prise à l'issue d'un long débat familial, où son père, partisan des Jésuites, avait dû s'incliner (FB, 62). Il semble avoir constaté à Sainte-Croix peu de sympathie pour le Compagnie de Jésus et quelque nostalgie des tendances modernistes condamnées par Pie X (G, 32). D'autre part, les prêtres de ce Collège affectent une grande négligence pour le décor. Les meubles sont vétustes, les murs poussiéreux. On se flatte que cette austérité permette à la maison d'accueillir gratuitement des enfants de condition modeste (G, 72). Montherlant souligne l'aspect janséniste de ce dépouillement et de cette générosité.

Mais le rapprochement va plus loin (G, 32) : les règles d'éducation sur quoi se fondent ses professeurs sont inspirées de Saint-Cyran ; il peut se donner l'illusion d'avoir été un peu, lui aussi, comme Racine, l'élève des Petites Ecoles. D'autre part, certaines rencontres entre jansénisme et démocratie chrétienne lui semblent d'autant plus significatives, que Sainte-Beuve les a déjà remarquées à propos de Lamennais (SB, III, 493 ; IV, 337). Il voyait tout près de lui, dans sa famille, une femme dont le style de vie le préparait à comprendre Port-Royal. L'influence du Collège allait dans le même sens sur le plan d'une morale et d'une idéologie.

Cependant l'épisode le plus marquant de ces premiers contacts de Montherlant avec le jansénisme est certainement la découverte qu'il fit, vers 1910, dans les papiers de sa grand-mère de ce manuscrit (2) de 1765, « héritage évidemment » (T, 525), « journal de bord d'un conventicule de convulsionnaires, jansénistes dégénérés » (MSr, 110). Après avoir eu l'intention de le publier, il y a renoncé : « J'ai renoncé à publier ce manuscrit qui n'appartenait pas à ma partie profonde, et dont les intrications politiques et religieu-

---

2. Certaines pages du manuscrit de *La Reine Morte* conservé à la Comédie-Française sont écrites au verso de feuilles dactylographiées qui sont des copies du manuscrit des *Convulsionnaires* : en particulier 8 et 10 janvier 1765. Le 8 janvier 1765 sont relatées les aventures de la Sœur Angélique Rachel, qui tient dans sa bouche son crucifix ensanglanté. On retrouve l'habitude signalée par A. Mousset et le geste de Madame de Riancey.

ses n'étaient pas de ma compétence » (MSr, 107). Mais il a inséré, dans ses derniers carnets, la préface qu'il avait composée pour le livre, qui se fût appelé *Les Convulsionnaires* (MSr, 107-116). L'abandon du projet de publication peut s'expliquer, outre les raisons qu'il donne, par le souci de ne pas déconsidérer le Port-Royal de la grande époque en faisant connaître un aspect de sa décadence (3). On retiendra, en tout cas, qu'il a soin de faire la distinction. Les sottises malsaines des convulsionnaires ne l'intéressent pas, ne sont pas de sa *partie profonde*. Il ne veut faire revivre que la période cornélienne du jansénisme, celle des Arnauld.

Il est vraisemblable qu'à quinze ans, sa curiosité était moins délicate. Les quelques détails qu'il donne sur la secte féminine dont il a retrouvé le journal n'ont pas de caractère scabreux. Il n'a pas manqué de remarquer, cependant, la sensualité frelatée, qui se mêle aux élans religieux de ces déséquilibrées, la présence non expliquée de nombreux petits enfants parmi elles ; et, en même temps, la qualité littéraire du texte, qui l'a engagé à quelques emprunts, comme on l'a déjà vu. Il est clair que rien n'est passé de ces *Convulsionnaires*, dans le drame que nous connaissons, mais il reste que les religieuses de 1664 avaient peut-être en

---

3. Pendant tout le cours du xviiie siècle, et même du xixe, la fidélité au jansénisme ne s'est pas démentie, sous les formes les plus respectables. Mais on sait qu'à côté de cette tradition religieuse, se sont développées des superstitions, dont la plus connue a pris naissance au cimetière Saint-Médard, attenant à l'église de ce nom, sur la tombe du diacre janséniste François Paris, mort en 1727. Les miracles obtenus par son intercession se multipliaient et le cimetière était encombré de malades ou de simulateurs agités de mouvements convulsifs. Le cimetière fut fermé en 1732, et c'est seulement vingt-cinq ans plus tard que l'autorité put supprimer la garde qui en interdisait l'accès. Dès 1732 les convulsionnaires se réfugièrent chez des particuliers pour s'y livrer à leur « culte » qui consistait le plus souvent en pratiques érotiques collectives, sadiques ou sacrilèges. Voir Albert Mousset : *L'Etrange Histoire des convulsionnaires de Saint-Médard*, préface de Maurice Garçon, Ed. de Minuit, 1953.

elles le germe des excès morbides du siècle suivant (4). Il n'est pas indifférent de savoir qu'avant d'aborder les *héroïnes*, Montherlant avait d'abord rencontré les *folles* qui devaient indignement se réclamer d'elles.

Lecture du *Port-Royal*.

Après une éclipse, Port-Royal rentre, avec son vrai visage, dans la vie de Montherlant, quand il lit le chef-d'œuvre de Sainte-Beuve, en 1928, ou 1929. (Il a donné l'une et l'autre date (G, 14 ; T, 466 ; T, 526).

C'est par Barrès qu'il est venu à Sainte-Beuve et d'abord, peut-être, aux *Causeries* (E, 1121). Dès le début, son admiration est sans réserve, et sera durable : « Une fois qu'on a goûté de Sainte-Beuve, on ne peut plus s'en passer » (ibid.). On ne saurait imaginer, cependant, deux natures plus éloignées que celles de Montherlant et de Sainte-Beuve. C'est le goût de l'analyse psychologique, la curiosité des âmes, un attrait mal éteint pour le christianisme qui les rapprochent malgré tout. En quelques occasions, ce rapprochement va même chez Montherlant jusqu'à une sorte de mimétisme et, aussi exactement que Proust, ou Balzac dans *Un Prince de la bohème*, il se met à écrire dans le style métaphorique et balancé de l'auteur des *Lundis*. Par exemple : « Et moi-même, écrivant *Santiago*, je n'avais pas quitté tout à fait le vallon des Champs, et jusqu'à habiller un peu à notre mode ces messieurs d'Avila : il y a là, notamment, quelques larmes qui sont françaises... » (T, 523-524).

Ou bien (sur le fait qu'il a lu le manuscrit des *Convulsionnaires* avant *Port-Royal*) : « J'entrai dans le jansénisme par sa caricature et son Bas-Empire » (T, 526). Imitation certainement involontaire et d'autant plus remarquable que ce ton est plus inhabituel chez lui.

---

4. Sébastien Mercier ne nuance pas son jugement ! Après avoir raconté les scènes du cimetière Saint-Médard, il ajoute : « Pascal eût-il deviné que la secte dont il avait embrassé les idées, finirait par donner un spectacle de convulsionnaires ? Mais, si je ne me trompe, il avait un peu de leur physionomie » (*Tableau de Paris*, Tome III, Amsterdam, 1783, p. 225).

Mais, sauf erreur, il ne s'attarde nulle part à commenter le style de Sainte-Beuve. Ce qui le touche avant tout, au moment où il le lit, c'est l'aspect héroïque du Port-Royal réformé par Angélique Arnauld, que Sainte-Beuve a si admirablement rendu dans ses premiers chapitres. Il se trouve qu'en 1928 et en 1929, Montherlant souffre d'un déséquilibre moral que traduit, entre autres textes, « Le Dernier Retour » (dans *Un Voyageur solitaire est un Diable*). Il doute de tout ce à quoi il vient, pendant plusieurs années, de se donner fougueusement. Il se sent tenté de renier le plaisir du voyage et l'hygiène intérieure qu'il croyait en retirer (E, 426). Et les satisfactions de l'instinct qui lui paraissaient si sûres, l'abandon à la nature, l'asservissement au désir, dans ce moment de crise tout cela semble vaciller et révéler son insuffisance : « Le bon soleil, un vallon velouté, ce bœuf salivant d'extase, la chaleur élastique d'un sein ne peuvent fournir qu'une réponse incomplète » (E, 428). Il désavouera, dix ans plus tard, la « folle et funeste équation entre hauteur de l'âme et goût de la souffrance, entre bassesse de l'âme et goût du bonheur » (E. 344). Mais en 1929, c'est cette folie qui lui fait signe.

Et c'est pourquoi il entre dans le livre de Sainte-Beuve avec le sentiment d'un accord profond. Il voit la Mère Angélique et ses sœurs occupées à une entreprise surhumaine de négation, de dépouillement, de dérision du monde. C'est précisément d'une entreprise de ce genre qu'il rêvait comme d'un mirage exaltant quand il parlait de « l'Eldorado de la haute souffrance » (E, 428). Il ressassait l'inutilité de toute chose, action, science, philosophie. Or Sainte-Beuve (SB, II, 381) lui apprend que « M. Singlin voulait donner à Pascal un maître, qui lui enseignât les sciences, et un autre maître, qui lui apprît à les mépriser » (E, 710) (5). Bref il

---

5. Montherlant simplifie la phrase le l'*Entretien avec M. de Saci sur Epictète et Montaigne* : « M. Singlin crut, en voyant ce grand génie, qu'il ferait bien de l'envoyer à Port-Royal-des-Champs, où M. Arnauld lui prêterait le collet en ce qui regarde les autres sciences, et où M. de Saci lui apprendrait à les mépriser » (*Œuvres de Pascal*, Hachette, « Les Grands Ecrivains de la France », IV, 31).

trouve dans Port-Royal, tel que le lui montre Sainte-Beuve, de quoi complaire à son goût du recul et de l'isolement. Ce que les jansénistes attendent de leur retraite, ce qui leur est donné, une fois barricadés dans le cloître, il ne s'en soucie pas : « En tous les lieux, à toutes les époques, une retraite comporte un premier mouvement, par lequel on rejette le monde, et un second, par lequel on met quelquechose dans la place laissée vide par ce rejet. » Dans Port-Royal, « il y a d'abord pour moi des gens qui se séparent, avant que je songe à ce qu'ils vont faire de leur séparation » (T, 925).

Sainte-Beuve avait bien vu, lui aussi, ce double mouvement. Il cite les impressions d'une des filles d'Antoine Arnauld, la sœur Anne-Eugénie, à son entrée au couvent : « Au commencement que j'entrai, je sentis un vuide dans mon âme qui m'était bien pénible ; et l'ayant dit à la mère Agnès, elle me répondit que je ne m'en étonnasse point, parce qu'ayant quitté toutes les choses du monde, et n'étant point encore consolée de Dieu, j'étais comme entre le Ciel et la terre. Environ un an après, je sentis que ce vuide était rempli » (SB, I, 183). Il est certain que Montherlant a lu de près ce passage, car c'est là que se trouvent les paroles du prophète Osée (II, 14) que le grand Vicaire (T, 905) est obligé de souffler à l'Archevêque : *Ducam eam in solitudinem*... On voit que, comparé aux filles de Port-Royal, son attitude est à la fois toute semblable et tout opposée. Il les accompagne dans leur première démarche. Ils ont en commun le « vuide. » Mais, « pénible » pour elles, ce vuide est délectable pour lui. Elles cherchent au-delà et sont récompensées. Lui ne cherche rien.

Tout compte fait, Sainte-Beuve l'aura cependant rapproché du christianisme. Barrès se demande si Sainte-Beuve a vraiment connu la religion et il admet seulement qu'« il s'est intéressé un instant à la sensibilité catholique » (*Mes Cahiers*, IX, 74). Montherlant va beaucoup plus loin. A mainte reprise (G, 14-15 ; MSr, 89 ; T, 917) il présente Sainte-Beuve comme un intercesseur, d'autant plus persuasif qu'il est incroyant et par là ne peut être soupçonné de parti pris. On a déjà rencontré ce problème à propos du *Maître de Santiago*. Sainte-Beuve (et Montherlant) sont des « apologistes du dehors » (T, 917). Qui n'a pas la foi, peut la donner aux autres ou du moins en donner le désir, Montherlant a toute sa vie médité ce paradoxe. Le Port-Royal de Sainte-Beuve ne lui rend pas la foi qu'il a perdue depuis longtemps, mais lui ouvre les yeux sur l'essence même du christianisme : « Port-Royal, entre le seizième et le dix-huitième siècle, c'est-à-dire deux siècles volontiers incrédules, ne fut, à le bien prendre, qu'un retour et un redoublement de foi à la divinité de Jésus-Christ » (SB, I, 13).

Cette vérité une fois aperçue, et s'en étant satisfait l'esprit, Montherlant n'en tient personnellement aucun compte. Au contraire, il affine l'analyse des sévérités jansénistes au contact de cette Alger sensuelle et païenne où il vit. Ce contraste lui est une volupté intellectuelle, parmi beaucoup d'autres voluptés, dans ces années 1930-1932 où il a, on le sait, trouvé le bonheur. La définition qu'il donnera de Georges Carrion, héros de *Fils de Personne*, commence à lui convenir parfaitement : « Georges est un libertin janséniste, type d'homme autour duquel j'ai toujours tourné (Costals, *Port-Royal*) » (T, 282).

Un libertin janséniste.

Avant de se mettre au premier *Port-Royal,* ce libertin et ce janséniste vont écrire en collaboration *Les Jeunes Filles* (1936). Le libertin s'occupera d'Andrée Hacquebaut et de Solange Dandillot, le janséniste de Thérèse Pantevin. Celle-ci qui ne reparaîtra plus guère dans les trois autres volumes de la série se trouve à la première et à la dernière page du premier. C'est une fille de la campagne, dévote et exaltée. Sa sensualité mêle aux pratiques religieuses l'amour qu'elle voue, par correspondance, au héros du roman, l'écrivain Costals. Ses élans passionnés sont comme la caricature de ceux que Sainte-Beuve décrit chez les religieuses de Port-Royal. Pour finir, avant d'être internée dans un asile psychiatrique (R, 1198), elle est victime d'une crise d'hystérie (R, 1077) provoquée par une sorte de rendez-vous à distance dont l'idée est peut-être prise aux *Liaisons dangereuses* (lettres 47 et 48). C'est de ses *Convulsionnaires*, parfois utilisés textuellement, que Montherlant s'est servi pour ce dénouement.

Quant aux quelques lettres que Costals, entre deux rendez-vous galants, consent à écrire à son adoratrice, elles sont dans la plus pure tradition des directeurs de conscience jansénistes. Elles « pourraient être de la main de Saint-Cyran » déclare Montherlant (T, 527). C'est vrai, mais d'un Saint-Cyran athée qui, en toute occasion, car Costals n'est pas hypocrite, proclamerait son incroyance. Selon ce directeur rigide, les plus innocentes distractions sont proscrites (R, 947) ; le mariage est un foyer d'infection (R, 932) ; tout plaisir est criminel : « Un verre d'eau qui vous plaît à la bouche, et vous souffletez Jésus-Christ » (R, 947). Vitupération digne de Léon Bloy, comme, encore davantage, celle-ci : « On voit dans les églises, aux messes d'onze heures, pliant le genou et généreux à la quête, une multitude de damnés » (R, 1072).

Telles sont donc les recommandations qui conduiront la malheureuse Thérèse à l'asile : se conformer étroitement aux avis d'un confesseur éclairé (R, 948) ; se consacrer à la méditation et, selon l'enseignement de Saint-Augustin (R, 946), ne pas laisser les créatures faire obstacle (on se rappelle Alvaro) entre cette méditation et Dieu. Méditation tremblante, car nul malgré ses mérites n'est assuré de la grâce et le Christ n'a pas prié son père pour tous les hommes mais pour quelques-uns (St Jean, XVII, 9 ; R, 947).

Les lettres de Costals à Thérèse Pantevin sont bien loin, dans l'esprit de l'auteur, d'être inspirées par une outrance dérisoire et odieuse. Elles contribuent à conduire la jeune fille au désastre, mais elles sont animées d'une intention secourable. Elles se relient, en tout cas, étroitement au dossier de *Port-Royal*, dont elles constituent comme une sorte de pitoyable préface.

LE PREMIER *PORT-ROYAL*

Naissance du drame.

En 1940, Montherlant commence à écrire un premier *Port-Royal*. Il situe le début de son travail tantôt en avril ou mai (T, 527 ; MSr, 113), tantôt plusieurs mois auparavant (E, 872). En fait, nous sommes mal renseignés sur ce drame qu'il affirme, à plusieurs reprises, avoir détruit (T, 525 ; E, 1544). L'essentiel des indications qu'il nous a laissées tient dans la préface du second *Port-Royal* et dans une note qui figurait, en 1947, dans la première édition du *Maître de Santiago*. Cette note n'a jamais été séparée depuis, des éditions de ce drame. Elle prête à confusion si, comme il arrive, par exemple, pour la collection Folio, les lecteurs ne sont pas avertis qu'elle ne traite pas du *Port-Royal* actuellement accessible.

En mai, au moment de l'offensive allemande, Montherlant quitte Paris et pendant trois semaines se mêle aux combattants. D'après son propre témoignage, les combats malheureux, l'humiliation sans précédent de la France, marquent profondément son travail. Il s'y replonge désespérément dès l'armistice, dans une période où il se sent en désaccord profond avec ses compatriotes : « Je ne pouvais prononcer *une* parole sans voir qu'elle choquait. Jamais je ne fus plus seul, et plus convaincu qu'il était temps que je me retire d'un monde par trop différent de celui qu'il y a en moi » (E, 1543).

Il y avait donc dans ce premier *Port-Royal*, une réaction de dégoût, le désir d'oublier une situation insupportable, le « travail-narcotique », comme il dit encore (E, 1543). Dans la mesure où la pièce terminée en avait gardé la trace, elle devait être comparable au *Maître de Santiago*, écrit en 1945, époque où Montherlant se juge la victime d'un ostracisme inique. Amertume et violence, mais espérance aussi. Le drame religieux et le drame national se superposaient. Port-Royal s'était fortifié dans l'épreuve et la persécution, un pays vaincu pouvait se montrer capable de la même patience et de la même résolution.

Originalité de *Port-Royal I.*

On peut, grâce aux commentaires de Montherlant, deviner quelques-uns des points sur lesquels se distinguent les deux *Port-Royal.* Tout d'abord, même si le premier ne comportait pas de modifications touchant les faits historiques (T, 843), la documentation y était sans doute moins heureusement assimilée. On verra quelle est, dans le second, l'extraordinaire fidélité de l'auteur aux textes qui contiennent la matière de l'histoire du jansénisme. Pour le premier, il n'avait pas eu la même patience et les mêmes soins. Effrayé par l'ampleur des investigations nécessaires, il avait renoncé à prendre du sujet, avant d'écrire, une connaissance exhaustive, il s'était « jeté à l'eau » (T, 527).

Mais il ne s'était pas senti à l'aise dans son travail. *Port-Royal I* était une œuvre écrite avec difficulté, hésitation et doute, dans une angoisse analogue à celle d'une vocation religieuse incertaine (T, 529). La rédaction dura deux ans, délais inhabituels pour Montherlant. Il compare cette longue gestation (T, 529) aux combats de la Grâce et de l'âme inquiète, tels que les vivaient elles-mêmes les héroïnes de Port-Royal. On peut supposer que la pièce gardait la trace de ce manque d'élan, une certaine lourdeur, peut-être, tout opposée à l'extraordinaire aisance de *Port-Royal II.*

D'autre part, (T, 528), il s'était trouvé devant le choix imposé fondamentalement à tout drame historique : soumission intégrale à la réalité connue, ou transposition ? Il n'avait pas, semble-t-il, trouvé de solution entièrement satisfaisante. Orienté d'abord vers le premier parti, il s'en détourne, parce que, dit-il, « les jansénistes sont de très mauvais écrivains » (T, 528). Il est donc obligé de leur inventer un langage, qui n'a pas, sans doute, la splendeur baroque de *La*

Reine morte, mais qui résulte d'une fabrication artificielle. A partir de là (T, 528) il tend nécessairement à augmenter la part de la création au détriment du respect de l'Histoire. Sur ce point-là aussi, *Port-Royal II* sera conçu dans un esprit tout différent. L'auteur, en 1953, est beaucoup plus docile à son sujet, beaucoup plus simple. On voit très bien comment il a pu, à cet égard, tirer profit de sa première expérience.

Enfin Montherlant, en face de l'immense sujet que lui proposait Sainte-Beuve, s'était posé la question du découpage (T, 528). Comment délimiter dans les cent ans, qui vont de la réforme de l'abbaye à sa destruction, le cadre de deux ou trois heures de spectacle ? Il trouvait dans Sainte-Beuve lui-même l'esquisse d'une répartition par tableaux qui aurait, selon l'ordre chronologique, marqué de loin en loin les principales étapes du drame : « Ce Port-Royal tant aimé des siens, qu'on voit renaître, grandir, lutter, être veuf longtemps ou de ses solitaires ou même de ses sœurs, puis les retrouver pour les reperdre encore et pour être bientôt perdu lui-même et aboli jusque dans ses pierres et ses ruines, ce Port-Royal, en sa destinée, forme un drame entier, un drame sévère et touchant, où l'unité antique s'observe, où le Chœur avec son gémissement fidèle ne manque pas » (SB, I, 24-25). Il récuse cependant cette formule. Il la dédaigne, comme trop facile (T, 528). Création artistique suppose contrainte et composition : les tableaux successifs échappent à toute contrainte et finissent par ressembler à ce que Henri Clouard appelle, parlant de Sacha Guitry, une sorte de « nouveau Musée Grévin » (6).

Le Sujet.

Dans *Port-Royal I*, comme il le fera dans *Port-Royal II*, Montherlant se résignait donc à ne pas tout dire, à sacrifier des épisodes d'intérêt majeur. Il se limitait à une journée. Et

---

6. *Histoire de la littérature française du Symbolisme à nos jours*, II, 363.

il choisissait la plus célèbre de l'histoire de Port-Royal : la « journée du Guichet » (T, 523) (7). Tout, chez Sainte-Beuve, l'engageait à ce choix.

Le chapitre V du livre premier de *Port-Royal* mêle le récit de ce qui s'est passé à l'abbaye des Champs, le 25 septembre 1609, avec l'analyse, en général, de la « conversion ». On sait que le mot définit alors le passage d'une âme qui vit déjà selon les lois de Dieu et de l'Eglise, à un degré supérieur de vie chrétienne, celui du christianisme héroïque, où accède la jeune Angélique.

Ce passage, c'est l'action de la Grâce que Sainte-Beuve, sans nommer Stendhal, compare à ce qu'« un homme d'esprit » a nommé la cristallisation (SB, I, 102). Il en observe, dans le détail, les différentes caractéristiques : la Grâce frappe subitement, elle est paradoxale dans ses voies, choquante pour le bon sens et la morale commune, dominatrice en tout l'être qu'elle envahit sans lui permettre de réserver la moindre part de lui-même. Cette sorte d'investigation psychologique, si claire et si méthodique, se rapproche étonnamment des analyses qui constituent la majeure partie des commentaires de Montherlant sur son théâtre.

La suite, le récit, n'était pas moins de nature à le séduire. C'est une narration fine et colorée où chacun tient son rôle : le père indigné d'abord de ce que sa fille ose lui barrer l'entrée du monastère, attendri ensuite quand elle tombe évanouie ; la mère qui jure de ne jamais revenir à Port-Royal ; le frère, Arnauld d'Andilly, avec toute l'ardeur de ses vingt et un ans (8) ; les religieuses pour la plupart réprobatri-

---

7. Montherlant se livre donc à un compte approximatif lorsque, comparant les deux *Port-Royal*, il écrit (T, 841) : « Il y a cinquante ans d'écart entre les dates où se passent ces deux pièces » *Port-Royal I* est situé en septembre 1609, *Port-Royal II* en août 1664. La mère Agnès, seul personnage qui paraisse dans les deux (T, 841) y a 16 ans et 71 ans.

8. Arnauld d'Andilly, âgé de soixante-seize ans, sera présent, au faubourg Saint-Jacques, quand sa fille, la sœur Angélique de Saint-Jean, sera expulsée du monastère de Paris, le 26 août 1664. Mais il ne paraît pas dans *Port-Royal II*, qui raconte cette autre journée.

ces, et surtout l'héroïne de dix-huit ans qui tient tête à tout le monde et finalement triomphe.

« N'admirons-nous point, conclut Sainte-Beuve, à chaque pas du récit, les caractères soutenus, et imprévus en même temps, de ces natures naïves et fortes ? On en sourit, ce me semble, et l'on en pleure, comme à une tragi-comédie de Corneille » (SB, I, 114). Et c'est en effet en ce point du *Port-Royal* que s'ouvrent les chapitres consacrés à Corneille et à Rotrou.

Tel était donc le sujet que traitait *Port-Royal I*. Nous ne savons comment se répartissaient les différents épisodes. Montherlant a cependant précisé (T, 841) que la pièce était en quatre actes : différence fondamentale avec *Port-Royal II* et qui suffirait à distinguer chacune des deux pièces.

Sur le fond même, l'atmosphère d'élévation morale, où baigne la seconde, imprégnait certainement aussi la première (moins perceptible peut-être à cause du relief plus accentué de l'intrigue). On en conserve une trace dans le fragment de *Don Fadrique* (E, 623) que Montherlant avait refondu et incorporé à *Port-Royal I* (T, 526). C'est une scène de direction morale où Don Fadrique vient se jeter aux pieds de l'abbé de Montserrat, qui refuse de l'entendre en confession et l'envoie à un autre prêtre : « Vos péchés ne m'intéressent pas » (E, 624). Les revirements extraordinaires et les pénitences tapageuses qui étonnent le monde, sont par ce prêtre sévèrement proscrites. Son enseignement tient en deux mots : *humilité* et *silence*. On trouvera dans le premier chapitre du livre II de Sainte-Beuve (SB, I, 341-367) la source très précise de cette scène (Alvaro y a déjà puisé). Sainte-Beuve y analyse les principes de la direction de conscience, selon Saint-Cyran et il les montre, pratiqués par lui, sur Marie-Claire Arnauld, sœur de la grande Angélique. « Je n'avais ni désir, ni dessein de vous voir » (SB, I, 348). « Je ne veux point de mines, de soupirs, ni de gestes, mais un silence d'esprit qui retranche tout mouvement » (SB, I, 350). La hauteur et la rudesse de l'abord, l'humiliation systématique, l'horreur de la pénitence publique sont donc des traits passés sans changement de Saint-Cyran à. *Don Fadrique* et à *Port-Royal I* par l'intermédiaire de Sainte-Beuve.

La réforme.

Il y avait enfin dans la pièce de 1940-1942 un élément capital, qui ne se retrouve pas dans le *Port-Royal II*, c'est l'idée de réforme. Sainte-Beuve prononce le mot dès le début de son ouvrage. Pour lui, l'esprit de Port-Royal « fut à la lettre une espèce de *réforme* en France, une tentative expresse de retour à la sainteté de la primitive Eglise sans rompre l'unité » (SB, I, 12). La « journée du Guichet » était l'illustration la plus pittoresque de cet esprit de réforme, objet constant des réflexions de Montherlant (T, 938). Le thème est à l'origine de *La Ville dont le prince est un enfant* (ibid.) et des *Garçons* (G, 14). Il inspire l'Ordre de Chevalerie dont les règles sont décrites dans *Solstice de juin* (E, 867). Il s'accorde, en 1940, aux réactions de Montherlant devant le désastre de la France (T, 527-528). *Port-Royal I* se rattachait donc plus ouvertement au centre même de ses pensées. *Port-Royal II* s'y rattache peut-être plus intimement.

Une comparaison plus détaillée ne reposerait que sur des hypothèses. Il est possible cependant d'entrevoir les raisons pour lesquelles la pièce fut détruite. Qu'elle fût impossible sous l'occupation allemande (T, 841), c'est, on le suppose, parce qu'elle glorifiait un acte de révolte, et, comme *Antigone*, d'obéissance à une autorité morale supérieure. Que l'auteur l'ait ensuite considérée, la relisant en 1948 et en 1953, comme une œuvre manquée (T, 841), c'est certainement parce qu'elle différait de l'esthétique, mieux conforme à ses goûts, qui anime *Port-Royal II*. On suggérerait volontiers qu'une autre différence fut peut-être déterminante. *Port-Royal I*, en 1609, c'est la jeunesse de l'abbaye, l'allégresse d'un combat victorieux. *Port-Royal II*, en 1664, c'est le jansénisme français écrasé par ses adversaires. Et l'on sait déjà que la prédilection de Montherlant s'adresse toujours aux causes vaincues.

LES SOURCES
DU SECOND *PORT-ROYAL*

Pour écrire le premier *Port-Royal*, Montherlant, on l'a vu, s'était *jeté à l'eau* avant d'avoir réuni une documentation complète. Encore déclare-t-il qu'il était demeuré trop servilement assujetti à la vérité historique (T, 843). Au contraire, il estime que sa seconde pièce s'est libérée de ces scrupules. A vrai dire, les modifications qu'il y fait subir à l'Histoire sont de peu d'importance et ce *Port-Royal* définitif repose sur des assises extrêmement solides : Sainte-Beuve, avant tout, et les textes vers lesquels Sainte-Beuve conduisait : l'Ecriture sainte, l'*Histoire des persécutions des religieuses de Port-Royal écrites par elles-mêmes* (1753) ; les *Mémoires pour servir à l'histoire de Port-Royal* (1734) ; les *Vies intéressantes et édifiantes des religieuses de Port-Royal* (1750) ; les lettres inédites de la sœur Angélique de Saint-Jean ; La *Relation de captivité* de cette religieuse, rééditée en 1954 par l'abbé Louis Cognet.

Ces textes, utilisés parfois sans modification, tiennent une place si importante dans la pièce, qu'il est extrêmement hasardeux de la commenter dans le détail comme une œuvre entièrement originale. On risque, à chaque page, de porter au crédit de l'auteur une pensée ou une image qui appartiennent en fait à l'archevêque Hardouin de Péréfixe ou à la sœur Angélique de Saint-Jean. Une lecture attentive suffit d'ailleurs à le faire pressentir. *Port-Royal* n'est pas écrit dans le style de La *Reine morte* ou du *Maître de Santiago*. On dira que la rhétorique a été contenue, ici, par une sorte de respect devant le sujet. Mais cela tient aussi à la proportion importante des répliques qui sont de simples citations. Montherlant n'a pas fait mystère de ces emprunts (T, 945), il est loin cependant de les avoir signalés tous. Parmi les matériaux dont il s'est servi, on retiendra surtout l'Ancien et le Nouveau Testament, la *Relation de captivité de la Mère Angélique* et le *Port-Royal* de Sainte-Beuve (9).

L'Ecriture sainte.

L'abbé de Saint-Cyran, écrit Sainte-Beuve (SB, I, 480) « découvrait perpétuellement de nouvelles lumières dans l'Ecriture, et s'écriait quelquefois dans une sorte de transport : *J'ai trouvé aujourd'hui un passage que je ne donnerais pas pour dix mille écus.* » Une communauté religieuse comme celle de Port-Royal vivait dans la méditation constante de l'Ecriture, ne cessait de s'en nourrir, d'y puiser les raisons d'espérer ou de craindre, des arguments dans la controverse, parfois même des avertissements sur l'avenir. La pièce est donc très naturellement sous-tendue par des phrases tirées des textes sacrés.

On peut en distinguer un premier groupe sans références, ou à références imprécises, mais où la citation est textuelle. Ce sont en majeure partie des passages de l'Evangile, et surtout de saint Matthieu : « Si on vous persécute dans une ville, fuyez dans une autre » (T, 858 ; Mt, X, 23). — « Mettez-vous d'accord avec votre adversaire » (T, 866 ; (Mt, V, 25). — « Prenez ce qui est à vous, et allez-vous en » (T, 873 ; Mt, XX, 14). — « La vérité délivre » (T, 877 ; Jn, VIII, 32). — « Déjà ils sont condamnés » (T, 899 ; Jn, III, 18). — « Quand il m'aurait tué, j'aurais encore espérance en lui » (T, 908 ; Job, XIII, 15).

On a vu que la « si belle parole », que l'archevêque, dans sa colère, n'arrive plus à retrouver, (T, 905) est extraite du prophète Osée (II, 14). Quant aux « Portes des ténèbres » à deux reprises évoquées par la sœur Angélique (T, 882, 915),

---

9. Sur la question des sources de *Port-Royal*, on lira avec beaucoup de profit le livre de Bona Mondini : *Montherlant. Du côté de Port-Royal. La pièce et ses sources,* Paris, Nouvelles Editions Debresse, 1962.

elles se trouvent dans le livre de Job : « Numquid apertae sunt tibi portae mortis, et ostia tenebrosa vidisti ? » (XXXVIII, 17).

Ces différentes citations ne n'insèrent pas toutes de la même façon dans le dialogue. Celle de l'archevêque est une citation d'habitude, presque machinale, un ornement inutile. Les « ostia tenebrosa » de Job confrontent une détresse actuelle avec une détresse souvent considérée dans la prière, résignée et finalement réconfortée. Ailleurs (Mt, X, 23 ; Mt, V, 25 ; Jn, VIII, 32) la parole évangélique n'apparaît que pour être contestée ou sombrement mise en opposition avec la réalité. La docilité de ces pieuses filles n'est donc pas nécessairement servile. Ces usages nuancés de l'Ecriture marquent les nuances des caractères et, dans ce drame tout intérieur, constituent un élément, sinon d'action, au moins d'animation.

En d'autres cas, Montherlant prend plus de libertés. Quand la sœur Gabrielle s'écrie : « Saint Paul ne prononce-t-il pas que vous avez le droit de vous louer, quand on pousse trop loin le blâme contre vous ? » (T, 856), elle ne cite pas, elle résume l'esprit des chapitres X-XII de la deuxième épître aux Corinthiens. Le psaume : « Seigneur, rompez mes chaînes » (T, 885 ; voir Ps. CVI, 14 et CXV, 16), la phrase où Jésus est accusé par les scribes d'être Samaritain (T, 890 ; Jn, VIII, 48) ne respectent pas le texte intégral de l'Ecriture. Quand sœur Angélique lit au hasard un passage de l'Epître aux Philippiens (T, 880 ; Phil., IV, 4-6), elle en saute un verset. Quand elle cite « les mots du psaume : *Leur âme s'est fondue en présence du péril* » (T, 882), elle amalgame, en réalité, deux passages du psaume XXI : « Factum est cor meum tanquam cera liquescens in medio ventris mei » (XXI, 15) et : « Quoniam tribulatio proxima est » (XXI, 12).

Enfin l'Ecriture apparaît encore, dans la pièce, sous une forme plus discrète : ce sont les allusions. L'abbé Louis Cognet, éditeur de la *Relation de captivité* de la sœur Angélique, avoue (RC, 24) qu'il a dû renoncer à signaler « les innombrables citations implicites qui forment presque le fond de cette prose, littéralement tissue d'images bibliques. »

Dans *Port-Royal*, ces *citations implicites* sont sans doute assez abondantes. Par exemple, « la doctrine farouche » qu'évoque le père de la sœur Gabrielle (T, 853), c'est celle de l'Evangile selon saint Luc, XIV, 26. Le « galeux » qui se nourrit de reliefs (T, 854), c'est Lazare chez le mauvais riche (saint Luc, XVI, 21). Ailleurs les épisodes de l'Ecriture sont plus clairement signalés : le jugement dernier (T, 861 ; Mt, XXV, 31-46) ; l'âme qui se noie comme saint Pierre (T, 882 ; Mt, XIV, 30) ; Elie, le feu du ciel et le char flamboyant (T, 879 : IV. Reg., I, 10 ; II, 11). — « Vous êtes le sel de cette maison » (T, 875) rappelle le *Sermon sur la montagne*. Les flèches qui volent le jour, les démons de midi qui hantent l'imagination enfiévrée de la sœur Angélique, avant de s'incarner en Péréfixe et son clergé, viennent de l'office des Complies des dimanches et fêtes (Psaume XC, 6). On pourrait sans doute déceler bien d'autres allusions à l'Evangile ou à l'Ancien Testament. Même quand elles n'ont pas d'utilité immédiate, leur rôle est cependant essentiel. Outre ce qu'elles révèlent sur chacun des personnages, elles donnent à la pièce, par le livre de Job ou par saint Matthieu, sa couleur sévère ou émue, elles la situent dans une atmosphère et dans une culture.

La *Relation de captivité* de la Sœur Angélique.

La Sœur Angélique de Saint-Jean, qu'on voit partir à la fin de *Port-Royal* pour le couvent des Annonciades, y reste dix mois, sous la surveillance la plus étroite. Privée de nouvelles, exclue des sacrements, menacée d'excommunication, elle demeure inébranlable dans son refus de signer le formulaire de l'Archevêque de Paris. Elle est enfin libérée, le 2 juillet 1665 et, avec les autres religieuses rebelles, on l'emmène à Port-Royal-des-Champs, où, dans les mois qui suivent, elle rédige le récit de sa captivité. Ce texte fut publié seulement en 1711 par le Père Quesnel et réédité en 1724. A l'instigation de Montherlant, il a fait l'objet d'une édition moderne, annotée par l'abbé Louis Cognet, l'année même où la Comédie-Française créait *Port-Royal*. C'est avec les indications complémentaires de l'abbé Cognet, l'une des sources principales de la pièce.

On y trouve d'abord des circonstances précises, qui donnent à *Port-Royal* l'accent de la vérité et de la vie. Comment sont-elles choisies ? On ne peut toujours le déterminer avec certitude. On aperçoit parfois une raison. Ce peut être un mot qui a retenu l'attention de l'artiste : *cellerière*, par exemple, à quoi se rattache le souvenir d'une fable de La Fontaine, a pu provoquer la courte scène de la Sœur Françoise-Claire (T, 894 ; RC, 160, 291). Ou bien c'est un détail de dévotion caractéristique, comme cette lettre de Saint-François de Sales que la Mère Agnès porte toujours sur elle (T, 884 ; RC, 298). Ou bien encore ceci, qui est plus important : quand la Sœur Angélique évoque le malaise et l'évanouissement dont elle fut victime une nuit sur le seuil de sa cellule (T, 883), Montherlant n'invente rien et ce mauvais souvenir inquiétait la religieuse, aux Annonciades, seule chaque soir, « enfermée sous trois portes » dans l'impossibilité de recevoir éventuellement du secours (RC, 43). Le trait est retenu pour caractériser à la fois l'angoisse, la nervosité excessive du personnage et sa santé chancelante.

La dernière scène, l'altercation entre Sœur Angélique et Sœur Flavie, se comprend beaucoup mieux si elle s'inscrit dans la réalité que présente la *Relation de captivité*. Comme dans la pièce, la Sœur Angélique «[était] du dernier carrosse » (RC, 29). Comme dans la pièce, elle a le temps de démasquer l'ambitieuse Flavie. Son attitude ne prend tout son sens que si l'on sait, par son récit, avec quelle exactitude elle se contraint à observer la charité même à l'égard de ses ennemis. Mais dans le cas présent, il y a urgence et il y va de l'intérêt de Port-Royal : « J'eus (...) le loisir, pendant que les autres sortaient, de donner quelques avis à nos sœurs qui demeuraient dans la maison, dont le plus important était de se défier de celle qui nous trahissait, et que j'avais bien reconnue depuis quelque temps, dont néanmoins je n'avais osé dire ma pensée à la Communauté, attendant qu'elle se découvrît elle-même, mais il n'était plus temps de différer. Je vis si clairement qu'elle avait fait faire la liste de ce qu'elle voulait chasser de la maison, que je ne doutais plus qu'elle n'eût tout à fait dessein de la détruire, et que je ne dusse la faire connaître, parce que la plupart ne s'étaient point aperçues de son changement et auraient pu y prendre confiance » (RC, 30).

De même, Port-Royal se flattait d'être le seul monastère où les postulantes fussent admises sans dot. C'était l'un des points de la réforme de 1609, l'une des fiertés des religieuses (RC, 101, 287). Cette particularité éclaire l'indignation de la Sœur Flavie, quand il semble qu'on lui reproche d'être entrée sans dot au couvent (T, 912).

La *Relation de captivité* offrait encore à Montherlant des expressions, des répliques qu'il a transcrites telles quelles. Elles sont parfois très banales : « M. l'Archevêque (...) regardant ses ecclésiastiques, leur dit : *Messieurs, vous savez ce que vous avez à faire* » (RC, 27 et T, 894). Parfois aussi beaucoup plus révélatrices : « J'éprouvai sensiblement que, pour ne pas s'affaiblir dans les grandes afflictions, il ne faut point rabaisser ses yeux qu'on a élevés vers les montagnes, parce que c'est de là que vient le secours continuel dont on a tellement besoin pour ne se pas abattre... » (RC, 37 et T, 882-883 où cette phrase très longue, dont on ne cite que le début, est vigoureusement abrégée par Montherlant). Il abrège aussi cette autre comparaison de la Sœur Angélique : « Il me semblait que je portais toujours mon âme dans mes mains, comme une gouvernante porte entre ses bras un enfant que l'on sèvre, qu'elle promène et qu'elle divertit tant qu'elle peut, pour l'empêcher de se souvenir de sa nourrice, dont elle le détourne toutes les fois qu'elle la rencontre, de peur que sa vue ne renouvelle ses larmes. Port-Royal affligé était comme ma nourrice » (RC, 38 et T, 877). D'autres fois, Montherlant se contente de reproduire à quelques mots près le texte de la *Relation de captivité*. C'est le cas pour le cauchemar de la Sœur Angélique, dont seulement le début est simplifié (RC, 187-188 et T, 881). On pourrait multiplier ces rapprochements. On trouverait dans la *Relation* l'opinion que l'Eucharistie peut être remplacée par l'union à la passion du Christ (RC, 125, 145 ; T, 891) (10) ; l'usage d'interpréter, en cas de nécessité, un verset pris au hasard dans la Bible (RC, 162 ; T, 880) ; les alternances mystiques d'exaltation et de dépression (RC, 61) familièrement transposées par la Sœur Françoise (T, 869) et dont le personnage de Ferrante avait déjà fait son profit (T, 173). La Sœur Angélique est un écrivain plein de ressources. Assez riche même pour prêter dans *Port-Royal* une réplique à son adversaire. « Qui donc sait mieux que vous, s'écrie Péréfixe, qu'on ne trouve la Croix qu'au pied de la Croix ? » (T, 906). Effectivement ! Car c'est bien elle qui a écrit : « La science de la Croix ne s'apprend qu'aux pieds de la Croix » (RC, 68).

Mais le principal intérêt de la *Relation de captivité* réside dans ce qu'elle apprend à Montherlant sur son héroïne, sa vigueur intellectuelle et morale, sa piété. Et surtout sur sa défaillance passagère. Entourée d'hostilité comme une chrétienne captive chez les Turcs (RC, 116, 266 ; T, 883), réduite à la prière des cris et des gémissements (RC, 157 ; T, 885), la Sœur Angélique éprouve pendant quelques semaines la tentation du doute (RC, 60-68). Plus tard, sur la fausse nouvelle que la Mère Agnès s'est résolue à signer, elle sent de nouveau sa confiance vaciller (RC, 155 ; T, 883). Elle exprimera encore plus nettement son tourment et sa déréliction dans une lettre à Arnauld reproduite en partie par l'abbé Cognet (RC, 283). C'est autour de cette détresse morale que Montherlant construit toute sa pièce. *Port-Royal I* illustrait, comme *Polyeucte*, le triomphe de la foi. *Port-Royal II* en fait voir, chez les plus assurés, la fragilité.

Les emprunts à Sainte-Beuve.

Si la *Relation de captivité* donne l'esprit de la pièce, le *Port-Royal* de Sainte-Beuve lui offre une somme considéra-

---

10. M. l'abbé Paul Cuvelier veut bien me signaler que la Prieure fait vraisemblablement allusion à un texte de Guillaume de Saint-Thierry, longtemps attribué à saint Bernard et que Montherlant a sans doute trouvé dans les documents jansénistes qu'il a eus entre les mains : *Patrologie latine* de Migne, vol. 184, col. 953 et 327.

ble de faits et de textes. C'est là, par exemple, que Montherlant a pris les calomnies tendant à confondre les Jansénistes et les Frondeurs (SB, I, 17 ; T, 895), la rencontre d'Arnauld d'Andilly et de Saint-Cyran dans le bois de Vincennes, le matin de l'incarcération de ce dernier (SB, I, 485 ; T, 880), ses angoisses au début de sa captivité (SB, I, 490, 505 ; T, 881, 882), sa sévérité à l'égard des faiblesses de la Papauté (SB, I, 213 ; T, 901). Tout le parallèle, si important pour l'auteur de *Santiago* et de *Port-Royal* entre la « race des doux » (11) et la race des durs (T, 536) vient de Sainte-Beuve (SB, I, 214-218) ; c'est l'opposition du christianisme de Saint-François de Sales et de celui de Saint-Cyran.

Voici des mots : « Nous tuerons la bête, mais la bête aussi nous tuera » (SB, IV, 156 ; T, 883). — « S'ils pouvaient être seulement six mois sans écrire ! » (SB, IV, 186 ; T, 896). — « Tout ce qui peut faire du trouble dans la Religion en peut aussi causer dans l'Etat » (SB, IV, 191 ; T, 908).

Voici des gestes : celui de la religieuse qui, après s'être mise en colère contre l'archevêque, revient lui demander sa bénédiction (SB, IV, 188 ; T, 904 ; E, 1094) ; celui de la première Angélique, qui fait mine de chasser des mouches, quand on parle devant elle des petitesses de l'humanité (SB, IV, 155-156 ; T, 867).

Voici des réactions : celle qui oppose la sécurité des *Messieurs*, rédigeant, à l'abri, leurs libelles, aux tribulations des religieuses (SB, IV, 171 ; T, 858) ; des anecdotes : Péréfixe qui fait tomber tout de son long l'évêque de Chartres (SB, III, 35 ; T, 860) etc...

Si la Sœur Louise propose de faire porter à l'archevêque un panier de pêches cultivées par M. d'Andilly (T, 861), c'est que Sainte-Beuve a consacré quelques pages de bonne humeur aux goûts rustiques du vieillard, au soin qu'il prenait des poires et des pavies de la communauté (SB, II, 258-263). Enfin, si la réplique de l'archevêque : « Refuser l'Académie

---

11. « Race des doux » est repris, en charge, par Balzac au début de son pastiche de Sainte-Beuve, dans *Un Prince de la Bohème*.

est une vanité comme une autre » (T, 901-902) peut être mise au compte personnel de Montherlant, l'impertinence de la Sœur Françoise, à quoi elle répond, utilise la réalité historique : Arnauld d'Andilly a bien décliné l'honneur d'entrer à l'Académie, et ce refus fut à l'origine d'un article des statuts de la compagnie selon lequel nul n'y serait admis sans en avoir fait d'abord la demande (SB, II, 279).

Ainsi derrière un très grand nombre de répliques Sainte-Beuve se trouve présent. Pour n'en citer qu'une dernière preuve, on comparera le détail de la sentence de condamnation, telle que l'archevêque la prononce chez Montherlant et telle qu'on la lit dans la relation janséniste citée par Sainte-Beuve.

« Si jamais homme a eu sujet d'avoir le cœur outré de douleur, je puis dire que c'est moi, vous trouvant toutes dans l'opiniâtreté et la révolte, préférant par orgueil vos sentiments à ceux de vos supérieurs, et ne voulant point vous rendre à leurs avertissements et à leurs remontrances. C'est pourquoi je vous déclare aujourd'hui rebelles et désobéissantes à l'Eglise et à votre Archevêque, et comme telles (*un temps*) incapables de la participation aux sacrements. Je vous défends de vous en approcher comme en étant indignes, et ayant mérité d'être punies et séparées de toutes les choses saintes. Point de directeurs, point de confesseurs,

« Si jamais homme du monde a eu sujet d'avoir le cœur outré de douleur, je puis dire que c'est moi, qui ai plus de sujet que personne de l'avoir outré et pénétré, après vous avoir trouvées toutes dans l'opiniâtreté, la désobéissance et la rébellion, préférant par orgueil vos sentiments à ceux de vos supérieurs, et ne voulant point vous rendre à leurs avertissements et à leurs remontrances. C'est pourquoi je vous déclare aujourd'hui rebelles et désobéissantes à l'Eglise et à votre archevêque, et comme telles je vous déclare que je vous juge incapables... (*il fit ici une pause, comme s'il eût hésité sur ce qu'il avait à dire et qu'il y eût pensé, et* point d'Eucharistie, point de Viatique, point d'Extrême-Onction, point de sépulture en terre sainte. J'ajoute à mon arrêt défense de voir qui que ce soit du dehors, jusqu'à nouvel ordre. »

(T, 891)

puis il continua :) de la fréquentation et de la participation des sacrements. Je vous défends de vous en approcher comme en étant indignes à cause de votre opiniâtreté et de votre désobéissance, et ayant mérité d'être punies et séparées de toutes les choses saintes. Je reviendrai au premier jour y mettre ordre, selon que Dieu et ma conscience m'y obligent. »

(SB, IV, 203)

Montherlant, on le voit, ne se contente pas des menaces historiques de l'archevêque. Il en ajoute ! Mais il utilise tous ses propos, respecte même la pause, dont, en prédicateur expérimenté, Péréfixe avait ménagé l'effet. Il coupe seulement les répétitions, use de l'anaphore, concentre et anime un texte lourd.

Si l'on pouvait pratiquer une telle comparaison à propos de chacun de ses emprunts, on aboutirait à des conclusions identiques. Sur les faits eux-mêmes, et sur leur interprétation, son sentiment s'écarte peu de celui de Sainte-Beuve. (On verra sur quels points). Et à partir de ces faits, il l'exerce, dans la mise en forme dramatique, autant de finesse et de force que Sainte-Beuve dans le commentaire critique.

PROBLÈMES TECHNIQUES

Les intentions de Montherlant.

Quand le public se désintéresserait définitivement de *Port-Royal* et quand il serait prouvé que cette pièce, dont un enregistrement repose, scellé, sous une dalle du péristyle de la Comédie-Française, n'a rien à voir avec le théâtre, on se trouverait, en somme, devant une situation acceptée par Montherlant lui-même. Il n'a pas cherché d'abord à faire œuvre de dramaturge, il le dit expressément à la première page de la préface (T, 841), il a cherché avant tout à étudier un visage particulier du christianisme. Il manifeste donc, au départ, un certain mépris pour le théâtre.

Mais il est tentant, après avoir pris ainsi ses libertés, de risquer la double réussite : intelligence du sentiment religieux et succès scénique. Montherlant est peut-être encouragé par l'adaptation qu'Albert Béguin et Marcelle Tassencourt donnent en 1952 des *Dialogues des Carmélites*, de Bernanos. Un public peut donc admettre l'austérité d'un tel thème, celle du langage, des habits. Il peut suivre sans lassitude un débat de conscience. C'est à quoi Montherlant va l'inviter. C'est la formule qu'il défend (en annonçant *Port-Royal* comme sa dernière pièce) : « un exposé psychologique nuancé et sobre (...) [le] simple déroulement d'un épisode sans intrigue et qui n'ait rien de *mouvementé* » (T, 842). Les précédents ne manquent pas pour cette sorte de théâtre et Montherlant les invoque, comme le faisait déjà Racine dans l'agressive préface de *Bérénice*.

Il est évident que dans cette perspective l'abandon de la « journée du Guichet » s'imposait. D'abord par cela même qu'elle avait de *mouvementé* et d'extérieurement dramatique comparée au cas de conscience : signer ou ne pas signer. Mais on voit une autre raison qui compta peut-être davantage pour passer de 1609 à 1664. Puisqu'il voulait se soumettre à l'esthétique du théâtre intérieur, Montherlant, à vrai dire, ne pouvait pas hésiter. En 1609, le jansénisme n'existe pas encore. Les jeunes héros de Port-Royal, en cette année-là, sont des personnages sans passé. C'est leur première bataille. Ils sont en quelque sorte contraints à l'action. Au contraire, en 1664, il y a derrière eux plus d'un demi-siècle d'expérience, les emprisonnements, les condamnations romaines, les miracles, les défaites et les revanches, Saint-Cyran, le grand Arnauld, Pascal, les *Provinciales*, l'histoire de Port-Royal et sa légende.

Derrière eux et en eux. Tout cela toujours prêt à reparaître dans un mot, une simple allusion. Cet enrichissement, cette profondeur, donnent naturellement, dans cette « seconde génération » de Port-Royal, ce que ne donnait pas la première : des personnages propres au drame intérieur.

Autre conséquence du parti adopté : à l'exemple des classiques, Montherlant fait subir aux faits, si bien connus de lui, quelques modifications qu'il énumère scrupuleusement (T, 843) ; il réunit en une seule journée les événements qui se passèrent en deux, les 21 et 26 août 1664 ; il les resserre dans l'unique cadre du parloir ; il présente la visite de l'archevêque comme inopinée, alors qu'on l'attendait (SB, IV, 206) ; il frappe dès ce jour la Sœur Angélique de la crise religieuse qu'elle traversera quelques jours plus tard seulement, au couvent des Annonciades. Ce sont là des détails et des scrupules peut-être excessifs : comment savoir si le doute ne s'est pas insinué dans le cœur d'Angélique plus tôt qu'elle ne le dit. En revanche, voici, non avoué par le coupable ! un délit d'infidélité à vrai dire mineur : les religieuses de la Visitation Sainte-Marie qui, couvertes de voiles noires, viennent, au dénouement, prendre, nombre pour nombre, la place des douze exilées, n'étaient que six en réalité, y compris la Supérieure (SB, IV, 213), mais la procession finale eût fait moins d'impression, et, comme dit Montherlant lui-même : « Pitié pour les auteurs dramatiques ! » (T, 843).

184

Le dépouillement.

Il existe une relation nécessaire, que souligne la préface (T, 843), entre ce théâtre psychologique et l'ascétisme du culte pratiqué à Port-Royal : à religion dépouillée, théâtre dépouillé. Mais jusqu'où va ce dépouillement ?

On ne reviendra pas sur le style. Il est beaucoup plus sobre que celui de *Santiago* et de *La Reine morte*. Comme les avocats qui se retiraient parmi les solitaires de l'Abbaye des Champs, Montherlant a presque entièrement renoncé aux prestiges de la poésie et de l'éloquence, il s'est systématiquement effacé devant ses documents.

En tirant toutes les conséquences de ce principe, il aurait dû, logiquement, supprimer tout décor et faire jouer la pièce (comme s'il l'avait fait lire) sur une scène vide et devant une simple draperie. Il s'en est bien gardé. Il ne fait pas assez confiance à l'attention des spectateurs et à la force de son texte pour le proposer seul et nu. Sans doute précise-t-il que « le décor est d'une extrême simplicité » (T, 852). Certes il n'était pas question d'encombrer d'œuvres d'art le parloir du monastère janséniste ! Mais cette « extrême simplicité » du décor, tel qu'il a été réalisé par Suzanne Lalique, et tel qu'il est annoncé déjà sur le rideau de scène, demeure une simplicité artistique et qui ne rompt en rien avec la tradition de la Comédie-Française. Montherlant se situe ouvertement du côté de cette tradition, il recherche un réalisme élégant et simple. Un abîme sépare cette conception et l'esthétique abstraite, géométrique de la seconde moitié du XXe siècle.

De même, il ne pousse pas l'austérité jusqu'à supprimer les figurants inutiles. Péréfixe pourrait n'être accompagné que de cinq ou six personnes. Mais il manquerait les uniformes, les armes. Chez Racine on ne voit *les flambeaux et les armes* qu'à travers le récit de Néron. Chez Montherlant la scène est envahie par quatre commissaires et vingt exempts (T, 852), parce que c'est précisément l'effectif indiqué par Sainte-Beuve (SB, IV, 207), parce qu'il faut donner matériellement l'impression d'une forteresse prise d'assaut et, en somme, parce qu'il faut accorder quelquechose à la curiosité des yeux.

C'est ailleurs que s'exerce sa volonté de dépouillement, de la façon la plus caractéristique : dans les caractères et dans les événements. Sainte-Beuve lui offrait une foule de possibilités qu'un autre homme de théâtre n'aurait sans doute jamais laissé échapper. Il en a usé avec une extrême retenue ou les a négligées.

On rencontrait à Port-Royal et autour de Port-Royal a côté des intransigeants, certaines personnalités plus traitables, le bon Père Archange dans la première époque (SB, I, 178), Arnauld d'Andilly, dans la seconde, un côté souriant qui rappelait que Saint-François de Sales avait été le directeur de la grande Angélique (SB, I, 207). L'auteur aurait pu rechercher là des effets de contraste qui eussent animé le dialogue. En fait, il n'a gardé qu'une demi-réplique de la Sœur Louise sur les pêches de M. d'Andilly (T, 861).

Il n'a pas voulu se rappeler non plus que la Sœur Angélique de Saint-Jean, comme il apparaît dans la *Relation* de sa captivité, était très capable d'ironie. Elle savait dans la controverse faire apparaître plaisamment les ignorances et les contradictions (RC, 79). Sainte-Beuve va même jusqu'à la comparer là-dessus à Pascal (SB, IV, 251). Ici encore, sacrifice total, ou quasi total. Il faut toute l'austérité de la Mère Agnès pour déceler dans ses propos « une parole qui sent la raillerie » (T, 881). Considéré de ce point de vue, *Port-Royal* est avant tout une œuvre de discrétion. Un mot, un geste, subsistent de ce qui aurait pu fournir une scène. C'est un théâtre d'allusions, de réminiscences, de litote. Toute la matière comique du sujet est, dans une très large mesure, écartée. Il reste, dans la première partie, quelques médisances et quelques criailleries, très peu de chose. Absolument rien sur les émissaires de l'archevêque, chargés à Port-Royal de surveiller, de menacer et si possible de convaincre. Quelques-uns s'acquittaient au plus mal de leur tâche, prêtaient à rire : M. Bail (SB, IV, 140-142), le Père Esprit, qui, disait-on, faisait « peu d'honneur à son nom » (SB, IV, 200). Toute cette comédie est dans Sainte-Beuve. Montherlant l'y a laissée.

Depuis les *Provinciales* et malgré leur succès, il y avait chez les jansénistes un parti de rigoristes extrêmes — M. Singlin était du nombre — qui prétendaient « qu'on ne devait pas mêler des railleries dans les choses saintes » (12). On dirait que Montherlant obéit à un scrupule de ce genre. Cela est particulièrement sensible à propos de l'archevêque.

Hardoin de Péréfixe était un personnage manifestement inégal à ses hautes fonctions, un lourdaud égaré dans les intrigues de Cour et les subtilités théologiques. Sainte-Beuve le juge « brave homme et pauvre tête » (SB, III, 35). Il était sujet à des accès de colère au cours desquels il ne se contrôlait plus, s'emportait en jurons et en trivialités (SB, IV, 176-215). Sa gourmandise était aussi célèbre que sa médiocrité d'esprit et il passait même pour avoir servi de modèle à Molière dans la scène du « pauvre homme » (13). De tous ces traits de haut relief, Montherlant n'a gardé, ici encore, que des traces affaiblies : quelques platitudes, quelques brusqueries, quelques imprudences de langage. Il a « haussé » le personnage (T, 937). Il n'a pas voulu que la pièce présentât des différences de ton trop sensibles entre les saintes et le bouffon. La grisaille de l'ensemble est donc bien intentionnelle. C'est une sorte de nivellement qui tient à des considérations morales (T, 845), aimablement anachroniques en 1954, et qui ramènent presque au temps des « règles de la bienséance ». Avec tout ce qu'il avait négligé dans ces journées d'août 1664, Montherlant avait de quoi écrire, à côté de la tragédie, une sorte de drame satyrique. Il en a, sans s'y arrêter, entrevu la possibilité (T, 844), de même qu'une autre fois, et dans une imagination, cette fois, quelque peu libertine (T, 943), il rêvait d'écrire, partant des jeunes pensionnaires du couvent, un troisième *Port-Royal*, qui serait un ballet.

---

12. *Œuvres de Pascal*, édition Les Grands Ecrivains de la France, t. V, Hachette, p. 6.

13. *Œuvres de Molière*, notes de L. Aimé-Martin, Paris, Lefèvre, 1837 ; t. III, p. 116.

Construction de la pièce.

« Dans *Port-Royal* (...) l'action commence à la moitié de l'ouvrage » (G, 7). La critique est de Montherlant lui-même. Elle est précieuse parce qu'elle donne son sentiment sur l'importance relative des différents moments de la pièce, mais elle n'est pas tout à fait juste. Elle est même en contradiction avec certaines autres de ses déclarations.

Car le milieu de *Port-Royal*, c'est l'arrivée de l'archevêque, avec ses sbires et ses gens d'Eglise. Prétendre que ce qui précède échappe à l'action, c'est se placer au point de vue du théâtre *extérieur*, précisément récusé par l'auteur, c'est négliger l'aspect essentiel du sujet, qu'il a lui-même défini (T, 843). Bien loin de constituer une exposition démesurément étendue, la première moitié de *Port-Royal* est égale en importance et en densité à la seconde, peut-être même supérieure. La Sœur Marie-Françoise de l'Eucharistie part de l'affirmation que la polémique sur la signature détourne les religieuses de l'adoration et de la prière ; il lui paraît indifférent de signer ou de ne pas signer. Une heure plus tard elle jettera à la figure de Péréfixe sa résolution inébranlable de ne jamais signer, quoi qu'il arrive (14). La Sœur Angélique de Saint-Jean, au contraire, part de l'affirmation à l'extrême opposé : signer serait un crime. Elle aboutit à une tempête intérieure où sont bousculés, non seulement ce problème précis, mais les certitudes sur lesquelles elle a fondé toute sa vie. Ces deux itinéraires, en sens inverse, constituent, très clairement et très harmonieusement, toute la matière de

---

14. Il n'est nullement indifférent de remarquer que, rentrant à la Comédie-Française, douze ans après *La Reine morte*, Montherlant fait attribuer le rôle de la Sœur Françoise à Renée Faure, qui avait créé doña Blanca, infante de Navarre « ménade », noir et petit taureau navarrais (T, 189). Sous le manteau royal et sous la robe blanche des modèles de Philippe de Champagne, c'est la même violence invincible.

Port-Royal. Il est évidemment impossible de négliger la première partie de chacun d'eux sous peine de rendre la seconde inintelligible.

On ne suivra pas non plus Montherlant quand il déclare que « l'archevêque Péréfixe est le catalyseur de ces mouvements » (T, 843). C'est lui faire trop d'honneur. La Sœur Angélique ne commence pas à faiblir quand elle est en présence de la menace ouvertement proférée. Avant que cette menace ne soit précisée, elle a déjà avoué son malaise moral et même avec plus de netteté qu'elle ne le fera par la suite.

Le centre de la pièce ne se situe donc pas, comme le compte des pages l'indiquerait, à midi juste, quand, au bruit des sonnailles et des sabots des chevaux, survient le carrosse de l'archevêque, mais plus tôt, quand se croisent les itinéraires des deux religieuses, c'est-à-dire lorsqu'à l'arrivée de la Mère Agnès, Françoise se retire et laisse Angélique seule avec sa tante. A cet instant précis, Angélique prononce la réplique qui est au cœur du drame : « Cela fait un autre doute que le vôtre » (T, 875). C'est le moment du changement de doutes. A celui qui ne regarde que l'accidentel et ne touche en somme que des questions de tactique, succède celui qui concerne l'essence même de la religion, la divinité de Jésus-Christ, l'existence de Dieu. Ici même, l'agacement fait place au bouleversement : progrès et approfondissement.

Le sujet ainsi conçu, Montherlant ne pouvait le traiter qu'en un acte (à la différence de *Port-Royal I*). Comme les tragédies grecques, écrit-il, sans trop de modestie ! (T, 843). Il tient ses personnages étroitement. Il ne les lâchera plus. Tout doit s'enchaîner sans le moindre arrêt jusqu'au baisser de rideau. Mais à l'intérieur de cet acte unique, on discerne l'effet d'une composition très sûre.

D'abord ce qui précède « *l'autre doute* » (T, 853-875) : l'entretien de la Sœur Gabrielle avec son père en présence de la Sœur Flavie ; le bavardage des cinq religieuses qui termine l'exposition ; l'entrée en scène de la Sœur Angélique et, avec elle, le drame : c'est la grande scène de cette première partie (T, 865-875) où s'affrontent Angélique et

Françoise (scène coupée par l'intermède du prétendu miracle).

En second lieu, l'« autre doute » : en nombre de pages, le double, à peu près, de la première partie (T, 875-915). L'essentiel se trouve, cette fois, au début : c'est la scène capitale de la Mère Agnès et de la Sœur Angélique (T, 875-885), où celle-ci s'enhardit, aussi loin que possible, dans l'aveu de ses moments d'incroyance. Limite de franchise qu'elle ne pourrait atteindre une seconde fois, même si elle en était tentée, puisqu'elle ne se retrouvera plus seule avec sa tante, unique confidente qui lui soit permise hors du confessional. — Puis ce sont les « démons de midi », Péréfixe et sa suite. « Avec leurs ors, leurs rouges, leurs noirs, ils semblent une assemblée de magnifiques et un peu monstrueux insectes » (T, 887). (Il faut remarquer que les représentations n'ont en rien réalisé la transposition scénique de cette image.) L'archevêque, ce gros bourdon couleur améthyste, secrète par nature le désordre et le bruit : ce sont les pages 887-898. Puis, il se heurte successivement, dans le silence des autres, à Françoise (T, 898-904) et à Angélique (T, 905-908). Deux scènes enfin terminent cette seconde partie : Angélique-Flavie (T, 908-912), Angélique-Françoise (T, 912-915).

En résumé, autour de la phrase-clef : « Cela fait un autre doute que le vôtre », six duos, un dans la première partie, cinq dans la seconde. Dans le premier et le dernier, Angélique et Françoise. Dans le second, le troisième, le quatrième et le cinquième, toujours soit Angélique, soit Françoise. Le dialogue s'élargit deux fois : au début de la pièce (T, 852-865), au milieu (T, 887-898). Rien de plus varié, de plus contrôlé que ce mouvement qui, pour le réduire à une formule, va du doute au Doute.

Reste à savoir s'il est perceptible au théâtre ! On a vu que, pour Montherlant, le théâtre, dans le cas de *Port-Royal*, passe au second plan (T, 841). Déjà, au temps de la première version, il pensait que les spectateurs auraient du mal à suivre le drame (T, 528-530). Que dire de la seconde ! La pièce a été jouée près de trois cents fois en vingt ans. Non sans un certain scepticisme de l'auteur, comme en témoigne cette note de 1968 : « Donner *Port-Royal* (...) devant des salles trop nombreuses, c'est se faire quelques amis, et beaucoup d'ennemis, ou du moins de on-ne-m'y-reprendra-plus » (MSr, 12). Ou aussi, peut-être, d'admirateurs de confiance ! Sans aller jusqu'à soutenir que *Port-Royal* est fait pour être lu, et relu, plutôt que joué, il faut reconnaître qu'un spectateur, non préparé, même honnêtement informé de l'histoire du jansénisme peut mal apprécier la représentation. Mieux vaut connaître la pièce avant de la voir, refaire avec Montherlant les principales des lectures à partir desquelles il l'a construite, entrevoir que chaque réplique n'y est qu'un signe à la surface d'une profusion de choses non dites. C'est à ce prix seulement qu'on peut y découvrir ce qu'elle est, un chef-d'œuvre d'acuité et de mouvement, mais tout entier tourné vers le dedans.

SIGNIFICATION DE *PORT-ROYAL*

Malgré tout ce que Montherlant doit à Sainte-Beuve, il lui arrive de se séparer de lui. Il ne le suit pas, par exemple, dans sa manière d'apprécier une certaine grandiloquence janséniste. Sainte-Beuve en sourit, Montherlant non. Sainte-Beuve tombe en arrêt devant les paroles candides d'une religieuse, qui, en 1661, croyant que va sévir « une persécution comme celle de Dioclétien » (SB, IV, 114), s'apprête à marcher bravement au martyre. « Ce qui me gâte tous ces récits, avoue-t-il, c'est l'exagération manifeste et un excès de naïveté dans l'opiniâtreté, une disproportion du ton aux objets, à laquelle on a peine à se faire (...) c'est, pour tout dire, un point de vue de *nonnes* » (SB, IV, 115). Montherlant est fort éloigné de ce ton dédaigneux. Ces exagérations ne l'agacent pas. Pour mieux dire, il a cru que la violence des plaintes correspondait à la violence des souffrances morales subies par les jansénistes (T, 919). Toutes ses héroïnes (sauf la Sœur Flavie : T, 895 ; mais c'est le Judas de ce cénacle) sont parfaitement naturelles devant l'épreuve.

Sur un autre point aussi, il s'écarte de son devancier. Sainte-Beuve considère que le jansénisme a finalement fait tort à la religion dont il prétendait défendre la pureté intégrale. Par les divisions qu'il a fomentées entre les chrétiens, par l'appel qu'il adresse à la conscience individuelle souveraine contre l'autorité du magistère, le jansénisme, aux yeux de Sainte-Beuve, est l'un des responsables du triomphe de l'esprit philosophique au XVIIIe siècle (SB, I, 9, 20, 21). Montherlant estime, au contraire, que la nouvelle guerre de religion menée par le jansénisme a suscité des crises fécondes, qu'elle a éveillé des sympathies ou des curiosités, qui se seraient, sans elle, tenues à l'écart du christianisme, et qu'à tout prendre, elle lui fut bénéfique. Il reste à voir comment la pièce s'accorde, de ce point de vue, avec le commentaire (T, 929).

La cruauté.

Le jansénisme courait le risque de se perdre et d'égarer ses fidèles en deux directions opposées : dans le sens de l'extrême rigueur, ou dans celui de la faiblesse et du déséquilibre nerveux. La première de ces déviations est celle du *Maître de Santiago*, écrit, on le sait, entre les deux *Port-Royal*. Retrouve-t-on chez nos héroïnes quelque chose d'Alvaro et de Mariana (presque vêtue comme elles au dénouement) ?

C'est bien comme des fanatiques qu'elles apparaissent à ce vieux soldat, qui craint Dieu et le roi et qui vient essayer d'attendrir sa fille, la Sœur Gabrielle. Cette première scène sert à donner le ton de l'opinion moyenne sur Port-Royal, de l'opinion des honnêtes gens. Ils pensent ce qu'Olmeda et Vargas pensent d'Alvaro. Il leur semble qu'en pénétrant dans ce monastère les religieuses changent de visage, ou qu'elles prennent un masque, celui de la cruauté : « cette bouche pincée et ces yeux durs qu'on voit après quelque temps, lorsqu'un hasard les dévoile, à celles qui sont entrées ici » (T, 854). A l'intérieur de ces murs s'exercent, croient-ils, on ne sait quelles tortures morales : « Voilà ce qu'on fait d'elles, voilà comme on les tourmente. N'est-ce pas une pitié ? » (T, 855).

Et sa fille paraît justifier ces préventions, en le comprenant ouvertement dans le mépris où elle tient tout ce qui est du monde (T, 854). « J'aime d'être méconnu », disait Alvaro (T, 489). De même la Sœur Gabrielle est heureuse et fière de l'incompréhension et de la haine dont Port-Royal est comblé (T, 854, 856). La Sœur Françoise reprend le mot du maître de Santiago : « Nous aimons et souhaitons d'être méconnus » (T, 869). Et la Sœur Angélique de Saint-Jean déclare : « Nous

193

ne redoutons pas la persécution, nous l'espérons et l'atten-
dons » (T, 863). Son premier mot, à l'arrivée de l'archevêque
et quand on peut encore supposer qu'il vient faire la paix
avec Port-Royal, est pour regretter le temps des malheurs :
« Quoi donc ! Est-ce qu'on va nous retirer la persécution ? »
(T, 886). C'est une haine du monde qui est toujours sur le
point de tourner à une haine de soi.

Angélique et Françoise ne sont pas étrangères non plus à
l'aberration majeure d'Alvaro, celle qui disjoint l'amour des
hommes et l'amour de Dieu. Il considérait l'être humain
comme « un obstacle pour qui tend à Dieu » (T, 497). La
formule de la Sœur Angélique est moins abrupte, plus
nuancée, mais elle veut dire la même chose : « Rien de tel
qu'une affection humaine pour porter de l'ombre sur le soleil
de Dieu » (T, 873). Et comme Alvaro encore, la Sœur
Françoise souhaiterait, dans sa prière égoïste, que l'univers
entier s'engloutisse dans un cataclysme qui la laisserait seule
en présence de son Créateur : « Je voudrais être aveugle, et
sourde, et muette, et ne plus sentir avec mes narines, et ne
plus toucher avec mes doigts » (T, 872).

Ce ne sont pas seulement toutes les sensations que le
fanatique voudrait arracher de lui-même, c'est aussi tout
mouvement de sensibilité qui ne s'adresse pas à Dieu. Ainsi
s'expliquerait la dureté avec laquelle Angélique traite sa
jeune sœur. Il ne faut à aucun prix que celle-ci puisse
supposer qu'elle a été l'objet d'une intention charitable
(T, 865). Il faut qu'elle se persuade qu'elle ne compte pas,
que Port-Royal peut se passer d'elle (T, 873) et gagnerait à
l'exclure. Ce sont là les principes de la direction de
conscience selon Saint-Cyran. Religion cruelle qui ne regarde le monde que pour se séparer et écarter : « Notre
profession nous sépare autant du commun des chrétiens,
que les chrétiens sont séparés des infidèles » (T, 874).
Proposition suspecte, proche en apparence seulement, mais
radicalement distincte de la parole de Pie X, par quoi
s'éclaire, on l'a vu, *La Ville dont le prince est un enfant* :
« Entre le prêtre et un honnête homme quelconque il doit y
avoir autant de différence qu'entre le ciel et la terre »
(G, 230).

Faiblesses humaines.

Mais la grande différence entre la glaciale maison d'Avila et le couvent du faubourg Saint-Jacques, c'est que la faiblesse, ici, a sa place.

Faiblesse physique, fruit de ces excès mystiques, de ces débauches de pénitence auxquelles se livrent aussi les prêtres de Bernanos : insomnies, fièvres, évanouissements (T, 878-879). Là encore la représentation laisse complètement échapper ce que le texte suggère de ces teints trop pâles, de ces yeux cernés (T, 879), de cette allure un peu d'hôpital que devait avoir le couvent. En effet, c'est un Port-Royal toujours à demi-malade, comme l'avait déjà noté Sainte-Beuve (SB, VI, 244), un Port-Royal où l'on meurt plus que dans les autres monastères (T, 879) et qui se bat cependant comme si ses forces étaient inépuisables.

Faiblesse morale, aussi, qui se rattache à cet état malsain, qui touche par moment à la superstition (T, 857), s'inquiète des présages (T, 863), attend constamment les miracles et au besoin en crée d'imaginaires (T, 870). Sainte-Beuve a beaucoup insisté sur « cette rêverie première » (SB, I, 185) qu'il surprend chez les religieuses au seuil de leur engagement perpétuel et il s'est imaginé à quels débordements elle conduirait ces âmes exaltées, dans une autre condition et dans un autre siècle : «*Littérairement*, cela est la matière même d'où s'engendrera la mélancolie poétique et le vague des passions ; d'où éclora la sœur de *René* ; d'où s'embrasera en flammes si éparses et si hautes, et que quelques-uns appellent incendiaires, celle qui a fait *Lélia*» (SB, I, 185). C'est l'envers de la sainteté, c'est ce qui fait qu'à la différence d'Alvaro ces saintes filles sont humaines.

Et l'envers de leur courage, c'est la peur. Montherlant s'est souvenu, à cet égard, du *Dialogue des Carmélites*, il s'est demandé si la présence du même thème dans son drame et dans celui de Bernanos n'était pas le témoignage d'une hantise caractéristique de notre temps (T, 919). Les religieuses de *Port-Royal* vivent en permanence dans la peur, une peur plus ou moins violente selon les ressources que chacune trouve en elle. Les âmes faibles ont faiblement peur. Mais toutes, parce qu'elles sont jansénistes, s'avancent craintivement vers le Dieu qui les a appelées, dans une sorte de méfiance, non chrétienne certes, à l'égard de la Providence : « Il y a toujours un jugement secret que Dieu porte des choses, et dont vous devez avoir peur » (T, 856).

La Sœur Angélique de Saint-Jean, qui domine de haut ses compagnes, résume en elle toutes leurs grandeurs et toutes leurs faiblesses. Elle a conscience de ces contradictions, elle en souffre en héroïne chrétienne. Elle est cette femme dont Bayle écrit qu'elle « a passé pour un prodige d'esprit, de savoir et de vertu » (*Dictionnaire*, art. Arnauld d'Andilly). Elle suit dans leur noblesse rigoureuse les leçons de sa tante, la réformatrice, dont le génie semble s'être réincarné en elle. En même temps, elle a part aux misères de ses sœurs les plus humbles : malaises, fantasmes, continuelles crises de larmes (SB, IV, 247-248 ; T, 897), et d'abord angoisse, non seulement devant les menaces de la persécution extérieure, mais surtout devant celles qui naissent dans le secret de ses pensées les plus intimes.

Deux christianismes.

En ce sens, elle s'oppose à sa tante, et cette opposition correspond à deux niveaux différents du christianisme. La Mère Agnès est vieille. Elle voit la mort toute proche et, dans l'espèce d'ataraxie où elle est parvenue, il ne lui coûte guère de se détacher à demi des querelles de la terre. Représentante de la première génération des Arnauld, on craindra même, au cours de sa captivité, qu'elle ne finisse par céder (RC, 155-157), en raison d'une espèce d'indifférence, dont elle s'accusera ensuite publiquement (RC, 287). Cette indifférence, Montherlant la rapproche du stoïcisme et de ce qu'il appelle le *protéisme*, « qui permet de toujours trouver en soi la parcelle de son soi qui est d'accord avec l'événement » (M Sr, 14). Ainsi la Mère Agnès dit-elle à Angélique : « Pourquoi vous tourmenter ? Dans notre religion, tout est tellement simple. Vous êtes heureuse ? Vous en rendez grâces. Vous

196

êtes malheureuse ? Vous en rendez grâces. (15). Vous n'avez qu'à vous laisser mener, attendre les moments de Dieu, adorer tout ce qu'il vous envoie » (T, 878). Et Montherlant commente : « On ne peut pas donner un son plus authenti- quement catholique (...) C'est la voix même du catholicisme » (VJ, 139).

Peut-être est-ce seulement l'une de ses voix, et non la plus émouvante. La Mère Agnès est hors de toute atteinte. La tentation lui est épargnée, mais il lui manque l'élan. Immobile, elle n'est elle-même, en aucune façon, un person- nage dramatique. C'est par rapport à sa sérénité que se situe Angélique. Celle-ci vit et souffre à un autre niveau. C'est un autre christianisme infiniment plus riche, un christianisme de contradictions (et par là matière de théâtre).

Contradiction d'abord entre le personnage que joue Angélique et ce qu'elle est : cette mine hautaine qui lui est reprochée dès le début (T, 861), cette rudesse à l'égard de Françoise sont l'effet d'une affectation systématique et recouvrent les sentiments les plus tendres. On le sait par différents témoignages (RC, 13). Montherlant n'a pas man- qué de laisser fugitivement entrevoir cette tendresse. Le mot « du temps des petites filles, quand j'étais Maîtresse des novices... » (T, 875), trahit une nostalgie affectueuse. De même : « J'ai été douce à mes novices ; que ne l'ai-je été davantage ! » (T, 875). Françoise elle-même sentira brusque- ment et pour un instant la place qu'elle occupait dans le cœur de son aînée : « Je ne vous quitte pas ; on ne quitte

---

15. Montherlant, on l'a vu, parle, dans *Aux fontaines du désir*, des « sentiments qui pourraient se danser » (E, 310). N'est-ce pas ici le *pas de la sérénité* ? Sans rechercher les rapproche- ments incongrus, on ne peut s'empêcher de se rappeler, dans *Il ne faut jurer de rien*, une phrase du maître de danse, qui est construite exactement sur le même rythme : « Vous allez à droite, vous regardez à gauche ; vous allez à gauche, vous regardez à droite ; il n'y a rien de plus naturel » (Musset, Ed. L'Intégrale, p. 392). Un ennemi de la Mère Agnès, du christianisme et de la danse, dirait que c'est le même naturel !

que ce qu'on cesse d'aimer » (T, 914). Cette délicatesse d'une charité qui craint par-dessus tout de « s'approprier les âmes » (T, 873) est proprement chrétienne.

Mais, dans une autre direction, Angélique s'éloigne du christianisme. Elle, dont le mal secret est la crainte du doute, voici que tout à coup, parlant à Françoise, elle semble paradoxalement éprouver, pour le doute, une curiosité, une admiration, que nous connaissons bien chez Montherlant (G, 13), puisqu'elles lui ont inspiré en partie *Les Garçons* et *La Ville dont le prince est un enfant*: « Ce serait un dessein extraordinaire de Dieu sur vous que de vous faire souffrir pour un Port-Royal auquel vous ne croyez pas. Le martyre sans la foi ? Laissez cela à des esprits plus profonds que le vôtre » (T, 875). On dirait qu'elle éprouve une sorte de fascination devant cet abîme.

Ce vertige est bien éloigné de la Mère Agnès et de sa résignation aisée, légère. C'est Montherlant qui parle, et il ne s'arrête pas en chemin, il accompagne la Sœur Angélique jusqu'à sa dernière réplique : « la vérité de Dieu demeurera éternellement, et délivrera tous ceux qui veulent n'être sauvés que par elle » (T, 915). Mais, souligne-t-il (T, 931), cette réplique n'a pas de sens, puisqu'elle est prononcée par un être de qui Dieu est absent, « martyr sans la foi. » Angélique rejoint, par la voie du sublime, l'absurdité universelle. Elle y fera, dans les commentaires de l'auteur, (T, 942), les rencontres les plus inattendues : Pasiphaé à qui l'humeur ironique de Montherlant n'a pas craint de la comparer ; Phèdre, sa fille, dont il a voulu suggérer la présence en un passage du drame qu'il cite (*ibid.*) et dans un autre qu'il ne cite pas, bien que le rapprochement soit plus convaincant et la réplique plus lourde de sens : « Que ce bandeau me serre ! » (T, 880 ; Phèdre, v. 158). Le voile, pris jadis dans l'enthousiasme de la profession, pèse sur son front comme un vain ornement. Telle est la limite de sa souffrance. Souffrance acceptée et recherchée, comme toutes les autres (T, 869), souffrance féconde. Même si l'archevêque n'est pas le « bon chevalier masqué » de Verlaine, même si la Sœur Angélique est atteinte avant sa venue, elle le remercie de ce qu'il participe au moins à l'épreuve : « Les hommes qui nous persécutent doivent être l'objet spécial de notre tendresse et de notre prière » (T, 905).

Entre ce christianisme qui va jusqu'à côtoyer la négation et presque s'y laisser prendre et le christianisme de la Mère Agnès, l'intérêt de Montherlant n'hésite pas. Port-Royal est fait de l'un et de l'autre. Et, en face de Port-Royal, c'est encore un autre aspect du christianisme, discipline et raison, qui se trouve illustré dans les paroles de l'archevêque. A cet aspect la pièce rend-elle suffisamment justice ? Selon Montherlant la balance y serait tenue rigoureusement égale entre les deux camps (T, 917). Prétention contestable : il est impossible que les victimes ne l'emportent pas dans la sympathie du lecteur et du spectateur. Ce qui n'est pas contestable, c'est le respect et la compréhension de l'auteur pour les deux causes. Cet incroyant a écrit sur la croyance l'un des plus beaux drames de notre littérature et il a le droit, du point de vue religieux, de s'en attribuer le mérite : « J'ai fait passer de la poussière des vieux livres à l'attention de mes contemporains beaucoup de nobles paroles (*nous savons pourquoi il peut le dire sans ridicule*) où s'exprime le meilleur d'une religion. Et en cela j'ai bien mérité de l'Eglise, quoiqu'elle pense de moi, et quoi que je pense d'elle » (VJ, 18).

CHAPITRE V

L'ŒUVRE DRAMATIQUE
DE MONTHERLANT

AUX SOURCES DE L'ŒUVRE

Un néo-classique ?

A première vue, l'œuvre dramatique de Montherlant n'est pas de son temps. On est tenté de le considérer comme un dramaturge entièrement tourné vers le passé, un néo-classique, expression dont la seconde partie compte, en général, beaucoup plus que la première. On veut qu'il soit un auteur du XIXᵉ siècle, mais tel est le XXᵉ qu'il s'y résigne aisément ! (VJ, 148).

Son intention, nullement dissimulée, est d'orienter chacune de ses pièces autour de « problèmes qui se rapportent à la nature permanente de l'homme » (T, 418), ce qui constitue, on le sait, une pure niaiserie aux yeux d'un bon nombre de critiques modernes ! Il est certain que cette conception le situe aux antipodes d'une grande partie du théâtre contemporain et de ses œuvres les plus caractéristiques. Sur celles-ci, ses derniers carnets n'apportent pas le plus mince témoignage. Pas une seule fois il n'y cite Beckett ou Ionesco. Et d'ailleurs, aucune véritable innovation scénique dans son théâtre. Pas de thèse, non plus, chez lui ; pas de démonstration ; nul souci de métaphysique.

Celles de ses pièces où la politique tient une place importante, comme *Le Cardinal d'Espagne* ou *La Reine morte,* ne sont pas, cependant, des pièces politiques, même si certains spectateurs ont pu quelquefois s'y tromper. La fonction royale ou la charge de premier ministre y sont subordonnées à la psychologie (il ne craint pas d'utiliser fréquemment ce mot décrié !). Ce sont seulement des moyens d'investigation et d'analyse. Même *Port-Royal*, en son principe, n'est pas conçu comme une défense du jansénisme ou du christianisme. Si c'est ce résultat qui est atteint, ce n'est pas celui-là qui est voulu. Il s'agit seulement « de faire voir, avec autant d'acuité que possible, les cheminements d'âmes humaines » (VJ, 77). Il s'agit de faire, en somme, ce que faisaient les « Versaillais » et l'on pourrait s'étonner que Montherlant ait si longtemps manifesté tant d'hostilité à Racine (E, 1002, 1279, 1315) ; qu'il ait pris ses distances à l'égard de Corneille (T, 1346) ; qu'il ait méprisé Marivaux (E, 1314). Il est vrai que, dans ses dernières années, il est revenu de ses préventions à l'égard de Racine (MSr, 154). Mais, avouant tardivement qu'il est touché par Racine, il ne le reconnaît pas pour maître.

S'il y a une part de pastiche : abstractions, maximes, archaïsmes dans *La Reine morte* et dans *Le Maître de Santiago*, Montherlant s'en affranchit dans *Don Juan, La Guerre civile, Malatesta*. Ses personnages y parlent une langue qui n'est pas tout à fait simple, qui demeure un peu compassée, mais où il n'y a pas trace d'imitation. Il était pourtant facilement perméable aux influences de style. A lire de près ses romans, du moins ceux qu'il a écrits avant 1940, on évoque certains noms et l'on pourrait se risquer à conjecturer des lectures récentes : Barrès (« Ainsi Auligny, dans sa vingt-neuvième année, découvre les plus graves problèmes et se bat contre eux avec une âme d'enfant » ; (RS, 390) ou Stendhal : « Durant tout ce discours, il avait été comme jeté à droite et à gauche par des coups de vent contraires » (R, 1129). Et telle vue de Paris en septembre 1939, pourrait être signée de Giraudoux (E, 1383).

Ces échos sont plus rares dans le théâtre : Montherlant n'imite pas. C'est sur ce point qu'il se sépare le plus radicalement des classiques. Il leur reproche d'avoir érigé en système le manque d'originalité. « On est consterné, écrit-il encore en 1942, quand on voit tel dramaturge de Versailles avoir besoin de s'inspirer de pas moins de quatre auteurs (Sapho, Théocrite, Euripide, Virgile) pour décrire le sentiment de l'amour (chez Phèdre), que toute femme de chambre ressent spontanément, sans devoir s'inspirer de personne. Et consterné encore quand on voit l'opinion française le vénérer éternellement pour cette description, où rien n'est de lui » (E, 1279). Il reniera cette sévérité excessive. Elle n'en témoigne pas moins que, pour lui, l'auteur dramatique doit tirer son œuvre de lui-même. Elle doit naître d'une « nécessité intérieure » (T, 103).

La documentation.

De ce point de vue, ses pièces les plus caractéristiques seraient donc celles qu'il a situées de nos jours, dans un environnement qui ne lui a demandé aucune recherche, en faisant uniquement appel à son expérience la plus intime.

Mais les autres, les plus nombreuses, montrent mieux, précisément parce qu'elles supposent une documentation (bien qu'impérieusement dominée), à quel point, dans ce théâtre, tout dépend de l'auteur et ne vit que par lui. Quant à l'exactitude de cette documentation, on a vu les scrupules de Montherlant poussés à l'extrême dans *Port-Royal*, assortis de quelques libertés dans *Le Cardinal d'Espagne*. Observons-les de nouveau à propos de *Malatesta* et de *La Guerre civile*.

Faute de pouvoir consulter, à l'époque où il écrivait *Malatesta*, le manuscrit de Gaspare Broglio, compagnon du condottiere, qui raconte la tentative d'assassinat de Paul II (T, 444-450), Montherlant s'est surtout servi du livre de Charles Yriarte : *Un condottiere au XVe siècle. Rimini. Etude sur les lettres et les arts à la Cour des Malatesta, d'après les papiers d'Etat des archives d'Italie* (Paris, J. Rothschild, 1882). Sur Isotta, sur Porcellio, sur Basinio et sur Sigismond, il a trouvé dans cet ouvrage un grand nombre de renseignements que la pièce utilise et qui pourraient lui fournir une riche annotation. Il est vrai que Montherlant n'hésite pas à se séparer de son guide, en particulier dans le quatrième acte. Le sanguinaire Sigismond Malatesta, après avoir risqué la mort violente à chaque jour de sa vie, n'a pas été empoisonné, mais il est mort d'une maladie sans doute contractée au cours de l'expédition de Morée ; dans son lit, entouré de sa femme et de ses fils, comme un brave homme et comme un bon chrétien, muni des derniers sacrements (Y, 298-299). Montherlant, peut-être à tort, a préféré un dénouement plus extérieurement dramatique.

Dans *La Guerre civile*, il s'est servi surtout des lettres de Cicéron, des *Vies* de Plutarque et des *Commentaires* de César. Il est vrai que les nécessités de l'intrigue l'ont amené à inventer le personnage d'Acilius (T, 1360), à simplifier celui de Labienus (Laetorius) et à placer à la veille de Dyrrachium sa trahison qui s'est située, en réalité, dix-huit mois plus tôt. Mais, à ces réserves près, sa fidélité à l'histoire est étroite. En voici quelques exemples.

Le pain immonde que les césariens fabriquent à partir de racines, à la stupéfaction de leurs ennemis (T, 1261) est mentionné par César (BC, III, 48) et par Plutarque (*Vie de Jules César*, L).

Dans César aussi, on trouve les trois cents transfuges gaillardement massacrés par Labienus (BC, III, 71 ; T, 1264) et les particularités de la bataille de Dyrrachium : les couvre-casques en osier des pompéiens (T, 1287 ; BC, III, 62-63) ; la mort de tous les centurions dans la 1ère cohorte de la 9e légion (T, 1287 ; BC, III, 64) ; les césariens sautant d'un rempart de dix pieds sur les cadavres amoncelés de leurs camarades (T, 1286 ; BC, III, 69).

Ces indications pourraient être multipliées pour *La Guerre civile*, comme pour *Malatesta*. En y ajoutant les rapprochements établis pour *Le Cardinal d'Espagne* et pour *Port-Royal*, on délimiterait ainsi, souvent d'après les renseignements que Montherlant fournit lui-même, la base historique de son œuvre dramatique. Mais cette masse inerte de références serait, telle quelle, tout à fait insuffisante pour expliquer la genèse de ses pièces. Il arrive d'ailleurs que l'auteur laisse dormir cette documentation pendant des années. Elle ne commence à être utilisée, à entrer dans la préparation de la pièce, qu'au moment où Montherlant sent un contact s'établir entre ce passé et lui-même, sur un point précis, sur un fait, une réaction particulière d'un des héros (T, 180). Alors cette documentation se met à vivre. Il se l'approprie.

L'appropriation.

Le mot est de Montherlant lui-même à propos de *La Reine morte*. Cette mainmise de l'écrivain sur une situation ne

s'exerce pas seulement à l'occasion de ses pièces historiques. Aucune de ses œuvres n'est étrangère à son expérience personnelle (1). Toutes, selon le mot de Gœthe cité par
lui (T, 180), sont des « fragments de ses Mémoires ». Il est
donc tentant de rechercher pour chacune d'elles la circonstance particulière qui a déclenché « l'appropriation » et
permis l'insertion dans ces Mémoires d'une donnée jusque-là
étrangère. C'est pour *Malatesta*, sans doute, que cette
recherche serait surtout féconde.

On a déjà noté la situation privilégiée de Sigismond
Malatesta parmi les autres personnages de Montherlant.
C'est le favori de son créateur et les chroniques ne manquent
pas de traits, par lesquels il a pu le séduire. Ce sont
peut-être, d'abord, ces scandaleux contrastes, dont s'accom-
modait si aisément le condottiere, et que Charles Yriarte
signale en citant deux historiens anglais de la peinture
italienne : « Rien n'est plus curieux, dans l'histoire de l'Italie
au quinzième siècle, que de voir de farouches capitaines,
soldats sans foi, souillés des crimes les plus odieux,
employer le fruit de leurs rapines à élever des édifices sacrés,

---

1. Il faut distinguer cette expérience qui touche fondamentalement à la vérité d'une âme, niveau où s'effectue
l'« appropriation » et l'expérience faite des souvenirs banals
que Montherlant ne se prive pas d'utiliser aussi dans son
théâtre.
   On se rappelle que Don Alvaro est un lecteur de Sienkiewicz, que Tia Campanita cite des proverbes qui ne sont
nullement du xvie siècle, que Ferrante, d'autre part, gardé de
l'office du Jeudi saint les impressions de Montherlant
collégien.
   On notera que le mot de la « petite amie » de Ravier dans
Celles qu'on prend dans ses bras : « La matelote, j'aime pas
ça, mais j'en veux une » (T, 653) a été entendu par Montherlant au restaurant (E, 1303) ; que la scène de la Double
Veuve, au troisième acte de *Don Juan*, vient d'un épisode
vécu (E, 1041). Enfin, si Don Juan éparpille ses lettres d'amour
dans le Guadalquivir (T, 1032), c'est que Montherlant, (sur un
pont de la Seine,) a fait subir le même sort à son journal
intime en 1956 (MACA, 41). Les *Carnets*, pour ces détails (et
davantage) sont une des sources importantes du théâtre.

et appeler à eux pour les construire et les orner les plus célèbres architectes du monde et les plus grands peintres contemporains » (Y, VII). Ou bien, parmi les nombreuses illustrations de l'ouvrage d'Yriarte, Montherlant s'est arrêté, pour y rêver, devant les reproductions (Y, 216-217) des curieux bas-reliefs qui décorent la chapelle du Saint-Sacrement dans l'église San Francesco, construite par Malatesta à Rimini : Mercure, Mars, Saturne et jusqu'à une Vénus, qui, nullement voilée, sort de l'onde, sur un char traîné par deux cygnes, accompagné d'un vol de colombes. Après cela, on conçoit que Pie II (Y,287-288) ait fait brûler Malatesta en effigie. Mais on se rappelle aussi que Costals, à la fin des *Lépreuses* (R, 1504-1505) admire dans l'église de La Madeleine, à Paris, la statuaire païenne d'un temple de « l'Aphrodite moderne ».

Un autre signe de reconnaissance, plus discret, a pu être efficace, à sa manière : Yriarte nous apprend que le frère du condottiere, Malatesta Novello, seigneur de Cesena, se déclarait généralement l'allié des adversaires de Sigismond, tout en demeurant d'accord avec lui, de façon que l'un des deux frères fût toujours dans un camp vainqueur (Y, 302). Cette politique avait de quoi enchanter l'auteur de « Syncrétisme et Alternance » ! Mais peut-être donna-t-il à son héros son adhésion décisive en lisant le récit de ses humiliations (T, 448 ; Y, 296). Malatesta, désarmé devant les ruses pontificales se plaint, à l'acte II, des préventions iniques dont on l'accable : « Pourquoi me donnerais-je le mal de me tenir droit, puisque de toute façon on affirmera que je suis tordu ? Pourquoi ferais-je quelque chose de bien, puisque ce ne sera reconnu par personne ? » (T, 370-371). A-t-on remarqué que, bien des années auparavant, dans *Aux Fontaines du désir*, Peregrinos s'exprimait déjà sur le même ton : « Ils ont nommé confusion ma richesse, fatuité mon orgueil, emphase ma grandeur... » (E, 256). On voit bien qui se plaint derrière cette plainte et si l'on en doutait, il faudrait se reporter à ces pages intitulées « le blanc est noir », où Montherlant fait entendre pour son propre compte les mêmes récriminations. On croirait volontiers, finalement, qu'il s'est approprié Malatesta le jour où il s'est dit qu'il faut avoir pitié des mauvais sujets : « Pitié pour Malatesta », c'est précisément le titre de l'un de ses commentaires (T, 451).

Parfois les choses sont encore beaucoup plus nettes. Elles le sont tout à fait pour *La Reine morte*, puisque, dans ce cas, il a lui-même très précisément décrit le processus d'appropriation (T, 179-180) et puisque nous possédons intégralement (2) le document de base : la pièce de Guevara. Montherlant commence par la rejeter comme inexploitable, puis brusquement les possibilités et les contacts se révèlent, il aperçoit comment personnages et situations peuvent être « branchés sur [sa] vie intérieure ». Mais à vrai dire, quand il énumère ces contacts, il néglige le principal. Il est clair que l'ébauche de la pièce a commencé à vivre en lui dès l'instant où s'est introduit dans la pièce espagnole un conflit père-fils, à quoi Guevara n'avait jamais songé, c'est-à-dire quand le sujet de *Fils de personne* s'est superposé à celui de *Régner après sa mort*.

C'est encore le même thème qui a pu inciter Montherlant à écrire *La Guerre civile* : conflit de générations où le fils, en certains cas, embrassait la cause des ennemis de son père : « On rêve (...) sur le fils de Caton, césarien contre son père » (T, 1315). Cependant, après avoir longuement examiné cette possibilité que lui offrent certains historiens, il l'abandonne, à regret, comme insuffisamment fondée (T, 1317). Il faut donc se contenter, quant à l'insertion de *La Guerre civile* dans sa vie intérieure, du rapprochement qu'il établit entre Pompée, Caton et lui, dans le pessimisme et l'action désespérée (T, 1344). Il en a laissé apercevoir d'autres, mais sans s'expliquer davantage. Le certain est que, une fois de plus, l'événement historique s'est incorporé à sa méditation,

---

2. Montherlant semble avoir complètement négligé les nombreux écrivains qui se sont intéressés à Inès de Castro et à Don Pedro de Portugal. Michelet, entre autres, comme me le signale M. Jacques Seebacher, évoque les singulières manifestations du deuil inconsolable de Pedro, qui « n'aimait plus que deux choses, les supplices et les concerts ». (*Histoire de France,* Paris, Chamerot, 1861, t. IV, p. 354). Mais Montherlant n'a vraisemblablement pas eu connaissance de cette page.

accordé aux sombres pensées de sa vieillesse. En même temps, bien entendu, cet accord même, d'où naît l'œuvre, s'accompagne de l'exaltation propre à la création artistique. Ainsi ce qui est vrai de *La Reine morte*, de *Malatesta*, l'est aussi de *La Guerre civile* comme de *Port-Royal*, de *Santiago* et de toutes les autres pièces de Montherlant (sans en excepter, malheureusement, *Don Juan* et *Celles qu'on prend dans ses bras* !). Il n'y a pièce, pour lui, que s'il y a rencontre entre un sujet et la « part nécessaire » de l'écrivain. On trouve l'expression dans *Service inutile* (E, 694). On y trouve aussi la description d'un concours de *cante jondo*, ou *chant profond*, gagné, à Séville, par un enfant gitan : « Dans le « chant profond », chacun jette en soi comme le tuyau d'une pompe pour arriver à la nappe souterraine de l'âme ; chacun jette plus ou moins loin, sans arriver à l'eau de l'âme ; enfin quelqu'un jette si profond que l'eau de l'âme est atteinte, elle monte, elle apparaît dans la voix. Ceux qui avaient précédé le petit Gitan n'avaient pas jeté assez profond. Mais lui, il avait atteint l'eau de l'âme, il l'aspirait et la répandait ; et toute sécheresse humaine fondait, fleurissait sous ce chant » (E, 607). Montherlant a voulu, lui aussi, faire entendre ce *chant profond* dans son théâtre, et même s'il ne s'est pas constamment maintenu à cette profondeur d'authenticité, c'est toujours à ce niveau que commence pour lui l'aventure d'une pièce.

Le public l'a généralement senti, mais il en a tiré des conclusions abusives et ne s'est pas fait faute de le confondre avec ses personnages, confusion contre laquelle il n'a cessé de protester (T, 212, 274, 596, 1350, 1383, etc...), sans qu'on puisse soupçonner sa bonne foi, ni même le taxer de contradiction. Que ses personnages soient nourris de sa propre substance, c'est certain, mais croire qu'il est effectivement tel d'entre eux résulte d'une simplification outrancière. Cependant ses mises au point sont demeurées sans effet pour beaucoup de ses lecteurs et sa légende s'est constituée sur quelques formules de Ferrante, de Georges Carrion ou d'Alvaro. C'est au-delà de ces formules qu'il faut le chercher, sans négliger tout ce qu'apportent ses romans et ses essais pour éclairer son théâtre. On risque sinon de déchiffrer, au moins d'entrevoir quelques-uns de ses secrets : « Dans mon théâtre, j'ai crié les hauts secrets qu'on ne peut dire qu'à voix basse » (T, 1375). Ce mot célèbre est à rapprocher de celui où il proclame que son œuvre dramatique « vise à se rattacher aux plus hautes formes connues » (T, 284). Il tient tout entier entre les deux affirmations. Il est compris entre une extrême originalité, celle de la profondeur (si l'on voit dans *hauts secrets* un latinisme) de ce qui est unique en chaque être, et d'autre part un refus avoué de l'originalité, celle qui consisterait à créer des formes nouvelles. C'est pourquoi toute étude de son théâtre ne peut pas s'engager immédiatement dans une recherche technique. Il faut qu'elle passe d'abord par la connaissance de son univers intérieur.

L'UNIVERS INTÉRIEUR

Montherlant s'est beaucoup décrit, revenant sans cesse sur trois ou quatre caractéristiques de sa personnalité et de son œuvre. Mais il est rare que ces analyses ne soient pas brusquement limitées par des zones de silence, ou même par des énigmes proposées comme telles au lecteur. Il a voulu que nous sachions certaines choses de lui et que nous en ignorions d'autres. Tout portrait de lui est donc fait de certitudes et de conjectures. Ces dernières sont moins risquées à propos de son œuvre qu'à propos de sa vie. Or, comme il l'a souvent répété, (T, 1193 ; E, 983, 1030, 1054, 1217, etc...), sa vie compte pour lui beaucoup plus que son œuvre : « J'ai mis tout mon effort dans ma vie (privée), et le moindre de mes efforts dans mon art » (E, 983). C'est donc là, dans sa vie, qu'est le vrai chef-d'œuvre, mais qui demeurera, pour une large part, un chef-d'œuvre inconnu.

« Naviguer tous feux éteints » est l'une de ses devises (VJ, 197). Cette navigation est dangeureuse, comme celle de M. de Guiscart, dans *La Rose de sable* (RS, 172-193). Les aventures auxquelles ses carnets font de discrètes allusions semblent toujours placées sous le coup de quelque menace (E, 1229-1230 ; 1259-1261) et le risque y ajoute au plaisir. De tous les écrivains de sa génération, il est sans doute celui qui a suscité le plus d'animosités. Citant le Psalmiste (68, 5) : « Ils sont plus nombreux que les cheveux de ma tête ceux qui me haïssent sans cause. », il s'étonne de ne pas répondre à la haine par la haine (E, 1054). Mais il est peut-être, au fond de lui, moins indifférent, en tout cas, moins rassuré qu'il ne le dit et il a ce mot d'homme traqué : « Nous vivons à la merci de silences » (E, 1337). Tout ce qu'il nous apprend de lui doit donc se replacer dans une atmosphère de crise et de dissimulation (3). C'est de cette atmosphère que sont issus tous ses personnages.

L'orgueil.

Il est inutile de rechercher pourquoi, dans la légende de Montherlant, l'orgueil occupe la première place. Son œuvre l'explique assez. Mais, à vrai dire, cette légende prête à l'écrivain une satisfaction de soi, naïve et tapageuse, qui lui est bien étrangère. Elle néglige les nuances et les sourires. On a retenu le mépris de Ferrante pour Don Pedro, de Georges Carrion pour Guillou, de Cisneros pour ses conseillers et l'on est resté souvent perplexe devant le critère de leurs condamnations, qui est un défaut de *qualité*.

On dirait que les contresens auxquels a prêté cette notion, surtout à propos de *Fils de personne* ont été prévus par Montherlant et qu'ils lui ont plu, comme autant de vérifications. Il a le sentiment que son monde personnel, marqué par l'exigence de la qualité, est sans frontières communes avec l'univers contemporain, qui en ignore tout. Il parle *qualité*, on lui répond *grandeur* ou *héroïsme*. Il ne cesse de protester contre ces méprises (VJ, 77, 136 ; MSr, 69 ; T, 274, 283), mais il ne se presse pas d'expliquer ce qu'il entend par qualité, comme s'il s'agissait d'un mot de passe, d'une notion réservée à des initiés, et dont le propre serait d'être sentie, non définie.

En fait, c'est discrétion, réserve, délicatesse, abnégation (E, 655, 727 ; T, 301), tout ce qui peut être, à l'origine, considéré comme l'agrément superficiel des rela-

------

3. Dans une curieuse note de 1963 (VJ, 129), il suggère que toute société organisée étant en désaccord avec la raison, toute littérature s'y trouve contrainte à la dissimulation. Les plus grands esprits ont « touché ces limites extrêmes de la subversion, qui enveloppent la vérité ». Mais ils se sont tus. « Leur écrits sont des écrits honteux. Ainsi seront les nôtres. Mais du moins nous aurons averti. Ici. »

tions humaines, mais qui, pour Montherlant, n'est que le signe de valeurs fondamentales, auxquelles il tient et qu'il exige pour accorder sa confiance à un être (VJ, 170). Lesquelles ? il ne le dit pas. « La qualité est un des grands mystères de l'homme. » (*ibid*.). On voit que tout part de lui. En somme, il réinterprète les règles de l'éducation qu'il a reçue, il supprime le principe d'exclusion qui en est la base (ou, plutôt, le détourne de son objet), et, « toute question d'intelligence, de culture, de classe sociale mise à part » (*ibid*.), il se fait l'arbitre d'une distinction personnelle entre ceux qui *réagissent bien* et ceux qui *réagissent mal*. Distinction fragile, on le voit, où réapparaît, en fait, la prédominance des êtres sur les idées, sujet de *L'Exil*.

Comme on s'y attend, la catégorie des mauvaises réactions est de beaucoup la plus représentée. L'autre se satisfait, avec amertume, de sa condition minoritaire. C'est le parti des meilleurs, et c'est toujours aussi celui des perdants. Ces exclus ont leur morale, ils ont leur univers mental qui ne se confond pas avec celui du sens commun. Seule, dans le théâtre de Montherlant, la reine Jeanne est reconnue comme une aliénée et se comporte en effet comme telle, mais c'est elle qui, sur le néant de l'action, exprime au plus près la pensée de l'auteur. Elle « fait entendre la voix de la vérité sortant de la bouche de la folie » (T, 1153). A des degrés divers, Ferrante, l'Infante de Navarre, Georges, Alvaro, Malatesta, Don Juan, Persilès, presque tous les principaux personnages de ce théâtre peuvent, à quelque moment, passer pour fous aux yeux du vulgaire (MSr, 129-130) et tous sont donc menacés par ce qui est la sanction de la folie : l'isolement.

« Nous avons trois sortes d'amis, dit Pompée. Nos amis qui nous aiment. Nos amis qui nous haïssent. Et nos amis qui nous aiment et nous haïssent à la fois » (T, 1298). La formule vient des carnets (E, 1333), où elle exprime le propre pessimisme de Montherlant. C'est leur ton habituel. Ils ne s'éclairent que par les évocations sensuelles. Dans cette solitude morale, naît « l'âpre plaisir de se savoir détesté » (E, 252). L'amour n'y a pas sa place, du moins pas l'amour partagé. Pour Montherlant, le véritable amour, le plus exaltant, c'est l'amour de conquête, qui ne demande aucun échange et laisse intacte la liberté de celui qui aime (E, 726), c'est celui de Jeanne la Folle, éprise, par-delà la mort, d'un mari indigne (T, 1136-1137). — « L'ingrat... », ce grief constant des héros classiques n'a pas de sens chez ceux de Montherlant : « La forme merveilleuse de l'amour, c'est d'aimer sans qu'on vous le rende en proportion, et *de n'en souffrir pas*» (E, 1426). Il est peu d'idées que, sous des formes diverses, il ait davantage répétées. Il en est peu aussi où l'on ait plus de peine à le croire entièrement sincère.

On est tenté sur ce point de distinguer la rigueur du système et les exceptions de la vie. Mais même sans recourir aux renseignements biographiques, ce monde desséché s'anime de diverses manières. D'abord l'orgueil si sûr de lui et, pour prendre une image qui se trouve à la fois dans *Pasiphaé* et dans *Service inutile*, l'orgueil satisfait des seules couronnes dont il se couronne lui-même (T, 84 ; E, 598), fléchit quelquefois. Il a besoin de se rassurer, c'est alors sur la culture qu'il s'appuie. Malatesta mourant invoquera le secours des héros de l'antiquité (T, 412) ; abandonné par le Pape, il se console en se rappelant tous les grands hommes qui, jadis, connurent la disgrâce (T, 379). Ces consolations sont celles dont use Montherlant (VJ, 128). Qu'il en ait besoin le rapproche de l'humanité moyenne. La lecture de ses derniers romans le montre, d'autre part, beaucoup plus accessible à la tendresse et à la pitié. *La Rose de sable, Le Chaos et la nuit, Un assassin est mon maître* ne sont pas les livres d'un orgueilleux. Et surtout c'est ici le lieu de lui appliquer la maxime à laquelle il revient si souvent (E, 241, 710, 1119, 1310, etc...) : que toute affirmation doit se prolonger par la possibilité de son démenti, toute attitude et tout geste par un sourire qui les raille, le « sourire de la pensée la plus profonde » (E, 964). Gardons-nous de prendre son orgueil au tragique. Il a trouvé lui-même, en souriant justement, la formule qui, peut-être, convient : « Un peu de pose, mais de bonne qualité, et un peu seulement » (R, 280).

Les Montherlant.

A vrai dire l'orgueil suppose l'immobilité, l'entêtement dans une singularité choisie. Le changement est un désaveu de soi, qui risque d'atténuer cette singularité. Or Montherlant néglige ce risque : « Ce qui est important, ce n'est pas d'être différent des autres, c'est d'être différent de soi » (E, 453). Il est l'homme des volte-face et l'épigraphe du *Neveu de Rameau* lui conviendrait à merveille, à condition de n'en pas restreindre la portée aux caprices de l'humeur.

Il constate partout chez l'homme contradiction et complexité (E, 1071, 1291). Le thème n'est pas neuf ! Comme un seul corps peut comprendre des organes sains et des organes malades, le vice et la vertu coexistent dans une même âme et y font bon ménage (E, 1043). Montherlant n'est pas le premier à s'en aviser. Mais son originalité consiste à passer de la constatation au précepte. Les moralistes se scandalisent des inconséquences et des variations humaines, et ils tâchent d'y porter remède. Lui les flatte, au contraire, et il s'amuse à esquisser (E, 1340) une « réhabilitation du caméléon ». Toute sa vie, il reste fidèle à ce principe de l'infidélité, exprimé dès 1926 dans « Syncrétisme et Alternance ». Un désir sensuel qui ignore toute limite est, pour lui, l'expression physique de cet appétit universel (E, 242, 1587). En 1935, dans « Carnaval sacré » (E, 452-457), il invoque, pour se justifier, l'histoire des religions, la science, Héraclite, Pascal, Voltaire, Vauvenargues, Gœthe, Hegel, Nietzsche, Renan. En 1964, il rappelle, une fois encore, son attachement au système des « conduites différentes » et à la maxime « Garder tout en composant tout » (VJ, 195-197). Entre temps, Malatesta est son interprète, quand il proclame : « Il ne s'agit pas seulement de vivre, mais de vivre en étant et en paraissant tout ce qu'on est » (T, 358).

C'est dans ses relations avec le christianisme que ses variations sont les plus étonnantes (les plus choquantes). Son œuvre offre en effet un mélange unique de négation, d'impertinence, de blasphème, de curiosité, d'intuition sympathique.

Et, dans le christianisme, cette sympathie s'adresse, on l'a vu, aux plus purs et aux plus rigoureux. On s'efforcerait vainement de contester son hostilité constante. Mais cette hostilité n'empêche pas que certains liens ne seront jamais coupés, fût-ce dans la zone indistincte où la religion se sépare mal de la superstition, soit qu'il s'abandonne à cette confusion (MSr, 38), soit qu'il s'en indigne (E, 398-399). Son incroyance demeure une incroyance de chrétien, qui tire sa force et sa splendeur de ce qu'elle combat. Il tient pour assuré que Dieu n'existe pas et, en même temps, il fait souvent le geste de se tourner vers lui. Prières absurdes et blasphématoires (MSr, 31, 38, 73), mais qui lui sont si naturelles qu'il les a mises aussi sur les lèvres de ses héros, Costals (R, 1533), Malatesta (T, 363) et la Reine Jeanne, qui, dans sa folie, exprime nettement ce que les autres prières impliquent confusément : « Mon Dieu, faites-moi la grâce que je fasse toute ma vie ma volonté et non la vôtre » (T, 1140).

Comme le dira Cisneros : la reine « voit l'évidence, et c'est pourquoi elle est folle » (T, 1153). Folie et raison se réconcilient dans une perspicacité supérieure. Ainsi cet univers est peuplé d'aveugles qui ne sont pas ce qu'ils croient être, qui ne font pas ce qu'ils croient faire et qui n'accèdent que par moments à une fulgurante clairvoyance. Ils sont revêtus des apparences de la puissance (Ferrante), des apparences de la religion (l'abbé de Pradts), ou de celles du désintéressement (Cisneros). L'un est profondément convaincu de la justesse des principes moraux qu'il défend et qu'il voudrait voir triompher ; il ne voit pas que tout son comportement tend à les discréditer (Alvaro). L'autre aime sans le savoir (l'Infante), un autre aime et maltraite ce qu'il aime (Georges Carrion). Quand ils ne se trompent pas eux-mêmes, ils trompent ou essaient de tromper leur entourage. (*L'Exil*). Au milieu d'eux, Montherlant exerce une souveraine lucidité et prend successivement la place de chacun d'eux. Non seulement par jeu littéraire, mais pour satisfaire toute la diversité de sa nature. Si un critique croit avoir révélé *le véritable Montherlant*, il répond : « Il n'y a pas un *véritable Montherlant*. Tous sont véritables » (E, 456). On se rappelle que le roi Ferrante, au plus fort de sa détresse, dit : « Mes âmes... » (T, 156). Au plus aigu de la création dramatique, c'est le mot que semble dire aussi l'auteur de *La Reine morte*.

L'indifférence.

Mais c'est dans la sérénité qu'il le prononce, car cette multitude, en lui, de forces contraires agissent et réagissent, s'il faut l'en croire, dans l'indifférence. Ainsi que la Mère Agnès, de *Port-Royal*, mais sans le royaume de Dieu dont elle est sujette, il se présente comme inaccessible, protégé par un mépris égal contre toutes les attirances de l'ambition et de l'avidité (E, 1059-1060). Cette indifférence, mêlée à l'« extravagante puissance de vie » (4) dont a hérité son Malatesta, le définit encore une fois. La puissance rend compte de son œuvre ; l'indifférence, de l'esprit dans lequel elle a été composée.

Pascal est disposé à croire « les histoires dont les témoins se feraient égorger » (Ed. Brunschvicg, 593), mais il a tort. Voltaire n'a pas eu de peine à le montrer et Montherlant est, sur ce point, du parti de Voltaire. Vers la fin de sa vie, recopiant dans ses carnets les préceptes qui l'ont constamment soutenu, il place en tête de ces citations favorites une phrase de La Bruyère : « César (...) jeune, actif, et se portant bien comme il faisait, que pouvait-il faire de mieux que conquérir le monde ? » (VJ, 197) (5). Il voit dans cette philosophie de l'action gratuite et pour le plaisir, le dernier mot de sa propre philosophie. C'était déjà, en 1926, la conclusion de « La Mort de Peregrinos » dans *Aux fontaines*

---

4. L'expression est de Jacques de Laprade. Montherlant la cite dans une page où il analyse le personnage de Malatesta et où il est impossible de ne pas reconnaître plusieurs éléments d'un autoportrait (T, 430).

5. Montherlant cite de mémoire. L'idée de La Bruyère n'est pas trahie, mais le texte est sensiblement modifié : voir *Les Caractères*, éd. Robert Garapon, Garnier frères, p. 383.

du désir (E, 262). Pascal se trompe donc et c'est Ferrante qui a raison, dans cette farouche leçon que nous lui avons entendu donner à Inès : « On meurt pour des causes auxquelles on ne croit pas, comme on meurt pour des passions qu'on n'a pas, et pour des êtres qu'on n'aime pas » (T, 164). De là cette prédilection de Montherlant pour *L'Ecclésiaste*, le livre unique dont il se contenterait dans une île déserte (E, 1579). De là son admiration pour Marc-Aurèle qui sait, lui aussi, que tout est vanité et qui n'en fait pas moins son métier d'empereur, comme s'il croyait à l'Empire (MSr, 152 ; VJ, 194). C'est ainsi que Caton livre bataille sous les enseignes de Pompée sans être aucunement persuadé que le bon droit soit dans le camp de Pompée. C'est ainsi que l'abbé de Pradts, mène la vie édifiante d'un prêtre et d'un éducateur chrétien, bien que, comme *Les Garçons* le montrent encore mieux que *La Ville*, il ne croie pas en Dieu. Et l'on a vu quelle fascination les esprits de cette trempe exercent sur la Sœur Angélique de Saint-Jean.

Si toutes les activités humaines sont, à des degrés divers, ironiquement marquées du signe de l'inutilité, il en est deux où cette inutilité est particulièrement flagrante et ce sont précisément celles auxquelles s'est adonné Montherlant : le sport et la littérature ! La littérature n'est qu'un exercice gratuit et le théâtre est un jeu à l'intérieur de ce jeu. Montherlant rejoint ici Claudel, pour qui le drame le plus sombre est toujours une affaire de « déguisés », quelque chose qui n'est pas tout à fait sérieux, de même que les vaines agitations des humains ne peuvent inspirer à Dieu le père qu'« une espèce de sympathie humoristique, de sympathie amusée » (*Mémoires improvisés*, éd. 1969, p. 319).

Mais faut-il prendre à la lettre ces déclarations de Claudel et de Montherlant ? Passe que, pour le croyant, tout soit futile en cette vie, mais comment l'incroyant s'y résigne-t-il ? Revenir si souvent sur l'affirmation de l'indifférence, est-ce être indifférent ? ou s'efforcer de l'être ? Il serait bien surprenant que cet équilibre n'ait jamais été compromis et, en fait, il le fut parfois, comme le montrent les carnets (E, 1060) : « La déesse Indifférence, honorée si particulièrement dans certain laraire, est peut-être la déesse de ceux qui ne peuvent pas être indifférents » (VJ, 138). La question ne s'est certainement pas présentée de la même façon à Montherlant aux différentes étapes de sa carrière. Jusqu'à quarante-cinq ans il n'est que romancier et essayiste. C'est le temps où il élabore un art de vivre, stigmatise le dolorisme chrétien (E, 716, 730, 868), croit s'être assuré dans le bonheur (E, 582). Sa maturité et sa vieillesse sont le temps du théâtre, expérience à tous égards différente, et encore du roman. Ses problèmes personnels se posent en des termes nouveaux. Ils s'éclairent dans la perspective du déclin, de la maladie et de la mort (MSr, 17-31). Le néant de tout effort apparaît de plus en plus dérisoire, mais aussi de plus en plus douloureux. Le théâtre que Montherlant porte au-dedans de lui est plus sombre quand il écrit *La Guerre civile*, que quand il écrit *La Reine morte*, mais c'est toujours la même scène, où il joue tous les rôles. Le dramaturge est soumis au moraliste et demande à l'homme tous les éléments de son drame.

L'ÉLABORATION DE L'ŒUVRE

Naissance des personnages.

Un drame de Montherlant, c'est donc essentiellement Montherlant lui-même réparti entre un certain nombre de personnages, une zone de son univers intérieur, éclairée, mise en ordre, encadrée en trois ou quatre actes et portée sous les yeux du spectateur.

Cherchant quel titre conviendrait à l'ensemble de son œuvre dramatique, il lui est arrivé de proposer : *Théâtre de caractères* (VJ, 136). Il semble bien difficile de retenir une telle expression, puisqu'elle implique une prédétermination et une rigidité qui ne se retrouvent guère chez ses héros, sauf peut-être chez le Maître de Santiago. L'intérêt du *Cardinal d'Espagne,* de *Malatesta,* de *La Reine morte,* c'est que, précisément, les personnages (comme Montherlant) y échappent à la définition et restent à demi engagés dans l'obscurité. Non que l'auteur veuille nous inciter à hasarder une explication psychanalytique. Il ne croit pas à la psychanalyse. Il l'attaque de front dans *Le Chaos et la nuit,* dans *Don Juan* (acte III, scène 2), il ne néglige aucune occasion d'ironiser sur le freudisme (VJ, 27 ; MSr, 98, 132). Ses héros ne sont pas gouvernés par des forces inconnues, mais ils participent aux contradictions de l'univers dont ils sont issus. Et ces contradictions les opposent moins entre eux qu'elles n'opposent chacun d'eux à soi-même (T, 1210, 1308).

Une pièce de Montherlant ne s'organise donc pas autour d'une action ; au sens romantique du mot, c'est évident, mais même au sens classique. On pourrait la sous-titrer *drames*, comme Ferrante dit : « mes âmes... ». Il y a isolement des personnages, plus qu'il n'y a entreprises des uns visant les autres. Théâtre doublement intérieur, par conséquent, où chacun s'enferme dans sa propre tragédie, et dont les ressorts seront à peu près toujours les mêmes : variations, chez un être, de la lucidité, de la puissance, de la volonté ; naissance d'un sentiment, mort d'un sentiment. En somme, vieillissement, car on remarquera que ces mutations s'effectuent presque toutes dans le même sens, celui de la dégradation et de l'avilissement.

Les notes préparatoires à *Malatesta* et à *Fils de personne*, qui ont été publiées, sont trop peu abondantes pour qu'on puisse en tirer des conclusions sur la méthode de travail de Montherlant (E, 1320 ; T, 295). Elles laissent entrevoir cependant une préoccupation presque exclusivement psychologique, des lueurs sur les personnages, des formules, mais rien qui regarde une intrigue. Elles se rattachent à une esthétique du foisonnement anarchique, de la fragmentation, parfois de la gratuité. C'est pourquoi aussi des répliques supprimées, dans *Don Juan*, par exemple (T, 1085), peuvent conserver, hors de leur contexte, toute leur valeur. Les nombreuses coupures que les pièces de Montherlant ont dû subir pour les représentations ont pu, pour la même raison, être pratiquées sans difficulté majeure.

Il distingue dans la création dramatique deux moments : « La création par l'émotion, qui donne la matière. Puis la création par l'art, qui juge, choisit, combine, construit » (T, 1369). Au premier stade, les notes ont commencé à constituer pour chaque personnage une sorte de dossier. Il y jette, en désordre, tout ce qui passe à portée de sa sensibilité dans les banalités ou dans les aventures de la vie quotidienne. Là commencent à s'ébaucher, capricieusement, les scènes. Mouvement comparable à celui de l'éducation, dont il a si fréquemment rappelé qu'elle consistait d'abord en un ébranlement de l'âme, une « crise » (E, 98) : « La terre a été remuée, bouleversée ; elle en sera féconde. », dit l'abbé de Pradts dans *La Ville dont le prince est un enfant* (T, 729).

Il arrive que Montherlant fasse passer sans le moindre changement dans une pièce un épisode de sa vie privée. La seule condition nécessaire pour que s'effectue ce transfert, est que cet épisode ait excité une émotion violente. C'est ainsi (VJ, 41-45) qu'au cours de l'été 1959, de graves troubles de santé, une crise particulièrement alarmante, fournissent la fin de la scène 2, de l'acte III du *Cardinal d'Espagne*, où Cisneros est victime d'un malaise qui paraît mortel (T, 1160-1161).

Ou bien il y a grossissement et exagération. On l'a vu pour *L'Exil*. Les commentaires de *Malatesta* révèlent que la crise de nerfs qui jette le héros sur son lit, quand il apprend la proposition insultante du Pape (T, 352), est issue d'une algarade dans un restaurant de Grasse pendant l'hiver 1943-1944 (T, 428).

Ou bien encore, il n'y a aucun rapport entre l'émotion éprouvée et l'émotion décrite : « N'importe quoi qui remue votre vie, remue votre imagination, et de là influe sur ce que vous écrivez » (E, 1214). C'est sur la rédaction de *La Reine morte*, écrite en cinq semaines dans une exaltation ininterrompue, que Montherlant nous a laissé le témoignage le plus significatif et le plus complet (T, 180-182). L'expression du désespoir peut jaillir de la joie, la haine de l'amour : comme ces réactions chimiques qui ne se réalisent qu'à une certaine température, le personnage ne commence à vivre que par la fièvre du créateur.

La construction.

Vient ensuite le moment de structurer cette matière vivante, mais encore informe. A cet égard, une étude approfondie de *Santiago,* de *La Reine morte*, de *Port-Royal* témoigne d'une maîtrise admirable ; évidente dans *Santiago*, plus subtile dans *La Reine morte*, moins apparente encore, mais aussi rigoureuse dans *Port-Royal*. Ces réussites n'empêchent pas Montherlant de manifester un mépris apparent pour l'art de la composition : « Une pièce est importante par son contenu humain, non par sa construction. *Celles qu'on prend dans ses bras* a autant de contenu humain que *La Ville* : son succès « de salle » n'a pas été comparable à celui de *La Ville*. On me dit que c'est parce que sa « construction » est moins bonne. D'abord, cela n'est pas exact. Et, cela le serait-il, cela serait dérisoire, et la condamnation de l'art dramatique » (MSr, 99).

Il est de fait que plusieurs de ses pièces sont médiocrement construites. A côté des ouvertures, pleines de verve, de *La Reine morte* et de *Malatesta* (cette dernière manifestement inspirée de la scène de Scoroncocolo, au troisième acte de *Lorenzaccio*), d'autres débuts sont moins heureux, comme il l'a lui-même reconnu (G, 7). Tout ce qui précède l'entrée de la reine, dans *Le Cardinal d'Espagne*, c'est-à-dire tout le premier acte, est lent. Lents aussi l'acte III et l'acte IV de *Malatesta*. Mais l'exemple le plus frappant de cette immobilité, qui menace le théâtre psychologique, si les ressorts, qui lui sont propres, ne sont pas constamment tendus, se trouve au second acte de *La Guerre civile*.

Le premier acte précède une trahison, le troisième suit une victoire, mais le second est de pure délibération, animé seulement à la fin par le légionnaire Mancia. C'est l'acte de Caton, l'acte de la philosophie. Caton est constamment en scène, abattu, mais éloquent, et, par deux fois, (scène 5 et scène 7), il y est seul. Certes, ses deux monologues séparés par les révélations que lui apporte Brutus sur le défaitisme de Pompée, ne sont pas identiques. Le premier est plus ouvert. C'est un parallèle de grande allure entre César et Pompée, un jugement clairvoyant sur le sombre avenir de Rome. Dans le second, Caton se replie sur sa propre destinée et sur le drame sans issue où le condamne sa lucidité. Chaque phrase, dans l'un et dans l'autre, est lourde de sens et, du désespoir patriotique au désespoir purement intime, il est vrai que l'analyse progresse. Mais comment s'en aviser sans le loisir de la lecture ? Le spectateur, ici comme en d'autres cas, envie le lecteur, qui peut suivre un mouvement imperceptible à la représentation. Au théâtre, la richesse même du texte, sa densité, enchaînent l'attention et la paralysent.

A ce défaut de construction s'en ajoute un autre qu'on a déjà signalé à propos de *Don Juan* et de *Celles qu'on prend dans ses bras* : l'insuffisance des liaisons. A l'origine les personnages se sont présentés seuls à leur créateur, non engagés dans un conflit. Il leur en reste toujours quelque chose, et on dirait que ce fractionnement influence la structure même du drame. A mainte reprise, Montherlant a raillé les vieilles conventions dramatiques qui postulent l'unité des personnages et leur cohésion. Au nom du réalisme il réclame au contraire pour le dramaturge le droit à l'incohérence et à l'illogisme (T, 13 ; T, 1389). Il en use avec bonheur dans *La Reine morte, Fils de personne, Le Cardinal d'Espagne*. C'est parce que, là, cette incohérence du personnage se tient à l'intérieur de certaines limites, celles du réalisme, de la vraisemblance et de l'unité de l'ensemble (puisque l'auteur reste fidèle à cette esthétique). Ailleurs il les transgresse. Le tissu de la pièce se distend, les scènes se suivent sans nécessité et, à l'intérieur même des scènes, le fil semble rompu. Demeurent la beauté des images, la vigueur des formules et des maximes, mais ce sont des agréments de détail qui ne sont plus subordonnés à l'intention générale et prennent un relief excessif.

Montherlant, dans l'art des maximes est comparable aux plus grands. Il sait qu'une opinion répandue les condamne comme un jeu artificiel, où l'élégance de la pensée supplée à la profondeur. Il les défend (VJ, 58), estimant, au contraire, qu'elles « infusent (...) un pouvoir plus grand de mainmise sur la vie » (R, 523). Dans un texte des carnets (E, 1351), partiellement repris dans son discours de réception à l'Académie française (AF, 35), il explique leur discrédit par le fait qu'elles se présentent souvent groupées en recueil, brillant côte à côte de feux trop vifs, alors que leur rôle est de s'incorporer discrètement à un texte pour lui donner vigueur et éclat. Excellent critère, qu'on peut appliquer à ses propres pièces. On extrairait aisément de *Santiago*, de *Don Juan*, de *Malatesta*, des pensées originales pareilles à celles qui abondent dans les *Carnets* et qui évoquent La Bruyère ou La Rochefoucauld. Mais il arrive qu'elles soient trop nombreuses, trop voyantes et, comme dans les deux derniers actes de *Malatesta*, qu'elles détachent une scène de la pièce pour la perdre dans des généralités désincarnées.

On apprécie mieux, en les comparant à ces défaillances, les réussites de *La Ville*, de *Fils de personne*, ou de

Port-Royal. Les plus belles pièces de Montherlant, du point de vue de la composition, sont celles où il a su tempérer son goût de l'inachevé, du flou, sa curiosité pour les « pans d'absence » (G, 7), par la vigueur du dessin et par la lumière de l'analyse, là où elle se porte irrésistiblement.

Théâtre et Roman.

Après beaucoup d'autres romanciers, de Dumas fils à Bourget, il est arrivé à Montherlant de traiter le même sujet sous la forme romanesque et sous la forme dramatique. Il semble estimer, d'ailleurs, qu'un sujet n'est a priori destiné ni à l'une ni à l'autre (T, 273). Mais, à la différence de la plupart de ses devanciers, il a commencé par la pièce : *La Ville dont le prince est un enfant* (1951) et il n'a écrit le roman qu'une quinzaine d'années plus tard : *Les Garçons* (1965-1967).

La comparaison des deux œuvres est instructive (6). Tout d'abord le roman est évidemment beaucoup plus touffu, la pièce beaucoup plus simple. La pièce découpe un épisode, parmi d'autres d'égale importance, dans la masse de souvenirs que le roman utilise ou transforme. Les conditions de la représentation imposaient ce découpage. Mais les personnages eux-mêmes, les deux prêtres en particulier, sont présentés de façon beaucoup plus schématique. Le Supérieur professe, dans *Les Garçons*, des opinions politiques, il est animé de préoccupations sociales dont on ne trouve pas trace dans *La Ville*. Surtout l'abbé de Pradts est un prêtre athée. Ce cas psychologique est au cœur même du

---

6. La comparaison de l'*Embroc* avec *Les Onze devant la Porte Dorée* (R, 359-377) est d'intérêt limité puisqu'il s'agit de deux dialogues. En revanche le rapport récit-théâtre peut être étudié, on l'a vu, à propos de la nouvelle « Les Prisonniers », premier état de *Fils de personne*. Dans une page de ses commentaires, Montherlant a abordé le problème à une époque où la technique dramatique lui semblait permettre de dire autant en moins de mots (T, 284).

roman, c'est pour le traiter qu'il a d'abord été écrit. Le problème y est abordé avec beaucoup de curiosité, un mélange de sympathie et de désinvolture tout à fait étranger à *La Ville*, où l'incroyance du prêtre est suggérée très discrètement. Pour des raisons du même ordre *La Ville* ne fait qu'allusion aux pratiques homosexuelles auxquelles renoncent les deux adolescents. Le roman est beaucoup plus explicite.

Enfin tout le contexte où se situent *Les Garçons* : les années 1912-1913, mœurs et habitudes de la bourgeoisie parisienne, a si complètement disparu de la pièce que Montherlant l'a située, imprécisément, entre 1919 et 1939, comme si le milieu n'avait pas changé entre ces deux dates ! Mais, à vrai dire, c'est que le milieu ici ne compte pas ; seul compte le drame psychologique ; la différence des deux techniques est flagrante. En même temps que l'environnement est radicalement annulé, disparaissent aussi tous les détails comiques qui s'y mêlent dans *Les Garçons* avec une impertinence extraordinaire.

Donc, une réduction à l'essentiel, et en même temps un changement d'éclairage. Dans *Les Garçons*, ce sont les adolescents qui sont au premier plan, le narrateur se souvient qu'il fut l'un d'eux. Dans *La Ville* on sent davantage un point de vue d'adulte, peut-être parce qu'il était difficile de faire reposer toute la pièce sur des acteurs de quinze ans.

On peut dégager de ces remarques une première conclusion qui s'appliquerait aussi bien aux autres pièces et aux autres romans de Montherlant. Il ne traite pas de la même façon spectateurs et lecteurs. Il ménage les premiers, il n'observe aucune contrainte avec les autres. Le théâtre et le roman ne se situent pas sur le même plan. Au théâtre, l'auteur idéalise, il ne dit pas tout, il ne descend pas, comme dans le roman, jusqu'à certains détails et jusqu'à un certain ton. Ce n'est pas vrai seulement pour *La Ville* : « J'ai haussé tous mes personnages, et le climat même de Port-Royal, comme j'ai haussé, jusqu'à friser l'invraisemblance, le climat du collège catholique dans *La Ville dont le prince est un enfant* » (T, 937). La préface des *Garçons* montre cette intention sur un point précis : le roman était terminé en mars

1967, mais *La Ville* devant être créée en décembre 1967, « il n'était pas question » de le publier cette année-là (G, 15). Pourquoi ? sinon parce que *Les Garçons* auraient découvert les coulisses de *La Ville* et fait descendre à leur niveau des personnages dont le prestige doit être à tout prix préservé.

Dans les romans de Montherlant il n'est plus question de prestige. C'est le refuge des médiocres, des humiliés et des vaincus, qui ne figurent pas dans ses pièces (car Persilès, même sans généalogie, a sa noblesse). C'est pourquoi ces romans paraissent moins étrangers à notre temps que ces pièces. Sans doute Montherlant a-t-il toujours protesté contre l'expression « théâtre de la grandeur » (VJ, 77), mais au moins les personnages de son théâtre ont-ils l'apparence de la grandeur, et son langage. Les personnages de ses romans n'inspirent, dès l'abord, que la pitié (UAM, LXVII).

Autre différence, la scène ne lui offre pas les possibilités poétiques, la marge d'irréalité dont il use dans le livre. *Le Chaos et la nuit* est traversé par des intrusions du fantastique : des voitures, par exemple, se mettent à voler dans une rue de Paris (CN, 24). Rien de tel au théâtre. « Dans une pièce on ne peut montrer que le vraisemblable ; dans un roman on peut montrer l'invraisemblable, c'est-à-dire le vrai » (T, 834).

Mais ce qui oppose le plus nettement les deux parties de l'œuvre de Montherlant, c'est que dans l'une il est constamment présent, et jusqu'à dire « Moi, Montherlant » à certaines pages des *Bestiaires* (R, 534, 551) ; dans l'autre, il s'efface. Le genre dramatique n'implique pas nécessairement cette absence. Claudel est présent dans *Le soulier de satin* par les ruptures à la faveur desquelles il coupe la parole à ses personnages. Rien n'est plus étranger à l'esthétique de Montherlant. Le chœur de *La Guerre civile* constitue une exception (T, 1363).

Cette présence et cette absence rendent compte, peut-être, de la faiblesse du comique dans ce théâtre. Sauf dans *Brocéliande*, il est lourd et emprunté, l'auteur n'y est pas à l'aise. Il accuse le public français d'être réfractaire au mélange des genres (T, 1081, 1088). En réalité, c'est qu'il le pratique pesamment, alors que dans ses romans il manifeste des dons comiques éblouissants. *La Petite Infante de Castille, Un voyageur solitaire* ont des pages d'une verve et d'une insolence admirables. Et ces beaux romans sombres, *Le chaos et la nuit, Un assassin est mon maître*, sont illuminés par des croquis de Paris ou de Bab-el-Oued, par des saynètes qu'on pourrait représenter presque sans changement et qui ont la vigueur, la drôlerie des meilleures pièces de Félicien Marceau. C'est là qu'est le théâtre comique de Montherlant. Il avait le génie de la désinvolture, il l'a quelquefois oublié en écrivant pour la scène.

STYLE
REMARQUES SUR UN MANUSCRIT

Un débat sur le style.

Cette désinvolture, si sensible dans les romans, s'y traduit par l'aspect composite du style. Montherlant, ainsi qu'Aragon, mène ses récits comme des conversations, il les coupe de parenthèses narquoises, de familiarités, d'argot. Les romans de sa deuxième période, ceux qui paraissent à partir de 1963, témoignent d'une aisance grandissante dans l'utilisation de ce procédé, et jusqu'à faire oublier qu'il s'agit d'un procédé. Le paradoxe, en somme, est que ce sont ses pièces, non ses romans, qui sont en style écrit.

On le lui a beaucoup reproché. Sans revenir sur les artifices discrets qui font la somptuosité du langage de *La Reine morte* ou de *Santiago*, on notera seulement comment il répond à ces griefs. D'abord il distingue. Il n'a pas écrit *La Reine morte* avec la même plume que *La Ville, Celles,* ou *Fils de personne,* et il marque sa préférence pour la seconde manière (T,198). Même *Le Cardinal d'Espagne* est plus dépouillé, de ce point de vue, que *La Reine morte* (T, 1211). Montherlant a évolué en vingt ans et, surtout, les goûts ont changé. Le bien-dire, encore toléré en 1942, n'ose plus se montrer en 1960 ! Mais il reste que le langage de Cisneros est un langage écrit, qui, objecte-t-on, « crée un écran entre le sentiment exprimé et le public » (T, 1211). L'auteur à qui s'adresse ce grief peut invoquer le précédent des tragédies classiques et des drames romantiques. C'est ce que fait Montherlant, et il ajoute que ce langage écrit est seulement un langage précis et clair, ce qui suffit peut-être à le rendre peu compréhensible pour beaucoup de spectateurs du *Cardinal d'Espagne.*

Il se réclame donc de la simplicité, s'attaque vigoureusement au « gongorisme passant sur la scène », c'est-à-dire à Giraudoux (E, 879). Il peut, à bon droit, se réclamer de cet idéal de sobriété, s'il s'agit de *La Ville* ou de *Fils*. Pour ses autres pièces, que l'on a taxées de grandiloquence, il les défend au nom du naturel. Il s'enorgueillit d'appartenir à cette famille d'écrivains qui s'expriment sans effort sur le ton de la splendeur tragique (RS, 364-365 ; CN, 169 ; T, 1372). Sur la souveraineté du style, sur les privilèges inouïs attachés à cette grâce imméritée qu'est le don d'écrire, il a publié à propos de Saint-Simon (E, 1507-1508) une page orgueilleuse et définitive. On se tromperait, d'ailleurs, en ne voyant en lui qu'un écrivain favorisé, et magnifique avec nonchalance. Bien qu'il ait prétendu, à plusieurs reprises (E, 1176 ; RS, 380), que corrections, ratures sont signes de médiocrité et que les vrais écrivains sont les improvisateurs, il a lui-même été un artisan attentif et patient. C'est ce que prouve du moins l'examen d'un de ses manuscrits, celui de *La Reine morte*.

Le manuscrit de *La Reine morte* (7).

Ce manuscrit conservé à la bibliothèque de la Comédie-Française, a été remis par l'auteur à ce théâtre, le 30 octobre 1954, au cours d'une cérémonie organisée pour fêter la 250e représentation de la pièce. Il comporte 106 feuillets, les uns manuscrits, les autres dactylographiés. D'après les indications de Montherlant, les feuillets manuscrits ne sont pas du premier jet, mais ils constituent une copie antérieure à la première dactylographie. Seul le revers du feuillet 15 de l'acte II est un premier jet.

---

7. Malgré les difficultés dues au transfert de la Bibliothèque dans un nouveau local, Madame Sylvie Chevalley, bibliothécaire-archiviste de la Comédie-Française, a bien voulu me permettre de consulter ce manuscrit. Je lui en exprime ma très vive reconnaissance.

Le document est du plus vif intérêt. Il utilise le verso de toutes sortes de papiers hétéroclites, factures, demandes d'argent, lettres personnelles ou officielles. Dans le nombre : deux pages dactylographiées des *Convulsionnaires* et une lettre de fou. On y a joint le texte de l'allocution prononcée par Montherlant, au foyer des artistes, le 30 octobre 1954, plaisant témoignage sur douze années de collaboration, non ininterrompues, avec la Comédie-Française.

Sa méthode de travail apparaît d'autant plus nettement que le manuscrit n'est pas homogène, mais témoigne des différentes étapes de la rédaction. Il écrit une scène à la main, la corrige, la copie et, parfois, après de nouvelles corrections, la recopie. Puis il la fait dactylographier une ou plusieurs fois selon le nombre de corrections nécessaires. On sait (T, 180) que l'ensemble du travail demanda cinq semaines, en mai-juin 1942. Le document de la Comédie-Française est encore assez éloigné du texte définitif. Il permet de remarquer que tout ce qui concerne Dino del Moro (lequel ne se trouve pas dans la pièce de Guevara) est d'une période tardive de la rédaction. La scène 5 de l'acte II (Inès-l'Infante), beaucoup plus courte que sous sa forme définitive, ne fait aucune allusion aux scrupules qui empêchent Inès d'avoir recours à la trahison d'un enfant. Dino ne paraît pas au début de l'acte III. Il soutient Ferrante mourant, mais il est à ce moment un page anonyme. Enfin, et surtout, tout le dénouement muet est différent : Dino reste agenouillé auprès du cadavre de son maître. Il ne le trahit pas. Son jeu de scène actuel, qui paraît s'imposer et comporte l'un des enseignements essentiels de la pièce, n'est donc pas venu tout de suite à l'esprit de Montherlant. Quant au style, les nombreuses variantes de ce manuscrit embrouillé, fournissent des indications précieuses sur l'élaboration du dialogue. On se contentera d'en signaler quelques-unes.

La scène d'exposition.

La première scène de l'acte I, cette fougueuse exposition dominée par le personnage de l'Infante, se présente sous

forme dactylographiée. C'est donc, au minimum, un deuxième, peut-être un troisième ou un quatrième état. Effectivement le texte est assez élaboré. Il porte des corrections et
des surcharges qui, sauf pour la dernière page, aboutissent à
notre texte. Les voici.

a. — p. 107. La troisième phrase de la seconde dame
d'honneur est une addition.

b. — p. 107. L'Infante : la parenthèse (*que Dieu protège*)
est une addition.

c. — p. 108. Addition aussi la première phrase entre
crochets.

d. — p. 108, ligne 20 : *passe dans le mois* surcharge
meurt après trois jours.

e. — p. 108. L'Infant : les deux dernières lignes surchar-
gent *nous préférons dire que nous ne compre-
nons pas, afin d'avoir plutôt de la stupeur que du
courroux.*

f. — p. 109, ligne 6. Après *nommée* le texte primitif était :
*Et je ne doutai pas que le sérieux de son nouvel
état ne fît comprendre à don Pedro qu'il devait
secouer un lien qui... Mais non, il ne me dit rien
de son obstination.* Phrases biffées et remplacées
par *Il me cacha.*

g. — p. 109. La fin de cette réplique surcharge une
rédaction primitive : *avec un manque de galanterie qui me confond,* à quoi l'Infante répondait
(phrase biffée) : *Il ne s'agit pas de galanterie.*

h. — p. 109. La 3e réplique de l'Infante était d'abord :
*Plutôt perdre que de supporter. Et j'aime un mal
qui me vient de moi-même.* Cette seconde phrase
a été biffée, ainsi que *de* dans la première.

i. — p. 109. Les 3 répliques des dames d'honneur :
addition.

j. — p. 109, ligne 36. Le texte surcharge *ont les pattes les
plus résistantes de toute l'Espagne parce qu'ils
marchent toujours sur des cailloux.*

k. — p. 110. Le texte de la ligne 12 jusqu'à la fin de la
scène n'est pas sur la dactylographie, où on lit
seulement : *Vous êtes aussi grande que vous êtes*

> *noble. Toutes les réjouissances vont avoir lieu*
> *comme prévues. J'aurai le regard fixé sur vous.*
> (Cette dernière phrase biffée). *Dans l'instant je*
> *parle à don Pedro. Peut-être ce soir même le*
> *destin aura-t-il changé de route.*

Quelles conclusions tirer de ces variantes, sinon que la qualité littéraire du texte résulte d'un effort très conscient et très lucide. L'auteur vise à parfaire la symétrie des répliques des dames d'honneur (a, i). La formule la plus concise ne lui vient pas nécessairement du premier coup. Il l'obtient par retranchement des inutilités (h, f). La couleur du style, son léger archaïsme proviennent d'additions ou de substitutions heureuses (b, d, g). Le premier jet n'évitait pas toujours la platitude (g) et le solennel Infant de Navarre s'y est repris à deux fois pour réaliser, à partir d'une banalité gourmée, son sévère balancement d'abstractions (e). Enfin, si telle variante (c) n'ajoute qu'une précision psychologique au personnage de l'Infante, la modification qui affecte la fin de la scène élève le texte au niveau lyrique (k). Faute de pouvoir étudier tous les états du texte qui ont précédé celui-ci, il est difficile d'y faire la part de la spontanéité. Celle de l'art y est considérable. C'est très progressivement que Montherlant a amené cette scène au degré d'élégance et de force qu'on s'accorde à lui reconnaître.

Premier jet et remaniements.

Sans entrer dans un détail de variantes qui serait fastidieux, observons deux autres passages du manuscrit, non plus dactylographiés, mais rédigés de la main de Montherlant, et qui correspondent à deux stades différents de la rédaction.

La seule page dont nous soyons certains, d'après le témoignage de l'auteur, qu'elle soit de premier jet, se situe dans la scène 5 de l'acte II et correspond au texte compris actuellement, dans l'édition de la Pléiade, entre la page 150, ligne 23 : « Non, Princesse, je ne puis » et la page 151, ligne 9 : « Allons, Inès, venez ! » De façon assez inattendue, ce premier jet est plus proche du texte définitif que la scène 1 de l'acte I. Nous cherchions la spontanéité, nous la trouvons ici. Malheureusement, ce n'est pas dans un passage d'intérêt tout à fait primordial, (bien que la collection Folio l'ait retenu pour la dernière page de sa couverture).

On notera, tout de même, que dans cette page, le rôle de l'Infante n'a pratiquement subi aucun changement depuis la première rédaction : ses cris d'orgueil, sa haine du mariage, son mépris du sexe masculin, tout cela est venu directement à l'auteur dans le premier moment de l'inspiration.

En revanche les deux principales répliques d'Inès ont été modifiées. Dans la première « Quand l'oiseau de race... », l'image est venue en deux temps. Le manuscrit ne comporte que le proverbe marocain cité dans *La Rose de sable* (RS, 545) : « Quand l'oiseau de race est capturé, il ne se débat pas. » La suite de la réplique, si poétique, résulte donc d'une addition. Une image est née de l'autre. La seconde réplique d'Inès (« Non ! Non ! je ne peux plus... ») revêt dans sa forme actuelle une vigueur accrue par des corrections syntaxiques : « Et, s'il le faut, mourir avec lui ou pour lui » remplace « Si je ne puis l'empêcher de mourir au moins je mourrai avec lui. »

Il n'est pas possible d'énumérer les variantes du début de l'acte III. Elles touchent non seulement au style, mais à l'économie de l'acte. Les scènes actuellement numérotées de 1 à 4 sont concentrées en une scène unique Ferrante-Inès. L'actuelle scène 5 était la scène 2. Tout le texte compris, dans l'édition de la Pléiade, entre l'entrée du page (p. 156) et le départ d'Alvar (p. 159), c'est-à-dire les scènes 2 et 3, n'existe pas dans le manuscrit. Il n'y est pas question de Dino del Moro. L'actuelle scène 4 se présente sous une forme beaucoup plus succincte.

Tout ce début d'acte a donc été profondément remanié. Certains remaniements sont même postérieurs à l'édition originale. Ferrante qui, dans le manuscrit et dans l'originale (Montherlant avait quarante-six ans !) est un vieillard de soixante ans, non de soixante-dix comme plus tard, évoque ici et là, plus longuement que dans l'édition de la Pléiade, ses insomnies tragiques, qui chaque nuit le transforment en gisant de pierre (RM, 130 ; T, 155, première réplique).

Un peu plus loin, une demi-page est laissée en blanc, correspondant au deuxième tiers de cette page 155, avec seulement ces mots : « Rêve de la peau qui se déchire. Garde autour du palais. Bien meilleur et bien pire. » On voit que Montherlant, quand il rédige, suit le développement dans lequel il s'est lancé et de crainte d'entraver le mouvement, préfère ne pas s'interrompre et ne placer qu'ensuite, dans les espaces laissés libres, les ajouts qu'un mot lui permettra de ne pas oublier. En dépit de ces profondes modifications, quelques-unes des comparaisons et des métaphores les plus célèbres de cette scène sont déjà dans le manuscrit : « La mort va m'enfoncer sur la tête son casque noir » (T, 154). « Tout sera bouleversé par les mains hasardeuses du temps » (T, 155). « Mes âmes enchevêtrées sont les broussailles de la forêt » (T, 156).

Ce manuscrit de la Comédie-Française, moins sommairement étudié, permettrait sans doute de surprendre chez Montherlant d'autres habitudes dans le travail du style et de la composition. Mais l'examen rapide de quelques scènes fournit déjà quelques indications utiles. A chaque étape de la rédaction et dès le principe, quelques bonheurs d'expression se présentent à l'écrivain, mais à chaque étape et jusqu'à la fin ses corrections sont considérables. Elles vont dans le sens de la concision et de la force. Parfois, elles infléchissent légèrement le texte et, d'un mot ou deux, l'écartent de l'usage moderne. Ces retouches successives finissent par lui donner cet accent littéraire qui paraît presque toujours naturel et qui caractérise le théâtre de Montherlant. Si l'on ne craignait de schématiser à l'excès, on suggèrerait que l'inspiration lui donne d'abord, en même temps, les images et le mouvement. C'est, pour reprendre ses formules, (T, 1369), « la création par l'émotion, qui donne la matière ». Et sur cette matière s'exerce le contrôle sévère de l'intelligence. C'est « la création par l'art ». La première est débridée, anarchique. « Il faut la brusquer au départ », « mettre du noir sur du blanc, quitte à tout effacer ensuite » (T, 527). La seconde va en sens inverse, c'est une censure : celle du goût, deux notions inactuelles.

L'AUTEUR ET SON ŒUVRE

Montherlant n'a jamais craint de se répéter. Lorsqu'il tient à une idée, on la trouve reprise inlassablement dans ses carnets, ses romans, les commentaires de son théâtre. C'est ainsi que, pendant près de cinquante ans, ce littérateur ne cesse de redire que la littérature, vue du dehors, en tant qu'elle s'adresse à des lecteurs ou à des spectateurs, ne l'intéresse pas. A l'en croire, la création artistique se suffit à elle-même. Ce qui compte, ce sont les efforts conjugués de l'imagination, de la sensibilité, soutenus et guidés par l'habileté technique ; c'est la production de l'œuvre d'art, non son exploitation ; ce sont les rapports de l'auteur et de l'œuvre, pendant que celle-ci prend forme, jusqu'au moment où, enfin mûrie, elle atteint son équilibre et le degré de perfection qui lui est propre ; ce qui compte, c'est le plaisir d'écrire. La suite, c'est-à-dire les rapports de l'œuvre et du public, n'a aucune importance, et présente même de sérieux inconvénients ! Comme il le dit, dans une de ces formules qui lui faisaient peu d'amis parmi les critiques : « Publier un livre, c'est parler à table devant les domestiques » (E, 1128).

Il se trouve d'accord sur ce point avec Gœthe (E, 1507) et Amiel (E, 1354 ; VJ, 157). Il admire les écrivains qui, comme Saint-Simon, laissent ignorer toute leur vie ce qu'ils ont écrit (E, 1507). Il garde lui-même inédits plusieurs de ses livres et, avant même d'avoir travaillé pour le théâtre, se promet, si cela lui arrive un jour, de ne pas s'occuper des représentations de ses pièces (E, 1219).

Et quand cela lui arrive en effet, il ne tient pas du tout cette promesse.

Les représentations.

Le théâtre de Montherlant est avant tout un théâtre littéraire. Ce ne sont pas seulement ses ennemis qui le disent, c'est lui-même : « Voir n'est pas lire, et seul le volume compte » (T, 192). Cette méfiance à l'égard de la scène n'est pas nouvelle. Toute la génération symboliste, à la fin du siècle dernier, manifeste, après Mallarmé, sa préférence pour le livre. C'est malgré les poètes, que l'on joue d'abord Maeterlinck et Villiers, et ce paradoxe, on l'a montré, constitue le principal intérêt des tentatives du jeune Lugné-Poe à L'Œuvre. Montherlant n'a pas été joué malgré lui, mais à ses pièces la représentation ne suffit pas. Elles exigent d'être lues, du moins la plupart d'entre elles. *Le Maître de Santiago*, d'une structure simple, laisse apercevoir au théâtre son dessin et l'essentiel de sa signification, mais on a vu qu'un drame comme *Port-Royal* ne peut toucher vraiment qu'à la lecture.

Cependant, une fois que la décision de monter une pièce est prise, et c'est, parfois, longtemps après qu'elle est achevée : six ans pour *Malatesta*, plus de quinze ans pour *La Ville dont le prince est un enfant*, Montherlant se convertit. Il apporte tous ses soins à la préparation du spectacle. Il est assidu aux répétitions, collabore avec le metteur en scène et les comédiens. Ce qui *ne comptait pas* devient primordial et il se comporte en tout point comme s'il admettait que c'est une deuxième création qui commence.

C'est qu'il reconnaît, en effet, que, passant par la voix des acteurs, la pièce peut changer et se mettre à vivre indépendamment de l'auteur. Il le sent, en particulier, pour *La Ville dont le prince est un enfant*, dans la mise en scène de Jean Meyer (T, 824-825). Mais le changement qu'il observe au théâtre, en ce cas, n'est pas celui qu'on attendrait. La présence physique des deux prêtres et des deux garçons devrait simplifier les quatre personnages, accentuer certains traits, en faire disparaître d'autres, enfermer chaque rôle dans une personnalité. Or, c'est le contraire qui se produit : ce que la représentation révèle aux yeux de l'auteur, c'est l'ambiguïté des héros, au moins de l'abbé de Pradts, de Sevrais, de Souplier ; et, finalement, l'ambiguïté de la pièce elle-même. Montherlant, créateur et lecteur, lui imposait un sens ; spectateur, il la voit dériver, échapper à ses intentions. Il n'incrimine d'ailleurs nullement l'interprétation. Elle répond à sa conception de la dramaturgie qui est purement réaliste.

Car, une fois admises cette élévation systématique, dont bénéficie chacune de ses pièces, cette idéalisation qui, dans son œuvre, sépare le plan du théâtre de celui du roman, il n'a d'autre but que d'imiter la vie d'aussi près que possible. Cette imitation peut aller jusqu'à d'étranges naïvetés. On l'a entendu répéter qu'en matière de mise en scène : *de minimis curat praetor*. On l'a vu mesurer chaque soir la neige artificielle aux bottes des chevaliers de Santiago. Mais la préoccupation réaliste se justifie parfaitement s'il s'agit d'éviter de grossiers anachronismes, comme celui dont souffre en 1960 une représentation privée de *L'Exil* (T, 15), ou s'il s'agit de refuser le décalage, traditionnel et intangible, entre l'âge de l'acteur et l'âge du personnage. Insistant particulièrement sur ce point, à propos des jeunes comédiens de *La Ville*, Montherlant ajoute : « Au théâtre, ce qui est pour d'autres un *détail* est pour moi une montagne » (T, 830).

Certaines indications scéniques seront donc d'une extrême précision : près d'une page pour le dénouement de *La Reine morte*, autant, dans *Le Cardinal d'Espagne*, pour la rencontre de la Reine et de Cisneros (T, 1132-1133). La vraisemblance est respectée au plus près. Dans deux cas seulement, Montherlant s'écarte d'un strict réalisme, et, pénétrant dans la conscience d'un personnage, projette sur la scène ses angoisses et ses hésitations ; ou bien, prenant la parole, fait entendre au public son propre jugement à tel ou tel moment de l'action. C'est la voix de l'Infante au troisième acte de *La Reine morte*, ce sont les voix du chœur et de la guerre civile dans la pièce de ce nom. Procédé d'ailleurs dépourvu de toute espèce d'originalité : Giraudoux l'avait utilisé dans *Amphitryon 38* ; et déjà Cocteau, dans *Antigone*, en 1922.

Ailleurs, tout nous est présenté simplement, tout est à prendre au niveau du spectacle. Il est vrai que certains détails peuvent être chargés d'un symbole : le froid d'Avila, la chaleur orageuse du faubourg Saint-Jacques ou cette eau glacée que Mariana boit avidement au premier acte de

Santiago. Mais ces symboles n'ont pas le caractère appuyé qu'on trouve à ceux d'Ibsen et qui impressionnait si fort la critique française des dernières années du dix-neuvième siècle. Ils peuvent même passer inaperçus et, si Montherlant ne l'avait pas signalé, personne ne se douterait que le charpentier qui heurte le carreau, quand Sevrais et Souplier viennent d'échanger leurs serments (T, 712), « *c'est la réponse de l'adulte,* [c'est] la foudre [qui] tombe sur les enfants à l'instant qu'ils sont admirables » (T, 821).

Une notion qui est étonnamment absente de cette dramaturgie est celle, si courante chez nos contemporains, de *langage théâtral.* Tout ce qui se rattache aux recherches d'Artaud est radicalement étranger à Montherlant. Il ne conçoit pas que les choses, les volumes, les couleurs, les sons inarticulés, les mouvements puissent, au théâtre, rivaliser avec le verbe et menacer sa suprématie. Il tolère la nécessité d'une certaine transposition sur la scène, mais il est bien éloigné de lui accorder l'importance qui est la sienne, même dans le jeu le plus classique. Il voudrait (T, 752) qu'un acteur « meure », exactement comme un homme qui meurt, ce qui est la négation même du théâtre.

Un réalisme si appliqué peut passer pour le respect banal d'une tradition désuète. En fait, Montherlant ne l'entendait pas ainsi. C'est contre une tradition, qu'il formule son esthétique, mais contre une tradition déjà périmée à vrai dire dans les années 1940-1970. Il frappe un peu dans le vide quand il ironise à propos des *emplois* (T, 754), quand il ridiculise les *conventions,* les détails faux du costume, du maquillage ou du jeu (T, 752). On croit parfois entendre Zola fustigeant la Comédie-Française, soixante-quinze ans plus tôt.

On l'écoutera davantage quand il fait un éloge circonstancié du talent de ses acteurs : Madeleine Renaud dans Inès de Castro (T, 188) ou Jean Deschamps dans le Supérieur du Collège (T, 830). Ce qu'il apprécie par-dessus tout en eux c'est la simplicité des moyens, l'extrême sobriété du talent (il n'a pas aimé Pierre Brasseur dans *Don Juan* ; T, 1084), un art dont le principe est de se faire oublier. La mise en scène de

Pierre Dux pour *Fils de personne*, (T, 267), celle de Jean Meyer pour *La Ville* (T, 830), ont les mêmes vertus. Elles servent parfaitement le texte, sans se faire valoir, elles sont translucides, soumises à l'œuvre comme le beau style est soumis à la pensée (T, 1211-1212).

Ainsi par un mouvement parallèle à celui qui avait orienté les expériences symbolistes, mais sans tomber dans aucun de leurs bizarres excès, ce théâtre, au nom du texte, demande au théâtre de se sacrifier, de renoncer à la plupart de ses prestiges. *Port-Royal* est dans la logique de cette exigence. Elle justifie aussi, en partie (plus que l'avis de Mgr Feltin) le refus si longtemps prolongé de laisser jouer *La Ville dont le prince est un enfant*. Comme Maeterlinck ne voulait pas livrer *La Princesse Madeleine* aux acteurs, Montherlant entend préserver *La Ville* d'habitudes scéniques qu'il condamne. Il s'explique là-dessus dans un article de 1953 (T, 753) : « Pour moi, il n'y a qu'une seule forme de théâtre digne de ce nom : le théâtre psychologique. Ce qui donne au théâtre une force qui lui est propre, c'est que tout s'y passe sur le visage humain. Il faut donc voir ce visage de près. » (On sait que, pour lui, après le troisième rang de l'orchestre, il n'y a plus de théâtre.) C'est la raison pour laquelle, sans oublier qu'il vient, à cette époque, d'essuyer trois échecs successifs — d'où quelque mauvaise humeur — on le voit marquer alors sa préférence pour le cinéma et ses gros plans. C'était la première étape d'un itinéraire de retraite, qui aurait pu passer aussi par le « théâtre de chambre », par une salle comme le *Petit Marigny*, que Jean-Louis Barrault lui proposait (T, 752) avant d'aboutir au renoncement total, proclamé dans la préface de *Port-Royal*, et non suivi d'effet.

Montherlant et son œuvre.

On a vu que le succès de cette dernière pièce fut sans doute pour beaucoup dans le retour à la scène marqué par *Brocéliande, Don Juan, Le Cardinal d'Espagne, La Guerre civile* et la représentation de *La Ville dont le prince est un enfant.* Mais Montherlant ne se réconcilie pas, pour autant, avec les spectateurs. D'un bout à l'autre de sa carrière, quand ses pièces échouaient, mais aussi bien quand elles réussissaient, il a pensé qu'on ne les comprenait pas. Pour lui, le malentendu est la loi sans exception qui gouverne les rapports d'un auteur avec son public (E, 257). C'est pourquoi (fût-ce un auteur tragique !) ces rapports sont toujours du ressort de la comédie. Le critique y a son emploi, qui est de distribuer l'éloge et le blâme à tort et à travers ! La gloire est une plaisanterie, ou une insulte. Dans un cauchemar, Peregrinos la voyait comme une couronne de lauriers décernée par un porc aux oreilles d'âne (E, 257).

Aussi est-ce en dehors de toute préoccupation de cet ordre, que Montherlant a multiplié autour de ses drames préfaces, postfaces et gloses de toutes sortes. Cette abondance est paradoxale. Un auteur qui méprise le public, qui méprise même la simple publication d'un livre et s'en abstiendrait volontiers, s'il faut l'en croire, entoure son œuvre d'une masse étonnante de commentaires, qui la dépassent parfois en nombre de pages ! C'est-à-dire qu'il prolonge indéfiniment cette publication méprisée ; ou si c'est une pièce, qu'il répercute les échos insanes de la représentation, et qu'en somme il revient, sans se lasser, devant ce public à oreilles d'âne.

Montherlant s'est bien des fois justifié (T, 1367 ; E, 1332), mais peut-être n'a-t-il jamais là-dessus livré le fond de sa pensée. Quand il affirme : « Un lecteur qui ne s'intéresse pas à ce qui est écrit d'une œuvre, ne s'intéresse pas à cette œuvre » (T, 267), il contredit évidemment l'expérience la plus courante et généralise abusivement ses propres curiosités. Il ne s'agit pas d'expliquer ce que des spectateurs n'ont pas compris à des lecteurs qui ne le comprendront pas davantage. Il s'agit seulement de prolonger la joie de la création. Montherlant ne va pas, en ce sens, aussi loin que Claudel qui, lui, recommence systématiquement deux ou trois fois chacune de ses pièces. Mais il ne peut se résigner à les quitter. En somme, il persiste dans l'habitude de *parler à table devant les domestiques* ! (parce que passe avant tout le plaisir de « parler »).

C'est que cette œuvre, apparemment achevée, se disperse en réalité dès la publication, et plus encore après les représentations (T, 294). Elle se défait et se refait selon les acteurs, et presque selon les publics de chaque soirée. Les interprétations les plus aberrantes lui sont malgré tout bénéfiques. Il est excellent que Baty ait massacré *Bérénice*, parce que sa mise en scène et les discussions, qu'elle suscite, entretiennent l'intérêt autour de *Bérénice* : « C'est à coup d'erreurs que les œuvres survivent » (T, 1370).

L'auteur ne peut rester insensible à ces aventures de ce qu'il a créé. Il aime ses pièces comme on aime ses enfants. La comparaison se trouve explicitement dans les « Notes de théâtre » (T, 1368), mais elle court à travers tous les commentaires de l'édition de la Pléiade. Comme l'amour paternel, le goût de Montherlant pour ses comédies et ses drames se manifeste avec une obstination et une indulgence particulières pour ceux qui n'ont pas réussi et, contre l'évidence, il met *Don Juan* au rang de ses chefs-d'œuvre (T, 1085). Sentiments paternels aussi ceux qu'il exprime à l'égard de *La Reine morte* : « Une double humilité. Le regret de n'avoir pas fait une œuvre plus belle. Et en même temps, se sentir assez petit devant ce qu'on a soi-même créé... » (T, 192). Mais les pères, chez Montherlant, sont féroces : Ferrante, Georges Carrion, Alvaro. Et lui-même mêle à sa tendresse pour *La Reine morte* un singulier sentiment de jalousie : « Comment n'en vouloir pas un peu à quelque chose qui est presque vous-même, et qui existera encore quand, vous, vous n'existerez plus ? » (T, 182). Ainsi tous ses drames mêlés et, parmi eux, tous les jugements qu'il a portés sur eux, toutes les questions qu'ils lui ont posées, constituent une sorte de grand drame unique, où il tient le rôle du père, un père plein de contradictions, comme ses héros, hanté par un scrupule : laisser, dès qu'elle est terminée, l'œuvre suivre son destin, conduite dont il a si souvent proclamé la nécessité, n'est-ce pas quelque chose comme un abandon d'enfant ? Il pose la question en 1942, l'année même où commence sa carrière dramatique (E, 1287) et la réponse à cette question, ce sont ses commentaires (8).

Mais sa vigilance va plus loin encore. Elle s'attache, par un lien personnel, à chacun de ses héros et les traite comme s'ils existaient véritablement. Il conserve donc à leur égard des ignorances et des doutes, tels qu'il peut en subsister dans l'amitié la plus intime. Est-ce que Persilès se tue seulement parce qu'on lui arrache sa chimère ? Montherlant « *pense* » que la perspective de la vie conjugale reprise lui est aussi insupportable (T, 1004). Il « *suppose* » que Georges Carrion est blessé à la fois comme père et comme Français, mais il n'en est pas sûr (T, 288). Et Gillou, au premier acte de *Fils de personne*, dort-il ? ou fait-il semblant de dormir ? Qui le dira, si ce n'est l'auteur ? Mais, justement, l'auteur n'en sait rien (T, 289).

Ce qui a pu d'abord n'être qu'un jeu est devenu une habitude, qui a sans doute contribué, à mesure, à la naissance de nouveaux personnages. Caton et Pompée ont entendu ce qui se dit chez le Cardinal Cisneros, et ils s'en inspirent. Naturellement, quand il aborde un sujet historique, les scrupules de Montherlant sont encore plus aigus. La réalité du passé le soutient dans sa création, mais elle garde

---

8. Outre ces commentaires, la sollicitude de Montherlant se manifeste aussi par les retouches qu'il apporte éventuellement aux différentes éditions de ses pièces ou bien, lors des reprises, par celles qu'il admet dans leur mise en scène. La question a été étudiée par D. B. Edney, « Two Stage Versions of Montherlant's *La Reine morte* », *Modern Drama*, juin 1973. — Nous ne lisons pas la pièce en 1973 dans un texte absolument semblable à l'originale (voir quatre modifications : RM, 95-96 et T, 141, c'est la plus importante, l'auteur a éliminé les déclarations férocement misogynes de Ferrante ; RM, 130 et T, 155, le gisant insomniaque ; RM, 143 et T, 160 ; RM, 66 et T, 129). — La mise en scène de Pierre Franck, pour la reprise de 1966, se distingue de celle de Pierre Dux en 1942. Elle est plus simple, plus moderne. L'aspect baroque et sublime de la pièce y est atténué. Les lettres de Montherlant (1969) citées par D. B. Edney montrent qu'il approuve cette évolution, mais réserve la possibilité de reprendre la première interprétation.

aussi des secrets autour desquels cette création louvoie, non sans inquiétude. Il se fait alors l'avocat des héros qu'il met en scène, il plaide pour Malatesta (T, 451), il plaide pour les pompéiens (T, 1353). Il craint d'avoir été injuste pour Cisneros (T, 1183) ou pour Labienus-Laetorius (T, 1313). Il imagine la Sœur Angélique de Saint-Jean, lisant « en quelque lieu mystérieux » la pièce dont cette recluse est l'héroïne exhibée à des milliers de spectateurs, et il n'a pas la conscience très tranquille ! (T, 1176).

Ainsi, comme une grande œuvre romanesque le fait de son auteur, l'œuvre dramatique de Montherlant se referme sur lui-même et il entre parmi ses personnages. Félicien Marceau a écrit *Balzac et son monde* et, sans doute, la comparaison serait écrasante, mais il reste qu'on pourrait écrire un *Montherlant et son monde*. Et *ses mondes* plutôt, car ses romans communiquent peu avec son théâtre. Il a ce don des vrais créateurs : l'accent. Et cette œuvre dramatique inégale, cohérente dans l'incohérence, naturelle dans la somptuosité, il l'a vécue dramatiquement à chaque moment de son évolution, jusqu'à prévoir, après sa mort, son déclin et son anéantissement, comme parvenu à l'âge de Ferrante, il prévoit le naufrage final de *La Reine morte* (T, 199) :

« Surtout si l'on songe que le Portugal de jadis dut avoir à cœur d'enfoncer corps et biens, pour s'acquérir des morts glorieux, plus d'une de ses célèbres caravelles — il y a aussi quelque chose de fascinant à imaginer notre *Reine morte*, navire de haute voilure s'il en fut, et plus que les caravelles, après avoir lâché tant de bordées superbes, enfin inerte et traversée de bêtes marines, enfouie à jamais dans les grands fonds où reposent les Armadas perdues. »

INDEX

des ouvrages de Montherlant
et des personnages de son œuvre
(on y a joint ceux de *Régner après sa mort*, de Guevara)

Abbé de Pradts. — 54-55, 217, 222, 226, 238.
Abbesse (L'), Madeleine de Sainte-Agnès. — 37-38.
Acilius. — 50-51.
Alcacer. — 41-42.
Alfonso (Le Roi). — 63-65, 80.
Alonso (*Régner après sa mort*). — 63.
Auligny (Lieutenant). — 127-128, 204.
Alvar Gonçalvès. — 82, 87, 235.
Alvar Gonzalès (*Régner après sa mort*). — 64-65.
Alvaro Dabo (don). — 26-28, 36, 41, 48, 85, 111, 115-117, 119, 123-125, 127-128, 131-133, **134-152**, 166, 193, 207, 210, 214, 217.
Ana de Ulloa. — 41-42.
Andriot (Mlle). — 31-32, 34.
ASSASSIN EST MON MAITRE (UN). — 84, 215, 229.

Basinio. — 35, 205.
Bernal (don). — 26-28, 116, 120, 134-136, 142, 146, 151.
BESTIAIRES (LES). — 18, 76, 78, 113, 132, 228.
Bonnet de la Bonnetière. — 40.
Bricoule (Alban de). — 15, 78, 127.
Brito (*Régner après sa mort*). — 63-64, 66.
BROCÉLIANDE. — **38-41**, 228, 241.
Brunet. — 22.
Bruno. — 25.
Brutus. — 224.

Camerino. — 35.
CARDINAL D'ESPAGNE (LE). — **45-49**, 50-51, 57, 98, 113, 130, 203, 205-206, 221, 223-225, 230, 239, 241.
Cardinal Cisneros (Le). — 45-49, 217, 223, 230, 239, 244.
Cardona. — 45-46.
Carrion (Georges). — 21, 24, 28-30, 36, 111, 165, 210, 213-214, 217, 243-244.
Caton. — 49, 52, 59, 219, 224, 244.
Celestino. — 41, 47, 114.
CELLES QU'ON PREND DANS SES BRAS. — 28, **31-34**, 42-44, 113, 157, 207, 210, 223-224.
CHAOS ET LA NUIT (LE). — 34, 41, 46-47, 76, 103, 133, 215, 221, 228-229.
Charles d'Espagne (Charles-Quint). — 45.
Christine. — 31-33.
Coantré. — 41.
Commandeur de Ulloa (Le). — 42.
Comtesse de Ulloa (La). — 42.
CONVULSIONNAIRES (LES). — 160-162, 166, 232.
Costals. — 22, 166, 208, 217.
CRÉTOIS (LES). — 17, 107.

Dandillot (Solange). — 22, 91, 165.
DEMAIN IL FERA JOUR. — **28-31**, 34, 57, 71, 105, 116, 157.
Dino del Moro. — 20, 81, 100-101, 106-107, 232, 235.
Dionis (*Régner après sa mort*). — 63.
Domitius. — 53.
DON FADRIQUE. — 17-18, 171.
DON JUAN. — 32, **41-44**, 46, 204, 207, 210, 221-222, 224-225, 240-241, 243.
Don Juan. — 41-42, 44, 207, 214.

Eduardo (don). — 83, 87.
Egas Coelho. — 20, 81, 85, 87, 89, 104-106.
Egas Coello (*Régner après sa mort*). — 64-65.
EMBROC (L'). — 57, 90, 226.

ÉQUINOXE DE SEPTEMBRE (L'). — 24.
EXIL (L'). — **13-18**, 25, 58, 74, 214, 217, 223, 239.

Fannius. — 49.
Ferrante. — 19-20, 24, 36, 41, 48, 68, 70-73, **76-108**,
    111, 120, 123, 139, 142, 179, 210, 213-214, 217, 219,
    232, 235, 243.
FILS DE PERSONNE. — **21-25**, 28-30, 34, 56, 58, 71, 90,
    105-106, 111, 115, 123, 165, 209, 213, 222, 225-226,
    230, 244.
FILS DES AUTRES. — 56, 123.
FONTAINES DU DÉSIR (AUX). — 18, 67, 197, 208, 218.

GARÇONS (LES). — 17, 55, 57, 67, 117, 159, 172, 219,
    226-228.
Gillou. — 21, 24, 28-29, 213, 244.
GUERRE CIVILE (LA). — **49-53**, 58, 204-206, 209-210,
    220, 224, 228, 241.

Hacquebaut (Andrée). — 165.

INCOMPRIS (UN). — 25, 56.
Inès de Castro. — 19-20, 24, 65, **73-108**, 114, 142, 219,
    232, 234-235, 240.
Inez de Castro (*Régner après sa mort*). — 63-65.
Infant de Navarre. — 68, 233-234.
Infante de Navarre (*Régner après sa mort*). — 63-65, 82.
Infante de Navarre. — 19-20, 65, 67-69, 80, 85, 87, **92-
94**, 97, 104-105, 123, 214, 217, 232-233, 239.
INFANTE DE CASTILLE (LA PETITE). — 16, 84, 113, 229.
IPHIGÉNIE. — 16.
Isotta. — 35, 205.

Jacinto (don). — 26, 136, 142.
Jeanne la Folle. — Cf. Reine Jeanne (La).
JEUNES FILLES (LES). — 18, 22, 165.

Laetorius. — 49, 53, 206, 245.
LÉPREUSES (LES). — 86, 91, 208.

MAIS AIMONS-NOUS CEUX QUE NOUS AIMONS ?. —
59, 75.
MAÎTRE DE SANTIAGO (LE). — 18, **26-28**, 36, 58,
109-153, 157, 162, 164, 167, 173, 180, 185, 193, 204,
210, 223, 225, 238, 240.
Maître de Santiago (Le). — 78, 116, 221.
MALATESTA. — 28, **34-37**, 58, 76, 105, 157, **204-208**,
210, 221-225, 238.
Malatesta (Sigismond). — 35-36, 50, 99, 205-209, 214-
215, 217-218, 245.
Mancia. — 224.
MARÉE DU SOIR (LA). — 137.
Mariana. — 26-27, 113-117, 123, 134, 141-143, 144-
147, 152, 193, 239.
Mère Agnès. — 38, 170, 177, 189-190, 196-199, 218.
MORS ET VITA. — 84.

Obregon (don Gregorio). — 111, 131, 146.
Olmeda (don Fernando de). — 124, 130, 193.
OLYMPIQUES (LES). — 57, 90, 104, 112.
ONZE DEVANT LA PORTE DORÉE (LES). — 226.

Pantevin (Thérèse). — 165-166.
Pape Paul II (Le). — 36.
Pape Pie II (Le). — 208.
PASIPHAÉ. — 13, **17-18**, 215.
Pedro (*Régner après sa mort*). — 63-64.
Pedro. — 19-20, 24, 68, 70-76, 78-80, 88-91, 94, 101,
106, 142, 213, 233.
Péréfixe (l'Archevêque). — 37, 45, 174-176, 180, 182,
187-190, 199.
Pérégrinos. — 208.
Persilès. — 40, 44, 59, 214, 244.
Persilès (Mme). — 40.

Pompée. — 49-52, 214, 219, 224, 244.
Porcellio. — 35, 99, 205.
PORT-ROYAL I. — 19, **167-172**, 179, 189.
PORT-ROYAL II. — 28, **37-39**, 45, 49, 58, 76, 113, 115, 153, **155-199**, 203, 205-206, 210, 218, 223, 226, 238, 241.
POUR UNE VIERGE NOIRE. — 18.
Presles (de) Geneviève. — 14.
Presles (de) Philippe. — 14.
Prinet. — 15.

Ravier. — 31-33, 207.
REINAR DESPUÈS DE MORIR (RÉGNER APRÈS SA MORT). — **63-66**, 209.
Reine Jeanne (La). — 45-48, 98, 114, 214-215, 217, 239.
REINE MORTE (LA). — 16, **19-21**, 24, 26, 30, 36, 38, 58, 63, 66, **67-108**, 111, 115-116, 119-120, 124, 153, 157, 160, 169, 173, 185, 188, 203-204, 206, 209-210, 218, 220-221, 223-225, 231, 239, 243-244.
RELÈVE DU MATIN (LA). — 16, 55, 72.
Roger. — 21.
ROSE DE SABLE (LA). — 27, 29, 74, 84, 94, **127-128**, 130-131, 158, 212, 215, 235.
Rosette. — 25.

Sandoval (Marie). — 21, 28-29.
Sénac (Bernard). — 14, 15.
SERVICE INUTILE. — 18, 24, 30-31, 126, 132, 147, 210, 215.
Sevrais (André). — 54, 57, 238, 240.
Sœur Angélique. — 37-38, 158-160, 163, 170, 173-175, 177-179, 184, 186, 188-190, 194, 196, 198, 219, 245.
Sœur Flavie. — 37-38, 178, 189-190, 192.
Sœur Françoise. — 37-38, 177, 179, 181, 188, 189, 190, 194, 197.
Sœur Gabrielle. — 37, 175, 189, 193.

Sœur Louise. — 180, 186.
SOLSTICE DE JUIN. — 19, 22, 24, 26, 135, 172.
SONGE (LE). — 15-16, 18, 74, 127-128, 144.
Soria (Le comte de). — 27, 116, 118, 122, 137-138.
Souplier (Serge). — 54, 57, 238, 240.
Supérieur du Collège (Le). — 54, 240.

TEXTES SOUS UNE OCCUPATION. — 22.
THRASYLLE. — 13.
Tia Campanita. — 207.
TREIZIÈME CÉSAR (LE). — 50, 53, 83.

VA JOUER AVEC CETTE POUSSIÈRE. — 139.
Vanella. — 35.
Vargas. — 193.
VILLE DONT LE PRINCE EST UN ENFANT (LA). — 17,
    34, 38, **53-58**, 105, 159, 172, 194, 198, 219, 222-223,
    225-228, 231, 238-239, 241-242.
Violante (*Régner après sa mort*). — 63-64.
VOYAGEUR SOLITAIRE EST UN DIABLE (UN). — 18,
    163, 229.

BIBLIOGRAPHIE SOMMAIRE

On trouvera une bonne bibliographie dans *Les Critiques de notre temps et Montherlant*, présentation par André BLANC, Garnier Frères, 1973.

Œuvres de Montherlant.

— *Théâtre*, préface de Jacques de LAPRADE ; préface complémentaire de Philippe de SAINT ROBERT, Bibliothèque de la Pléiade, Gallimard, 1972.

— *Romans et œuvres de fiction non théâtrales*, préface par Roger SECRÉTAIN, Bibliothèque de la Pléiade, Gallimard, Paris, 1959.

    à compléter par
- *Le Chaos et la Nuit*, Gallimard, Paris, 1963.
- *La Rose de Sable*, Gallimard, Paris, 1968.
- *Les Garçons*, Gallimard, Paris, 1969.
- *Un Assassin est mon maître*, préface de Jean DELAY, Gallimard, Paris, 1971.

— *Essais*, préface par Pierre SIPRIOT, Bibliothèque de la Pléiade, Gallimard, Paris, 1963.

    à compléter par
- *Va jouer avec cette poussière*, Gallimard, Paris, 1966.
- *Le Treizième César*, Gallimard, Paris, 1970.
- *La Marée du Soir*, Gallimard, Paris, 1972.
- *La Tragédie sans masque* (reproduit presque exactement les commentaires du *Théâtre* de la Bibliothèque de la Pléiade), Gallimard, Paris 1972.
- *Mais aimons-nous ceux que nous aimons ?* Gallimard, Paris, 1973.

— *Discours de réception à l'Académie française* (et réponse de M. le duc de Lévis Mirepoix), Gallimard, Paris, 1963.

Sur Montherlant.

— J. N. FAURE-BIGUET, *Les Enfances de Montherlant*, Plon, Paris, 1941 ; n^elle éd., suivi de *Montherlant, homme de la Renaissance*, Henri Lefebvre, Paris, 1948.
— Michel MOHRT, *Montherlant, homme libre*, Gallimard, Paris, 1943.
— Pierre SIPRIOT, *Montherlant par lui-même*, Coll. Ecrivains de toujours, Seuil, Paris, 1953 ; n^elle éd., 1969.
— Henri PERRUCHOT, *Montherlant*, Bibliothèque Idéale, Gallimard, Paris 1959 ; nouvelle édition complétée par Henry MAVIT, 1969 (contient une importante bibliographie).
— Jean de BEER, *Montherlant, ou l'homme encombré de Dieu*, avec des remarques par Henry de MONTHERLANT, Portrait-dialogue, Flammarion, Paris 1963.
— André MARISSEL, *Henry de Montherlant*, Ed. Universitaires, Classiques du XXe siècle, Paris, 1966.
— André BLANC, *Montherlant un pessimisme heureux*, Centurion, Paris, 1968.
— Philippe de SAINT ROBERT, *Montherlant le séparé*, Flammarion, Paris, 1969.
— *Les Critiques de notre temps et Montherlant*, présentation par André BLANC, Garnier Frères, Paris, 1973.

Sur le théâtre de Montherlant.

— Michel de SAINT PIERRE, *Montherlant bourreau de soi-même*, Gallimard, Paris, 1949. (Conclusions générales, à partir de *Demain il fera jour.*)
— Jacques de LAPRADE, *Le théâtre de Montherlant*, La Jeune Parque, Paris, 1950.
— Bona MONDINI, *Montherlant. Du côté de Port-Royal. La pièce et ses sources*, Nouvelles éditions Debresse, Paris, 1962.

— John BATCHELOR, *Existence et Imagination. Essai sur le théâtre de Montherlant*, University of Queensland Press, Queensland, Australie, 1967 ; trad. française de Martial LEREDU, Mercure de France, Paris, 1970.
— André BLANC, *La Reine morte*, Coll. Profil d'une œuvre, Hatier, Paris, 1970.
— F. BANCHINI, *Le Théâtre de Montherlant*, Palombi, Rome, 1971.
— Paule d'ARX, *La Femme dans le théâtre de Montherlant*, Nizet, Paris, 1973.
— Paul GINESTIER, *Montherlant*, Seghers, Paris, 1973.

En dehors des très nombreux articles qu'il est impossible de citer ici, mentionnons seulement ceux qu'on trouvera dans
— Jean-Bertrand BARRÈRE, *Critique de chambre*, La Palatine, Paris-Genève, 1964.
— *Henry de Montherlant*, monographie établie par Sylvie CHEVALLEY ; Textes de Jacques de LAPRADE, Gabriel MATZNEFF, Henri PERRUCHOT, Pierre QUÉMÉNEUR, Comédie-Française, Paris, 1960 ; n^{elle} éd., 1965.
— *L'Avant-Scène*, spécial Montherlant, n° 379-380, 1er-15 mai 1967. — n° 436, 1er novembre 1969.
— *Comédie-Française*, n° 5, janvier 1972 et n° 21, septembre 1973.
— *La Nouvelle Revue Française*, février 1973.
— *Modern Drama*, juin 1973 (« Two Stage Versions of Montherlant's *La Reine morte* » par D. B. EDNEY).

Sur l'histoire de Port-Royal, outre Sainte-Beuve, source principale de Montherlant (*Port-Royal*, Hachette, Paris, 6 vol. : édition utilisée par l'écrivain) on consultera
— *Relation de captivité d'Angélique de Saint-Jean Arnauld d'Andilly*, avec une introduction de Louis COGNET, Gallimard, Paris, 1954.
— Raphaël MOLHO, *L'Ordre et les Ténèbres, ou la naissance d'un mythe du XVIIe siècle chez Sainte-Beuve*, Armand Colin, Paris, 1972.

TABLE DES MATIÈRES

ABRÉVIATIONS 5
AVANT-PROPOS 7
L'ŒUVRE DRAMATIQUE DE MONTHERLANT ... 9

Chapitre I
LA CARRIÈRE DE MONTHERLANT AU THÉÂTRE 11

De l'exil à Pasiphaé 13
Théâtre sous l'occupation 19
Triomphes et échecs de l'après-guerre 26
Deux comédies 39
Dernières créations 45

Chapitre II
LA REINE MORTE 61

Régner après sa mort 63
Le premier acte 67

Equilibre et rupture, 67. — *L'amour et la peur,* 73. — *Ferrante,* 76.

Le deuxième acte 80

Structure, 80. — *Le cabinet du roi,* 81. — *Confidences de Ferrante,* 88. — *La visite au prisonnier,* 89. — *L'Infante,* 92.

Le troisième acte   96

> *Théâtre et lecture,* 96. — *Le nihilisme de Ferrante,*
> 98. — *Troisième chant d'amour maternel,* 100. —
> *Le Roi mort,* 102. — *La mort d'Inès,* 103. — *Le
> silence final,* 105.

Chapitre III
LE MAÎTRE DE SANTIAGO   109

Le Maître de Santiago, œuvre d'art   112

> *Le Décor,* 112. — *Structure de la pièce,* 115. —
> *Le Dialogue,* 117. — *Montherlant écrivain,* 120.
> — *Figures et Images,* 122.

« Le fabuleux métal »   125

> *Origine de* Santiago, 125. — *Montherlant afri-
> cain,* 125. — *La Rose de Sable,* 127. — *Le débat
> sur la colonisation,* 129. — *Espagne,* 131.

Alvaro ou le nouvel Alceste   134

> *Le point de vue de Philinte,* 134. — *Les haines
> d'Alvaro,* 136. — *Plaisirs de l'atrabilaire,* 139. —
> *Père et fille,* 141.

Alvaro chrétien ?   144

> *La Chevalerie,* 145. — *Les hérésies d'Alvaro,* 146.
> — *L'extase finale,* 150. — *La race des durs,* 151.

Chapitre IV
PORT-ROYAL   155

Le « Jansénisme » de Montherlant   157

> *Jusqu'à la rencontre de Sainte-Beuve,* 158. —
> *Lecture du* Port-Royal, 162. — *Un libertin jan-
> séniste,* 165.

Le premier *Port-Royal* 167

  Naissance du drame, 167. — *Originalité de* Port-Royal I, 168. — *Le sujet,* 169. — *La réforme,* 172.

Les sources du second *Port-Royal* 173

  L'Ecriture Sainte, 174. — *La* Relation de captivité de la Sœur Angélique, 176. — *Les emprunts à Sainte-Beuve,* 179.

Problèmes techniques 183

  Les intentions de Montherlant, 183. — *Le dépouillement,* 185. — *Construction de la pièce,* 188.

Signification de *Port-Royal* 192

  La cruauté, 193. — *Faiblesses humaines,* 195. — *Deux christianismes,* 196.

Chapitre V

L'ŒUVRE DRAMATIQUE DE MONTHERLANT. 201

Aux sources de l'œuvre 203

  Un néo-classique ?, 203. — *La documentation,* 205. — *« L'appropriation »,* 206.

L'univers intérieur 212

  L'orgueil, 213. — *Les Montherlant,* 216. — *L'indifférence,* 218.

L'élaboration de l'œuvre 221

  Naissance des personnages, 221. — *La construction,* 223. — *Théâtre et roman,* 226.

Style. Remarques sur un manuscrit 230

  Un débat sur le style, 230. — *Le manuscrit de* La Reine Morte, 231. — *La scène d'exposition,* 232. — *Premier jet et remaniements,* 234.

LE THÉÂTRE DE MONTHERLANT

L'auteur et son œuvre   237
    Les représentations, 237. — *Montherlant et son
    œuvre*, 241.
INDEX.   247
BIBLIOGRAPHIE SOMMAIRE   253

Imprimé en France
Imprimerie JOUVE, 17, rue du Louvre, 75001 PARIS
Dépôt légal : N° 661. — 4ᵉ trimestre 1973